Starke Mädchen

# STARKE MÄDCHEN

Geschichten
für Kinder von
Anne Steinwart

BRIGITTE-BUCH
im Mosaik Verlag

**Anne Steinwart** wurde 1945 in einer Kleinstadt in Westfalen geboren und lebt dort mit ihrem Mann und ihren beiden Kindern. 1984 erschien ihr erster Gedichtband „Wer hat schon Flügel“, 1987 der zweite „Nicht aufzuhalten“. Beide BRIGITTE-Bücher wurden Bestseller. Ihre neuesten Gedichte schrieb sie für Kinder: „Tausendfüßler läßt schön grüßen“.



Herausgeberin: Anne Volk
Lektorat: Marita Heinz
Titelidee: Richard Osaka
Gestaltung: Blunck, Meyer, Sennewald
Satz: G + J Satztechnik
Produktion: Bernd Bartmann, Druckzentrale G + J
Druck: Clausen & Bosse, Leck

Gruner + Jahr AG & Co, Hamburg/54321
Printed in Germany, ISBN 3-570-05753-4

INHALT

# Tina ist eben so

◆

# Schneefrau und Schneemann

Tina wohnt in der Petersiliengasse, im Haus Nummer sechs. Mit ihren Eltern Lisa und Franz und mit Teddy. Geschwister hat Tina nicht.
Aber zum Glück gibt es Sebastian. Er wohnt im selben Haus. Tina unten, Sebastian mit seiner Mutter oben. Manche Leute glauben, daß Tina und Sebastian Brüder sind. Wegen der gleichen Lockenköpfe. Und weil sie so oft zusammen auftauchen. In ähnlichen Klamotten sowieso. Aber wenn Tina sagt: »Ich bin Tina, und das ist mein Freund Sebastian«, weiß jeder Bescheid.
Heute nachmittag muß Sebastian mit seiner Mutter zum Winterschlußverkauf. Sie meint, daß er neue Stiefel braucht.
Sebastian würde lieber mit Tina einen Schneemann bauen. Letzte Nacht ist eine Menge neuer Schnee gefallen, gerade richtig für Schneemänner.
»Ich habe keine Zeit«, knurrt Sebastian seine Mutter an. »Und überhaupt, ich hab doch Stiefel.«
Er ist ganz schön bockig, aber seine Mutter auch. »Wir kaufen jetzt für weniger Geld größere Stiefel«, sagt sie. »Der nächste Winter kommt bestimmt.« Entschlossen marschiert sie los und läßt Sebastian einfach bei Tina stehen.
»Kannst du mir mal sagen, wer jetzt schon an den nächsten Winter denkt?« fragt er Tina.
»Ist doch klar«, antwortet sie, »Mütter natürlich. Ich hab's schon hinter mir. Wir haben gestern einen Anorak gekauft. Ganz billig, bloß zwei Nummern zu groß.«
»Ich streike«, sagt Sebastian. »Bis zum nächsten

Winter wachse ich einfach nicht mehr. Mal sehn, was sie dann mit den neuen Stiefeln macht.« Er verspricht Tina, daß er spätestens in einer Stunde wieder da ist, und läuft hinter seiner Mutter her.
Tina sieht ihm nach. Wer weiß, wann er wieder aufkreuzt. Schade um den schönen Nachmittag.
Sie formt einen Schneeball. Der Schnee ist schön pappig. Tina beschließt, eine Schneefrau zu bauen, kullert den kleinen Ball durch den Schnee, macht ihn dick und rund. Erst geht das ganz leicht und schnell, dann wird es Arbeit. Vor jeder neuen Drehung klopft Tina den Schnee fest. Die Schneefrau soll nicht zusammenkrachen, wenn man sie antippt. Groß und stark soll sie werden. Tina schwitzt und strengt sich an, bis die Schneekugel schwer und unbeweglich ist.
»So, Jule«, sagt sie. »Dein Bauch ist fertig. Jetzt brauchst du noch Oberteil und Kopf.« Langsam und zufrieden arbeitet Tina weiter, macht zwischendurch Pausen. Es wird eine besonders schöne Schneefrau.
Als Sebastian zurückkommt, schlägt die Kirchturmuhr gerade vier, und Tina ist fast fertig.
»Einkaufen ist so ziemlich das Schlimmste, was es gibt«, stöhnt Sebastian. »Ich geh lieber zum Zahnarzt.« Tina versteht ihn. Wie war das gestern? Geschäft rein, Geschäft raus. Hundertfünfzig Sachen hat Mama gekauft.
»Einkaufende Mütter sind schrecklich«, sagt Tina. »Die reinsten Monster.«
Sebastian nickt und mustert Tinas Schneefrau. »Das ist ein toller Schneemann«, sagt er. »Ich helfe dir beim Rest.« »Das ist kein Schneemann«, sagt Tina. »Sie ist eine Schneefrau.«
»Aha«, sagt Sebastian. »Du machst ihr noch einen Busen.«
»Nee, mach ich nicht«, sagt Tina. »An Schneemän-

nern ist auch nicht alles dran.«
Sebastian wundert sich. »Und wie soll man sehen, daß es eine Frau ist? Nimmst du wenigstens ein Kopftuch statt Hut?«
»Nein«, antwortet Tina. »Sie kriegt einen Hut. Einen alten von Opa.«
Sebastian überlegt. »Wir könnten ihr ja eine Schürze umbinden. Dann ist alles klar.«
Tina verzieht das Gesicht und fragt: »Hast du schon mal eine Frau mit Hut und Schürze gesehen?« Sie arbeitet weiter am Kopf ihrer Schneefrau, ärgert sich, daß Sebastian keine Ruhe gibt.
Der wird ungeduldig. »Aber an irgend etwas muß man doch erkennen, daß es kein Mann ist, sondern eine Frau.«
Tina hört nicht mehr hin. Sie hat gesagt, daß es eine Schneefrau ist. Basta.
»Ich habe eine Idee«, sagt Sebastian. »Wir fädeln aus deinen dicken Holzperlen eine Kette auf und . . .«
Tina läßt ihn nicht ausreden. »Nein, auch keine Kette. Ich hab auch keine Kette um, damit jeder sieht, daß ich ein Mädchen bin. Du hast vielleicht blöde Ideen!«
Sebastian kriegt die Wut. »Dein komisches Dingsda sieht aus wie alle Schneemänner. Das einzige Besondere ist, daß er der blödeste Schneemann ist, den ich bis jetzt gesehen habe.«
»Hau ab, hau bloß ab«, sagt Tina und dreht ihm den Rücken zu. Sie hört, daß er mit dem Fuß aufstampft und weggeht. Soll der doch.
Tina holt von Mama vier große schwarze Mantelknöpfe, Opas alten Hut, eine Mohrrübe und einen karierten Schal. Dann zieht sie die Schneefrau an. »Eine schöne Jule bist du«, sagt sie und bewundert ihr Werk.
Mama hat gesagt: »In einer halben Stunde kommst

du ins Haus. Es reicht für heute.«
Vorher will Tina noch einen Adler machen. Oder einen Engel. Oder einen Schmetterling.
Neben der Garageneinfahrt findet sie einen Platz, wo der Schnee noch ganz unberührt ist. Wie dicker Puderzucker liegt er auf dem Rasen.
Sie hockt sich hin, läßt sich vorsichtig nach hinten fallen, breitet die Arme aus und guckt sich die Welt von unten an. Es ist nicht mehr richtig hell. Am Himmel steht schon eine blasse Mondsichel. Ob man im Schnee auch schlafen kann? überlegt Tina. Schön weich ist er ja, aber naß.
Tina bewegt Arme und Beine wie ein Hampelmann hin und her. Als sie wieder aufsteht, sieht sie Sebastian. Er schaut sich nach allen Seiten um und schleicht zu Tinas Schneefrau.
Tina wirft schnell einen Blick auf ihren Abdruck im Schnee, denkt, daß es ein Schmetterling geworden ist, und geht zu Sebastian.
Der sieht ganz friedlich aus. Er zeigt auf die Schneefrau und sagt: »Ist spitzenmäßig.«
Tina sagt: »Ich weiß.«
Sebastian nimmt eine Handvoll Schnee, knetet einen Ball und fragt: »Aber *wieso* ist sie eine Schneefrau?«
»Weil ich es will«, antwortet Tina.
Sebastian denkt nach, guckt Tina von oben bis unten an und läßt seinen Schneeball fallen.
»Okay« sagt er. »Wie heißt sie?«
»Jule«, sagt Tina und drückt die Mohrrübe noch einmal fest. Jule soll ihre Nase nicht verlieren.
»Ich bau morgen einen Jupp daneben«, sagt Sebastian. »Hilfst du mir?«
Tina nickt. »Gute Idee«, sagt sie und schiebt Jule den Hut in den Nacken. »Siehst du, wie sie guckt? Sie freut sich schon.«

## Mädchen können das sowieso nicht

Der April ist ein Monat mit vier Jahreszeiten. Seit zwei Tagen ist es warm.
»Richtig schön«, sagt Tina.
»Wie Sommer«, meint Sebastian.
Sie hocken nebeneinander am kleinen Bach auf der Emmerwiese und bauen eine Talsperre. Vögel fliegen im Sonnenschein kreuz und quer, trillern um die Wette. Sebastian pfeift vor sich hin, genauso schön wie ein Vogel.
Tina hört ihm zu. Dann schubst sie ihn mit der Schulter: »Du, Sebastian, kannst du mir zeigen, wie man pfeift?«
»Nee«, sagt er. »Mädchen können das sowieso nicht.«
»Spinner«, sagt Tina, »wieso können das Mädchen sowieso nicht?«
»Kennst du etwa ein Mädchen, das pfeifen kann?« fragt Sebastian. »Ich meine, so richtig. So gut wie ich.«
»Angeber«, sagt Tina.
»Mußt du eigentlich alles können, was ich kann?« fragt Sebastian.
»Nicht alles«, antwortet Tina. »Aber pfeifen will ich auch.«
»Meinetwegen«, sagt Sebastian. »Guck zu, wie ich es mache.« Er spitzt den Mund und läßt einen Triller los. Das sieht ganz einfach aus. Tina spitzt auch ihren Mund und macht einen ersten Versuch. Sie hört nur ihre Luft. »Willst du eine Kerze auspusten oder pfeifen?« fragt Sebastian. »Du mußt gleichzeitig mit der Zunge arbeiten.«
Tina verrenkt ihre Zunge, macht sie krumm, schiebt sie nach vorne, nimmt sie zurück in den Hals, alles mit gespitztem Mund. Kein Ton. Nicht das kleinste

bißchen Pfeifen. Überhaupt nichts.
Sebastian lacht los.
Tina streckt ihm die Zunge raus. Er soll ihr helfen, nicht über sie lachen.
»Ich mußte auch lange üben«, sagt Sebastian, »stundenlang, jeden Tag. So einfach ist das nicht.«
»Du gibst ja schon wieder an«, sagt Tina. »Ich übe lieber allein, zu Hause.«
»Das ist auch besser«, antwortet Sebastian. »Ich bin doch kein Pfeiflehrer.«
Sie bauen weiter. Nach einer Weile fängt Sebastian wieder an zu pfeifen.
»Willst du mich ärgern?« fragt Tina.
»Nee«, sagt Sebastian, »warum?«
»Warum pfeifst du dann jetzt?«
»Weil mir danach ist«, antwortet er. »Darf ich jetzt nicht mehr pfeifen, nur weil du es nicht kannst?«
Tina denkt nach. Dann sagt sie: »Ich kann aber etwas anderes. Das kannst du nicht.«
»Was denn?« fragt Sebastian.
Tina knipst mit den Fingern, läßt Daumen und Mittelfinger aneinander knallen, ganz laut und schnell hintereinander.
Sebastian reibt seinen Daumen am Mittelfinger.
»Nicht reiben«, sagt Tina. »Knallen mußt du. Ganz feste.«
Sebastian versucht zu knallen. Man hört kaum etwas.
»Muß ich ja nicht können«, brummt er.
Tina lacht. Sie läßt an beiden Händen ihre Finger knallen und summt eine Melodie dazu.
Als Sebastian wieder vor sich hin pfeift, beobachtet Tina seine Mundbewegungen.
Schade, daß sie keine Röntgenaugen hat.
Dann könnte sie seine Zunge sehen.
Sie bauen an der Talsperre, bis die Kirchturmuhr fünfmal schlägt.

»Ich hab einen Riesenkohldampf«, sagt Sebastian und steht auf. »Bei uns gibt's um halb sechs Abendbrot.«
»Bei uns erst später«, sagt Tina. »Aber ich komme schon mit. Ich hole Mama ab, sie ist heute nachmittag bei Hanna.«
Hanna ist Mamas beste Freundin und hat einen kleinen Buchladen. An drei Vormittagen in der Woche arbeitet Mama in Hannas Laden. Heute nachmittag wollte sie mit Hanna das Schaufenster dekorieren. Mit neuen Kinderbüchern.
Tina stiefelt neben Sebastian her. Wenn er einen Schritt macht, muß sie zwei kleine machen.
»Tschüßchen«, sagt Sebastian bei der Alten Mühle.
»Tschau«, sagt Tina und läuft zum Buchladen.
Hannas Schaufenster sieht lustig aus. Zwischen den Büchern kringeln sich bunte Stoffwürmer mit dicken Knopfaugen. NEUES LESEFUTTER FÜR KLEINE UND GROSSE BÜCHERWÜRMER steht auf einer Schultafel. Tina ist auch ein Bücherwurm, genau wie Hanna und Mama.
Hanna entdeckt Tina durch die Scheibe und kommt nach draußen. »Hallo Tina«, sagt sie. »Deine Ma ist schon zu Hause. Sie ist gegangen, als wir das Fenster fertig hatten.«
»Eure Würmerei ist witzig«, sagt Tina. »Schenkst du mir einen Wurm, wenn du das Fenster neu machst?«
»Schon eingeplant«, antwortet Hanna lachend. »In vier Wochen darfst du dir einen aussuchen.« Sie verschwindet im Laden und Tina in Richtung Petersiliengasse.
Mama und Papa warten schon mit dem fertigen Abendbrot. Es gibt heiße Würstchen und Bauernbrot. Hinterher Quark mit Rosinen und Nüssen.
»Papa, weißt du was?« sagt Tina. »Sebastian kann nicht mit den Fingern knipsen. Kein bißchen.« Tina

macht eine Pause, füllt ihre Schüssel mit Quarkspeise. »Aber pfeifen kann er. Fast so gut wie du.«
Papa pfeift: »Am Weihnachtsbaum die Lichter brennen.«
Das sieht ihm ähnlich. Mitten im April. Tina kichert. Dann sagt sie: »Ich will es lernen. Gibst du mir Unterricht?«
»Klar«, sagt Papa. »Nachher üben wir.«
»Nachher« dauert ziemlich lange, denn Papa stellt den Fernseher an. Er will ein Fußball-Länderspiel sehen. Mama holt ihr Strickzeug und setzt sich dazu.
Tina langweilt sich. Papa und sein blöder Sport. Daß er dreimal in der Woche zehntausend Meter läuft, kann Tina ja noch einsehen. Er braucht Bewegung, sagt er, weil er bei seiner Arbeit dauernd am Schreibtisch sitzt. Papa arbeitet im Büro einer großen Baufirma. Aber daß er jede Sportsendung im Fernsehen angucken muß, und zwar möglichst ungestört, findet Tina überflüssig und nervig.
Der Schiedsrichter pfeift alle paar Minute. »Der kann es auch nicht«, sagt Tina.
»Was?« fragt Papa.
»Das Pfeifen«, antwortet Tina. »Das richtige, meine ich. Er pustet ja nur in eine Trillerpfeife. Das kann doch jeder.«
Papa lacht und dreht doch tatsächlich den Fernseher aus. »Das Spiel taugt sowieso nichts«, sagt er dabei. Er spitzt seinen Mund, pfeift wie ein Vogel und erklärt Tina, was sie machen muß.
Tina macht ihre Mund- und Zungenverrenkungen. Immer wieder, bis ein paar dünne Töne zu hören sind.
»Warst du das oder ich?« fragt sie Papa.
»Du natürlich. Das ist der Anfang. Morgen abend üben wir weiter. Du lernst das schon.«
»Ich weiß nicht«, sagt Tina. »Sebastian hat recht. So

einfach ist es nicht. Man braucht viel Geduld.«
»Ich habe das Pfeifen nie richtig gelernt«, sagt Mama. »Nur einen ganz bestimmten Pfiff habe ich hingekriegt.«
»Laß hören«, sagt Tina.
Mama zieht die Unterlippe zurück, macht einen breiten Mund – und »Schschsch-schsch-schschsch« zischt es los. Ganz laut, wie das Pfeifen eines Wasserkessels.
»Gar nicht schlecht«, lobt Tina und übt mit Mama.
Sie hat es schnell kapiert. Es ist viel einfacher als Papas und Sebastians Pfeiferei. Nicht so schön wie Vogelgezwitscher, aber immerhin eine Art Pfeifen.
Bin ich eben erst mal ein Wasserkessel, denkt Tina. Ein Vogel werde ich später.
Im Bett pfeift sie noch einmal für Teddy. Weil sie ihn nicht erschrecken will, hält sie ihm beide Ohren zu.
Am nächsten Morgen trödelt Tina lange herum. Es ist schon spät, als sie mit ihrer Schultasche aus dem Haus geht. Weit vorn, kurz vor der Bushaltestelle, sieht sie Sebastian.
»Sebastian«, schreit sie. »Waarte!«
Ein vorbeifahrendes Auto verschluckt Tinas Stimme. Sebastian hat nichts gehört, geht weiter.
Tina macht einen breiten Mund und pfeift, so laut sie kann: »Schschsch-schsch-schschsch!«
Sebastian bleibt stehen, dreht sich um und zieht eine Grimasse. »Warst du das etwa?« fragt er, als Tina ihn eingeholt hat.
»Nee«, sagt sie und knipst mit den Fingern. »Das war unser Wasserkessel.«

# Tina ist eben so

Tina schleicht auf Zehenspitzen über den Flur. Eigentlich sollte sie schon schlafen. Aber Tina hat Hunger. Zum Abendbrot hat sie nichts gegessen, weil sie wütend auf Mama war. Die Wut saß wie ein dicker Kaktus in ihrem Bauch, da war kein Platz übrig für Butterbrote.

Früher hatte Tina selten Streit mit Mama, neuerdings viel zu oft. Dabei geht es immer um die gleichen Sachen. Seit Tinas letztem Geburtstag sagt Mama bei jeder Gelegenheit: »Du bist neun, und du bist schließlich ein Mädchen.« Und anscheinend weiß sie genau, wie ein neunjähriges Mädchen sein soll.

Auf jeden Fall anders als Tina! Nicht so wild, nicht so zerzaust, nicht so eigensinnig, nicht so unordentlich . . . Tina weiß nicht, ob Mädchen überhaupt irgendwie sein sollen. Manchmal denkt sie, ich bin genau wie Sebastian, und manchmal denkt sie, ich bin ganz anders. Beides findet Tina richtig.

Aber für Mama gibt es nur richtig oder falsch. Ein Mädchen, das Stofftiere sammelt, ist richtig. Ein Mädchen, das Steine sammelt, ist falsch.

Tina sammelt Steine. Sie hat schon zwei Schuhkartons voll. Steine aus dem kleinen Bach auf der Emmerwiese, Steine mit Moos aus dem Wald, Steine vom Strand aus den Ferien und einen besonders schönen dunkelroten vom Friedhof.

Mama findet Tinas Steine schrecklich. Besonders, wenn sie ausgebreitet in Tinas Zimmer auf dem Boden liegen oder Tina eine Höhle für Teddy aus ihnen gebaut hat.

Heute ging es nicht um Steine. Es war viel schlimmer. Mama hat Tina vor Sebastian und seinen Freunden lächerlich gemacht! Deshalb waren so viele Stacheln

in Tinas Bauch, und deshalb schleicht sie jetzt hungrig über den Flur. Sie will sich eine Banane holen.
Aus der Küche kommt Stimmengemurmel. Tina bleibt vor der Tür stehen, atmet so leise, wie sie kann, und lauscht.
Mama und Papa reden über Tina. Ein bißchen hört es sich an wie streiten und ein bißchen wie diskutieren.
»Sie ist einfach unmöglich«, hört Tina Mama sagen. »Du hättest sie auf der Geburtstagsfeier sehen sollen!« Mamas Stimme ist giftig.
»Erzähl doch mal von Anfang an«, sagt Papa ganz ruhig. Tina macht die Ohren weit auf.
»Sie war heute bei Sebastian eingeladen. Er hat seinen Geburtstag gefeiert. Weißt du, im Garten seiner Oma, da oben am Silberberg. Wir haben uns heute mittag schon um Klamotten gestritten. In der Schule hatte sie ihre älteste Hose an! An drei Stellen ist die geflickt, und außerdem ist sie zu kurz. Ich habe nichts dazu gesagt, aber am Vormittag habe ich ihre beiden anderen Hosen in die Waschmaschine gesteckt.«
»Warum?« fragt Papa dazwischen.
»Mensch, weil sie dreckig waren«, antwortet Mama, und nach einem Moment Stille sagt sie: »Und weil ich wollte, daß sie zur Geburtstagsfeier einen Rock anzieht.«
Tina hält die Luft an. Mama ist ein Biest, denkt sie, ein ganz kluges Biest.
Jetzt hört sie wieder Papas Stimme: »Wie ging es weiter?«
»Na ja«, sagt Mama. »Tina wollte so gehen, wie sie war. In der alten Hose und dem Mickymaus-T-Shirt. Wir haben diskutiert, und letztlich konnte ich sie überreden. Sie zog Rock und Bluse und Söckchen an und war auch ganz zufrieden. Sie sah so niedlich aus, als sie wegging, und hat im Garten noch Maiglöck-

chen gepflückt für Sebastians Oma.«
Tina spürt ihre kalten Füße, und ihr Magen knurrt, aber sie muß hören, wie Mamas Geschichte weitergeht.
»Heute abend habe ich sie bei Sebastians Oma abgeholt. Drei Mädchen saßen auf der Terrasse und spielten Memory. Die Jungen machten auf dem Rasen Ringkämpfe. Schrecklich, sage ich dir! Richtig mit Punktezählen und so. Tina mittendrin! Barfuß und im Frotteehöschen, und statt ihrer hellblauen Bluse hatte sie ein Fußballtrikot von Sebastian an. Man konnte sie überhaupt nicht von den Jungen unterscheiden! Ich habe sie nur geschnappt und ihr gesagt, daß sie sich sofort vernünftig anziehen soll. Und daß sie ja nur vor den Jungen angeben will.«
»Und dann?« fragt Papa.
»Dann? – Nichts«, sagt Mama. »Sie tat, was ich wollte. Ohne sich zu verabschieden oder zu bedanken ist sie mitgekommen. Ohne ein Wort. Den Rest hast du ja noch mitgekriegt. Daß sie nichts essen wollte und auch dir nur mit Ja und Nein geantwortet hat. Sie spielt den beleidigten Quarktopf. Dabei habe ich ihr nichts getan.« *Nichts getan,* denkt Tina vor der Tür, *nichts getan*! Sie hat behauptet, daß ich vor den Jungen angeben wollte. Gemein war sie.
Als ob Papa Tinas Gedanken gehört hätte! Er sagt fast dasselbe: »Du hast sie lächerlich gemacht. Sie wollte nicht vor den Jungen angeben. Sie will nur immer alles ausprobieren. Sie will herausfinden, was sie kann und was nicht, was ihr Spaß macht und was nicht. Sie ist nicht unmöglich. Sie ist nur anders, als du früher warst oder sein durftest. Tina ist eben so! Kapier das doch endlich.«
Mamas Antwort hört Tina nicht mehr. Sie muß jetzt schnell weg von der Tür. Sonst merken die beiden da drinnen noch, daß sie gelauscht hat.

Ganz leise geht sie in ihr Zimmer zurück. Ihr Herzklopfen ist so laut wie das Ticken von Omas alter Küchenuhr.
Papa hat gesagt: *Tina ist eben so.* Und *wie* er das gesagt hat! Als ob es genau richtig ist, daß Tina so ist.
In Ihrem Bauch ist es schön warm und weich. Die ganze pieksige Wut ist raus.
Tina nimmt ihren Teddy vom Bett, gibt ihm einen Kuß auf die Nase und flüstert: »Gute Nacht, mein Lieber. Du wirst heute bei Papusch schlafen.« Dann trägt sie ihn leise ins Elternschlafzimmer, legt ihn auf Papas Kopfkissen und schleicht wieder in ihr Zimmer.

## Tinas Aufsatz ist eine Ausnahme

Tina geht gerne zur Schule. Das Lernen fällt ihr leicht. Nur mit Mathematik hat sie es schwer.
»Mach dir nichts daraus«, hat Papa nach der letzten Mathearbeit gesagt. »Keiner kann alles. Nur Genies und Wunderkinder. Und die haben's auch nicht leicht.«
Am liebsten hat Tina den Deutschunterricht. Und am allerliebsten schreibt sie Aufsätze. Ihre Deutschlehrerin ist Frau Bündig. Die hat echt Ahnung, meint Tina, und kennt jedes Buch.
Heute gibt sie die letzte Klassenarbeit zurück. »Das Ergebnis hat mich umgehauen«, sagt sie dabei. »Katastrophenalarm müßte es geben für diese Aufsätze.«
Jeder sollte sein Liebslingsbuch beschreiben. Tina hat über »Mary Poppins« geschrieben, ein altes Kinderbuch von Mama.
Frau Bündig hat alle Hefte ausgeteilt. Nur ein Heft hält sie noch in der Hand. »Tinas Aufsatz ist eine Ausnahme«, sagt sie. »Für ihn sollte man alle Glocken

läuten. Er ist mit Abstand der beste!«
Tina wird so verlegen, daß sie nicht weiß, wo sie hingucken soll. Sie freut sich über das dicke Lob, möchte sich aber gleichzeitig verstecken. Warum muß Frau Bündig immer übertreiben? Nachher sind die anderen wieder sauer. Schon nach dem letzten Aufsatz hat Angelika gemotzt. »Weil du sechs Seiten schreibst und wir allerhöchstens die Hälfte, stehen wir da wie faule Säcke. Ganz schön blöd für uns«, hat sie gesagt.
Angelika sitzt neben Tina und ist Klassensprecherin. Viele in der Klasse bewundern sie, weil sie die Beste in Mathe und Sport ist. Außerdem kann sie besser reden als andere und hat vor nichts Angst.
»Ich kann nichts dafür«, hat Tina auf Angelikas Vorwürfe geantwortet. »Mir fällt eben so viel ein. Soll ich mittendrin aufhören?«
Sebastian, der rechts neben Tina sitzt, hielt zu Tina. Als Angelika immer weiter meckerte, erinnerte er sie daran, daß sie bei allen Diktaten von Tina abschreibt. Da hielt Angelika den Mund.
Frau Bündig liest inzwischen Tinas Aufsatz vor. Alle hören zu, Sebastian sogar mit offenem Mund. Nur Angelika guckt aus dem Fenster und macht ein gelangweiltes Gesicht. Sie kann mich nicht leiden, denkt Tina, nur weil mein Aufsatz vorgelesen wird.
Gerade Angelika brauchte sich nicht aufzuregen. Nach allen Mathearbeiten sagt sie: »Das war doch Kindergartenkram«, und fast immer hat sie null Fehler. Aber sie will *überall* die Beste sein.
Frau Bündig liest gerade die Seite vor, auf der Tina beschrieben hat, wie Mary Poppins die Pfefferkuchensterne an den Himmel klebt und Jane und Michael heimlich dabei zusehen.
Tina versucht, nicht mehr an Angelika zu denken und sich wieder zu freuen. Schließlich ist es *ihr* Auf-

satz und *ihre* Mary Poppins. Ein tolles Buch! »Und ich habe einen tollen Aufsatz darüber geschrieben«, denkt Tina und schielt zu Angelika.
Die bekritzelt einen Zettel und schiebt ihn zu Tina. »Angeberin + Streberin = Tina« steht da. Schwarz auf weiß. Wie eine gelöste Matheaufgabe. So eine Gemeinheit!
Tina kriegt eine Stinkwut. Sie möchte Angelika anschreien oder unter dem Tisch gegen ihr Schienbein treten. Diese beknackte Angelika! Tina könnte platzen, bohrt wütend den Bleistift in ihren Radiergummi. Frau Bündig liest, und die Klasse lauscht, als sei alles in bester Ordnung. Keiner merkt, daß neben Tina ein Stinktier sitzt und Gift durch die Gegend spritzt. Tina hat das Gefühl, in der falschen Klasse zu sitzen. Sie gehört nicht mehr dazu, Angelika hat alles verdorben.
Eine neidische Giftschlange ist sie, denkt Tina, ich will nichts mehr mit ihr zu tun haben. Sie nimmt ihren gelben Filzstift und schreibt mit großen Buchstaben STINKTIER auf die Rückseite des Zettels, unterstreicht das Wort zweimal und schiebt den Zettel zu Angelika zurück.
Es tut gut, Angelika beim Lesen zu beobachten. Sie kneift ihre Lippen zusammen, sieht Tina nicht an, starrt auf das STINKTIER. Dann schreibt sie etwas dazu und schiebt den Zettel wieder zu Tina.
»STINKTIER = Tina« steht jetzt da. Das war klar. Angelika muß immer gewinnen! Tina reißt den Zettel in kleine Stücke.
Frau Bündig liest den letzten Satz von Tinas Aufsatz vor, klappt das Heft zu und blickt Tina vorwurfsvoll an. »Dein Aufsatz ist hervorragend. Aber das ist kein Grund, mich beim Vorlesen zu stören.«
Tina wird rot.
Frau Bündigs Stimme ist streng. »Könnten wir viel-

leicht erfahren, um was es in dem Briefwechsel zwischen dir und Angelika ging?«

Tina überlegt. Was soll sie bloß sagen? Petzen kommt nicht in Frage! Also stottert sie: »Ang . . . Angelika hat . . . etwas geschrieben«, und guckt zu Angelika.

Die kaut an ihren Fingernägeln, schaut an Tina vorbei. »Das habe ich gesehen«, sagt Frau Bündig ungeduldig. »Was hat sie geschrieben?«

Tina hat jetzt eine Idee. Sie wird ganz ruhig. »Angelika hat gefragt, ob ich ihr das Buch über Mary Poppins leihe, und ich habe ihr meine Antwort geschrieben.«

Frau Bündig wird freundlicher. »Und«, fragt sie, »wie war deine Antwort?«

»Erst leihe ich es Sebastian. Dann kann sie es haben.«

Frau Bündig sagt: »Solche Sachen könnt ihr in der Pause regeln. Der Unterricht ist zum Arbeiten da. Schlagt das Lesebuch auf. Seite zweiundsiebzig.« Sie legt Tina das Aufsatzheft auf den Tisch und geht zur Tafel.

Tina schiebt das Heft zur Seite, blättert im Lesebuch. Sebastian angelt sich Tinas Heft, schlägt es auf und flüstert: »Wauuu, du hast eine Eins plus.«

»Das hab ich geahnt«, sagt Tina. »Es ist nämlich mein bester Aufsatz.«

»Stimmt genau«, flüstert Sebastian. »Aber sag mal, was war eigentlich eben mit Angelika?«

»Erzähl ich dir heute nachmittag«, antwortet Tina, und dann sind beide still, weil Frau Bündig ihren Tafeltext fertiggeschrieben hat und sich umdreht. Ihre Augen funkeln zwischen Tina und Sebastian hin und her. Sie sieht und hört einfach alles, sie muß vier Augen haben oder noch mehr. Auf jeden Fall hat sie zwei im Gesicht und zwei auf dem Rücken.

Bis zur Pause guckt Tina nicht mehr in Angelikas Richtung. Als es klingelt, rasen alle nach draußen.

Angelika und Tina haben Tafeldienst. Sie gehen nach vorne, fangen an, die Tafeln zu putzen. Schweigend natürlich.
Plötzlich hält Angelika ihren Schwamm still. »Ich fand's Klasse, daß du nicht gepetzt hast.«
»Hab ich nicht für dich getan«, sagt Tina »Ich will nur keine Petze sein.«
»Das Stinktier war ganz schön fies«, sagt Angelika.
»Weiß ich«, sagt Tina. »Dein Schrieb war genauso fies. Ich motz dich ja auch nicht an, wenn du wieder in Mathe ne Eins geschrieben hast.«
Angelika wird fuchtig. »Mathearbeiten werden ja auch nicht stundenlang vorgelesen!«
Tina wehrt sich. »Das ist nicht meine Schuld. Du bist ziemlich plemplem.«
Angelika sagt nichts mehr. Sie geht mit dem Schwamm zum Lehrerpult und quetscht ihn genau über dem Stuhl aus. Wo eben noch Frau Bündigs Hinterteil war, ist nun eine Pfütze.
Tina kichert. Angelika auch. Dann sagt sie: »Ich wette, daß du eine Eins plus für deinen Aufsatz bekommen hast.«
»Wette gewonnen«, sagt Tina und lacht. »Du mußt wirklich *immer* gewinnen.«

## Ordnung ist das halbe Leben

Ab und zu kriegt Mama einen Rappel. Der heißt: Ordnung ist das halbe Leben. Diesen Spruch hat sie von Oma. Tina mag Oma, aber ihre Sprüche gehen ihr manchmal auf den Wecker.
Tina merkt sofort, wenn es mit Mama wieder soweit ist. Einmal im Monat ungefähr. Das ist eigentlich nicht sehr oft. Schlimm genug ist es trotzdem. »Auf-

räumen, aufräumen, Ordnung machen, Ordnung machen«, zischt es dann aus allen Räumen. Am besten ist, man haut ab und wartet, bis Mamas Anfall vorüber ist.
Heute geht das nicht. Tina hat viele Schulaufgaben zu machen, und sie will an Papas Geschenk weiterbasteln. Er hat nächste Woche Geburtstag. Am neunten Juni. Tina hat gestern angefangen, einen Zettelkasten für seinen Schreibtisch zu bekleben. Mit kleinen Muscheln und Steinen vom Nordseestrand aus dem letzten Urlaub.
Als Tina in ihr Zimmer kommt, riecht es nach Ordnung wie in einem Krankenhauszimmer. Igitt – Möbelpolitur hat Mama auch wieder benutzt. Tina macht das Fenster auf.
Draußen regnet es. Auch wenn sie Zeit hätte, eine Flucht nach draußen ist nicht verlockend. Tina packt ihre Schulsachen aus, legt sie auf den Schreibtisch.
Zuerst die Matheaufgaben. Sie kaut an ihrem Bleistift, schreibt Zahlen auf und guckt diese neugierig an. Falsch oder richtig? Nein, die sehen so unglücklich aus. Also falsch.
Tina steht auf, um den Radiergummi von der Fensterbank zu holen. Er hat ihr heute schon in der Schule gefehlt. Gestern hat sie ihn neben den Topf mit dem Fleißigen Lieschen gelegt, das weiß sie genau. Heute ist die Fensterbank blitzeblank. Kein Staub, erst recht kein Radiergummi.
Tina geht auf den Flur und ruft in die offene Wohnzimmertür: »Mama, wo ist mein Raditzefummel?«
Mama hockt auf dem Teppichboden und bearbeitet einen Fleck. »In der Schreibtischschublade. Wo er hingehört.«
Tina geht zu den Matheaufgaben zurück, nimmt den Radiergummi aus der Schublade und rechnet weiter. Fünf Minuten später braucht sie ihre Schere. Sie soll

vier verschiedene Dreiecke ausschneiden und aufkleben. »Mama, wo ist meine Schere? Sie lag gestern im Bücherregal.«

»Mensch Meier«, antwortet Mama, »auf ihrem Platz in dem Becher mit den Stiften.«

Tina seufzt. Richtig, genau vor ihrer Nase steckt die Schere zwischen den Buntstiften. Tina quält sich durch die Matheaufgaben, beantwortet Fragen in ihrem Deutschheft zu einem Text im Sprachbuch und malt das Bild aus dem Kunstunterricht zu Ende. Sie ist sehr zufrieden mit sich und packt die Schultasche für den nächsten Tag.

Jetzt braucht sie erst mal eine Teddypause. Sie geht zu ihrem Bett. Das ist frisch bezogen. Aber wo ist Teddy? »Mama, wo ist Teddy?«

»Auf der Wäscheleine«, ruft Mama. »Wo sonst? Er schrie nach Wasser und Seife!«

»Pöh«, murmelt Tina, »davon habe ich nichts gehört.«

Sie läuft in den Keller. Wer weiß, wie es Teddy da unten geht. Er hängt wirklich an der Leine, an jedem Ohr zwei Wäscheklammern.

»Mein armer Kleiner«, sagt Tina, steigt auf einen Hocker und nimmt Teddy von der Leine. Oben angekommen, holt sie ein Handtuch aus dem Badezimmer. Daraus faltet sie ein Kissen, legt es in ihrem Zimmer vor die Heizung und setzt Teddy darauf. Er soll bis zum Schlafengehen wieder trocken sein, und außerdem soll er sich nicht erkälten.

»Gut, daß du mich hast«, sagt Tina. »Mama hängt dich einfach auf. Wie ein Geschirrtuch! Ich werde dir eine Höhle bauen. Dann hast du es schön gemütlich.«

Tina legt sich auf den Boden und angelt mit einer Hand unter ihrem Bett nach den Schuhkartons. Nichts da. Nur Ordnung ist unter dem Bett.

»Mama!« schreit Tina empört. »Mama, wo sind meine

Steine? Warum sind sie verschwunden?«
»Du nervst«, antwortet Mama aus dem Wohnzimmer. »Erst räume ich für dich auf, und dann fragst du auch noch dauernd, wo ist dies, wo ist das.« Ihre Stimme hört sich irgendwie verquetscht an, ganz seltsam.
Tina geht ins Wohnzimmer. Mama hält in einer Hand die Gardinenstange, in der anderen die gewaschene Gardine. Zwischen den Lippen hat sie lauter Stecknadeln.
»Du sahst schon mal hübscher aus«, sagt Tina. »Ich brauche meine Steine!«
Mama nimmt die Nadeln aus dem Mund und guckt Tina böse an. »Ist mir egal, ob hübsch oder nicht. Ich muß Ordnung in diese Bude bringen.« Sie sieht ziemlich gefährlich aus.
»Meine Steine«, sagt Tina hartnäckig.
»Deine Steine sind im Keller. Sie machen nur Dreck, bröckeln herum und liegen im Weg.«
»Mir nicht«, sagt Tina. »Sie gehören in mein Zimmer. Teddy braucht eine Höhle. Sonst erkältet er sich.«
Mama stöhnt und schiebt die schneeweiße Gardine auf die Stange.
»Deine Ordnung stinkt mir«, murrt Tina. »Ich finde überhaupt nichts wieder, wenn du aufgeräumt hast. Du bringst alles durcheinander.«
»Räum doch selber auf«, sagt Mama. »Dann siehst du, wieviel Arbeit das ist.«
»Wo im Keller sind meine Steine?« fragt Tina. Sie hat keine Lust weiterzustreiten. Teddy soll endlich seine Höhle kriegen.
»Hinter dem Christbaumständer«, knurrt Mama. »Mach bloß nicht den Ständer kaputt.« Tina holt die beiden Schuhkartons, kippt sie aus und baut Teddy eine schöne warme Höhle. »Mama hat heute ihren Rappel«, erzählt sie ihm. »Nichts ist vor ihr sicher.«
Als Mama hereinkommt, schaut Tina nur kurz hoch.

Nur nicht schon wieder Streit!
»Tina, ich möchte, daß du heute noch zum Friseur gehst. Deine Haare sind schon seit zwei Monaten nicht mehr geschnitten.«
»Ich geh morgen«, sagt Tina. »Heute habe ich keine Zeit.«
»Morgen ist erst recht keine Zeit. Morgen kommt Oma.«
»Dann geh ich eben übermorgen«, verspricht Tina. »Es kommt doch nicht auf einen Tag an.«
Mama seufzt. »Doch, es kommt auf einen Tag an. Du kennst doch Oma.« Mamas Stimme ist müde und bittend.
In Tinas Kopf wirbelt es wild durcheinander. Was hat Oma mit ihren Haaren zu tun? Hat Mama etwa *Angst* vor Oma? Vor ihrer Mutter? Hat sie deshalb heute so viel geputzt und aufgeräumt?
Oma verkündet immer sehr stolz, daß man bei ihr vom Fußboden essen kann, und das stimmt auch. Bei Oma ist immer alles *picobello*. So nennt Tante Barbara das. Tante Barbara ist Omas Schwiegertochter und Mamas Schwägerin. Sie ist auch *picobello*. Das Karussell in Tinas Kopf hört nicht auf. Wann hatte Mama das letztemal ihren Rappel? Klar! Alle vier Wochen kommt Oma zu Besuch, und alle vier Wochen packt Mama die Putzwut. Tina guckt Mama an und sagt: »Wir haben doch Tische. Wir brauchen keinen Fußboden zum Essen.«
Mama versteht natürlich nicht, was Tina meint. Sie steht da wie ein Fragezeichen.
»Räumst du für Oma auf? Und soll ich zum Friseur gehen, weil Oma ordentliche Haare schöner findet?«
Mama macht ein ganz komisches Gesicht, steckt ihre Hände in die Schürzentaschen und sieht Tina lange an. Was hat sie? denkt Tina. Ist sie jetzt sauer auf mich? Bei Mama weiß man nie so genau.

Sie ist erleichtert, als Mama erst tief Luft holt und dann lächelt. »Du hast recht. Ich habe Angst vor Oma. Ich habe Angst, daß es ihr bei uns nicht gefällt, weil es nicht ordentlich genug ist. Sie hat mir immer prophezeit, daß ich nie eine gute Hausfrau werde.«
»Aber Oma hat sich geirrt«, platzt Tina heraus. »Du machst das alles total richtig. Ich find's gemütlich bei uns. Nicht so langweilig *picobello* wie bei Tante Barbara. Und was du kochst, schmeckt meistens ganz toll.« Mama strahlt und sieht plötzlich sehr jung aus, überhaupt nicht mehr müde. »Findest du?« fragt sie und setzt sich neben Teddys Höhle.
Tina nickt heftig, hockt sich zu Mama auf den Teppich. Nach einer Weile erkundigt sie sich vorsichtig: »Was ist nun mit dem Friseur?«
Mama hebt die Schultern, betrachtet prüfend Tinas wilden Krauskopf.
»Jetzt guckst du wie Oma«, sagt Tina, und schon lächelt Mama wieder.
»Weiß du, was«, sagt Tina dann, »ich wasche meine Haare heute abend und mache morgen eine Spange rein. Abgemacht?«
»Abgemacht«, sagt Mama. »Oma kommt übrigens schon gegen zwei. Sie kann mit einem Nachbarn im Auto mitfahren.« Dann steht sie auf. »Ich geh Tee kochen. Schluß mit der Aufräumerei! Deckst du schon mal den Tisch und holst Plätzchen aus der Dose?«

## Mama ist heute Klasse

Es klingelt. Tina öffnet die Wohnungstür. Oma steht auf der Matte und streift ihre Schuhe ab.
»Guten Tag, mein Mädchen«, sagt sie. »Du bist ja schon wieder gewachsen. Bald bist du so groß wie ich.

Alle vier Wochen machst du einen Schuß.«
Tina hebt den Arm, streckt den Zeigefinger in die Luft und sagt: »Piff-paff.«
Im selben Augenblick kommt Mama auf den Flur. »Grüß dich, Mutter«, sagt sie zu Oma und zu Tina: »Was soll der Blödsinn? Willst du Oma erschrecken?«
»Nicht die Bohne«, erwidert Tina. »Ich habe nur einen Schuß gemacht. Hat Oma doch gesagt.« Dann drückt sie Oma und sagt: »Tagchen.«
Oma und Mama lächeln ein bißchen schief. Mama sagt: »Zieh dich erstmal aus, Mutter, und mach dich frisch. Ich habe den Kaffee schon fertig.«
Tina guckt Oma an und denkt: Frisch machen! Oma ist doch keine verwelkte Blume. Aber laut sagt sie das besser nicht. Das ist sicher genauso *unpassend* wie piff-paff.
*Unpassend* ist ein merkwürdiges Erwachsenenwort. Es verbietet stinknormale Sachen. In den Ferien auf der Nordseeinsel darf Tina zum Beispiel immer barfuß laufen. Überall! Nicht nur am Strand und nicht nur, wenn es knallheiß ist. Dann ist das Abhärtung, sagt Mama. Zu Hause darf sie barfuß im Garten sein und im Freibad, aber nicht beim Einkaufen in der Stadt. Das findet Mama unpassend, auch wenn es ein ganz heißer Tag ist. Tina mustert Omas Tasche. Etwas Schönes ist darin, das weiß Tina. Sie kann ihre Neugier nicht bremsen. »Oma, hast du mir etwas mitgebracht?«
Mama zieht die Nase kraus. Die Frage war also unpassend. Das hat Tina sich fast gedacht.
Aber Oma lacht Tina an. »Alles schön der Reihe nach. Ohne Geduld kein Preis.«
Mama kann sich auch nicht bremsen. Dabei hat ihre krause Nase doch schon eine ganze Rede gehalten. »Muß Oma eigentlich immer etwas mitbringen?«
»Sie muß nicht«, antwortet Tina. »Aber sie tut es

doch jedesmal. Ich find's immer spannend.«
Oma sagt zu Mama: »Laß mal. Ich weiß schon, wie Tina es meint«, und zieht ihren beigen *Sommersonntagsmantel* aus.
Tina kennt niemanden, der so viele Mäntel hat wie Oma. Für jede Jahreszeit zwei, einen für alltags, einen für sonntags und Besuche. Die Mäntel für Frühjahr und Herbst nennt Oma Übergangsmäntel. Dazu kommen noch zwei Regenmäntel. Sie hat einen Manteltick, denkt Tina und beobachtet, wie Oma ihren Mantel aufhängt. Niemand darf ihr dabei helfen. Sie hängt ihn ordentlich auf einen Kleiderbügel, den Mama extra für Oma an die Garderobe gehängt hat. Sonst kommen die Klamotten nämlich an die Garderobenhaken. Dafür sind sie ja schließlich da.
Tina ist immer wieder erstaunt, daß Oma nichts vergißt. Aus der Manteltasche holt sie eine Sicherheitsnadel. Damit macht sie ihren Schal innen am Mantelärmel fest, knöpft den Mantel zu, schlägt den Kragen um und zieht den Gürtel so durch die Schlaufen, daß er rechts und links gleichmäßig lang herunterhängt.
»Ordnung ist das halbe Leben«, sagt Oma dann und sieht sehr zufrieden aus.
Mama und Tina sehen sich an, und Mama klimpert doch tatsächlich mit den Augen. Richtig zwinkern konnte sie noch nie.
Tina zeigt auf Omas Tasche, guckt Oma bittend an.
Oma kapiert sofort, macht ihre Tasche auf, gibt Tina ein Päckchen und sagt: »Nur eine Kleinigkeit.« Das sagt sie immer, wenn sie etwas verschenkt.
Tina ist sehr gespannt, packt schnell aus. Die Kleinigkeit ist heute ein Buch. »Die Kinder aus Bullerbü.« Tina hat es schon zweimal in der Bücherei ausgeliehen und Oma davon erzählt. »Danke, Oma. Finde ich toll, daß du dir das gemerkt hast.«
»Hab ich sofort notiert«, sagt Oma. »Was geschrieben

steht, wird nicht vergessen.«
»Wir haben auch etwas für dich«, verrät Tina. »Aber erst mußt du dich frisch machen. Alles schön der Reihe nach.«
Oma geht ins Badezimmer, Tina ins Wohnzimmer. Aus dem Schrank holt sie das eingepackte Geschenk und legt es neben Omas Kaffeetasse. Mama zündet die Kerzen an, holt den Kaffee aus der Küche und läßt die Sofakissen strammstehen. So nennt Papa das Sofakissen-Aufschütteln. »Wenn sie müde herumliegen, sind sie sympathischer«, sagt er, und das meint Tina auch.
Als Oma kommt, duftet das Wohnzimmer sofort nach Blumenladen.
Tina schnuppert. »Nelkenöl?«
»Wie immer«, antwortet Oma. »Wie seit achtundvierzig Jahren.«
»Ich weiß«, sagt Tina. »Damals hast du Opa kennengelernt, und sein erstes Geschenk war eine Flasche Nelkenöl.«
Oma erzählt gerne Geschichten. die achtundvierzig Jahre alt sind. Seit Opa gestorben ist, noch lieber. Tina hört diese Geschichten eigentlich gerne. Es ist fast wie Kino. Oma erzählt von früher, und Tina erfindet die Bilder dazu. Oma sieht auf diesen Bildern ein bißchen so aus wie Mama und ein bißchen wie Tina.
Jetzt aber hat Tina keine Lust auf alte Geschichten. Sie will Kuchen essen. So schnell wie möglich. Es gab schließlich kein richtiges Mittagessen.
Omas Augen huschen im Wohnzimmer hin und her. »Schön ist es bei euch«, sagt sie und fragt Mama: »Womit wäschst du die Gardinen? Sie sind wie neu.«
Tina hört nur mit einem Ohr hin. Gespräche über Waschpulver und Schampun und ähnliche Dinge sind öde. Sie nimmt Papas Fotoapparat aus dem Regal, richtet ihn auf Mama und Oma. »Hier ist das

deutsche Werbefernsehen«, posaunt sie. »Wir bringen eine Live-Sendung aus Lisas Wohnzimmer. Achten Sie auf Lisas Gardinen und hören Sie, was Lisas Mutter dazu meint.«
Oma und Mama lachen. Tina legt den Fotoapparat ins Regal zurück und geht zum Kaffeetisch. »Oma, willst du dein Geschenk gar nicht sehen?«
Oma setzt sich an den Tisch, nimmt das Päckchen und sagt: »Ich glaube, ich weiß, was drin ist. Bestimmt ein gerahmtes Bild von dir.« Oma hatte sich nämlich neue Fotos zum Aufhängen gewünscht von Dorothee und Tina. Dorothee ist Tinas Kusine und die Tochter von Tante Barbara und Onkel Erwin.
Mama schenkt Kaffee ein. Für Tina hat sie Kakao gekocht.
Oma erzählt: »Dorothees Bild hängt schon neben Opa über dem Sofa. Tante Barbara war mit ihr bei Fotograf Wegener. Er soll der beste Fotograf in der ganzen Umgebung sein.«
»Darf ich schon anfangen?« fragt Tina ungeduldig.
»Nur zu«, sagt Oma. »Du hast sowieso zu wenig auf den Rippen.« Sie wickelt die weiße Päckchenkordel zu einem winzigen Knäuel, das sie in ihre Jackentasche steckt, und spricht weiter: »Dorothee sitzt auf dem Foto in einem dunkelroten Samtsessel. Ein schönes Bild ist das. Sie hat ihren blauen Rock an, den bestickten, und ein aufgeschlagenes Buch in der Hand.«
»Ach du grüner Quark«, sagt Tina und nimmt sich noch ein Kuchenstück.
»Was heißt ach du grüner Quark?« fragt Oma mit krauser Nase.
»Das heißt«, antwortet Tina, »daß ich erstens von Samt Gänsehaut kriege, und zweitens liest Dorothee fast nie. Aber ausgerechnet zum Fotografen hat sie ein Buch mitgenommen.« Sie kichert. »Guck mal un-

ser Bild an. Das ist bestimmt schöner.«
Oma sagt nichts, nur ihre Nase wird noch krauser. Mama sagt auch nichts, guckt weg, als Tina sie ansieht. Oma ist fertig mit Auspacken und schaut sich die eingerahmte Tina an.
»Es ist ein ganz neuer Schnappschuß«, erklärt Mama. »Franz hat ihn letzten Sonntag gemacht.«
Auf dem Foto liegt Tina im Gras auf dem Bauch, den Kopf auf beide Hände gestützt. Papa hatte sich beim Fotografieren genauso ins Gras gelegt. Tina gegenüber. Deshalb ist nur Tinas Gesicht zu sehen, und deshalb hat sie so in die Kamera gelacht. Papa hat ausgesehen wie ein kleiner Junge, der mit einem Vergrößerungsglas beobachtet, wie das Gras wächst. »Das Foto ist ein Glücksfall«, hat er nach dem Entwickeln gesagt.
»Ja, das ist Tina, wie sie leibt und lebt«, meint Oma nun, »aber sie hat gar keine Frisur.«
»Wir waren ja auch nicht bei Fotograf Wegener«, sagt Mama patzig und hat einen roten Kopf. »Gefällt dir das Bild oder nicht?«
Es ist ungemütlich, Tina wippt mit ihrem Stuhl.
»Natürlich gefällt mir das Bild«, sagt Oma. »Aber eine Frisur hat Tina trotzdem nicht. Überhaupt. Du könntest dich ein wenig mehr um ihr Äußeres kümmern. Sie ist schließlich kein Junge! Dorothee . . .«
Mama unterbricht Oma: »Hör mir auf mit Dorothee. Dorothee ist Dorothee, und Tina ist Tina! Sie ist in Ordnung, wie sie ist.«
Oma sagt nichts mehr. Sie spielt mit ihrer Perlenkette und sieht richtig *pikiert* aus. Papa hat nach Omas letztem Besuch gestöhnt: »Oma ist schrecklich schnell pikiert.« Als Tina ihn gefragt hat, was pikiert ist, hat Papa ihr erklärt: »Pikiertsein ist ein komplizierter Zustand. Wie Streiten. Nur vornehmer.« Er sagte dann noch, daß dieser Zustand unter *gewissen*

Verwandten häufig vorkomme. Mama hat ihre Mutter verteidigt und gemeint, daß seine Verwandten nur unkomplizierter seien, weil sie sechshundert Kilometer weit entfernt wohnen.
Jetzt ist so ein komplizierter Zustand, denkt Tina. Sie kann nicht mehr still sitzen, rutscht auf ihrem Stuhl hin und her. Mama ist heute Klasse, aber *wie* soll das weitergehen? Sie stößt Oma an. »Du, erzählst du mir noch mal, wie das war, als Opa deine Perlenkette von der Kur mitgebracht hat? Du wolltest doch nie eine Perlenkette tragen, weil Perlen Tränen bringen . . .«
Oma legt ihre Hand auf Tinas Hand und lächelt. Mama nimmt sich ein Stück Kuchen.
»Ich glaube«, sagt Oma, »du kannst meine Geschichten schon alle selbst erzählen. Du hast ein sehr gutes Gedächtnis. Dorothee kann sich leider überhaupt nichts merken.«
Tina blinzelt zu Mama. Die malt mit einem Finger Kreise auf die Tischdecke. Ganz ruhig und langsam macht sie das. Was sie dabei denkt, wüßte Tina zu gerne. Als Tina »stopp« sagt, läßt Mama den Finger neben ihrer Untertasse liegen und sieht Oma an. »Mutter, soll ich noch Kaffee kochen? Ich könnte noch eine Tasse gebrauchen.«
»Ich auch«, antwortet Oma. »Wenn es dir nichts ausmacht?«
Tina steht auf. »Mama, ich koch den Kaffee. Wie viele Tassen?«
»Vier«, sagt Mama. »Papa trinkt bestimmt nachher auch noch eine.«
Tina verschwindet in der Küche. »Die Kinder aus Bullerbü« nimmt sie mit. Während der Kaffee durch die Maschine läuft, liest sie die ersten Seiten. Dann schnappt sie sich den fertigen Kaffee und geht zurück ins Wohnzimmer. Sie spitzt ihren Mund und pfeift. Nicht nur ein paar dünne Töne und nicht wie ein

Wasserkessel. Eine richtige kleine Melodie.
»Wieso kannst du plötzlich pfeifen?« fragt Mama erstaunt.
Tina lacht. »Ich weiß auch nicht. Mir ist so danach.«

## Keine Sorge, Tina

Papa zieht Tinas Bettdecke weg. »Guten Morgen, Tina,« sagt er. »Aufstehen.«
Tina wird wach, reckt sich, gähnt. »Schon?«
»Schnell«, sagt Papa, »wir sind spät dran.«
Eigentlich geht Papa immer schon um sieben Uhr zur Arbeit. Meistens sieht Tina ihn morgens gar nicht mehr. »Wieso bist du noch hier?« wundert sie sich und springt aus dem Bett. »Hast du heute frei?«
Papa antwortet nicht.
Tina zieht ihren Schlafanzug aus »Wo ist Mama? Schläft sie noch?«
»Ich weiß nicht«, sagt Papa. »Vielleicht ja, vielleicht nein.« Eine komische Antwort. Tina friert. Schnell zieht sie sich an, fragt dabei weiter: »Wieso weißt du das nicht?« »Sie ist nicht da«, antwortet Papa. »Sie ist gestern abend zu Hanna gefahren.«
Tina überlegt. Irgend etwas ist falsch heute morgen. Sie beobachtet Papa. Er zupft seinen Bart auseinander. So, als ob es gar nicht sein Bart wäre. Und er sieht Tina nicht an.
»Zu Hanna?« fragt Tina. »Als ich gestern ins Bett gegangen bin, war sie aber noch da. Sie hat gesagt, daß du eine Feier im Büro hast. Und sie hatte die Schreibwut. Sie wollte den ganzen Abend Briefe schreiben.«
Papa sagt: »Ich bin spät gekommen«, und macht eine Pause. Dann sagt er: »Mama und ich hatten Streit gestern abend. Sie war wütend auf mich und ist zu Han-

na gefahren.« Sehr schnell sagt er das. Wie einer, der springt, nachdem er Anlauf genommen hat.
Es dauerte eine Weile, bis Tina verstanden hat. Sie fühlt sich innen ganz hohl, steht neben Papa und ist gleichzeitig weit weg.
Tina hat Angst.
Als Papa ihr Gesicht sieht, geht er in die Hocke und legt seine Arme um Tina. »Keine Sorge, Tina. *So* schlimm ist es nicht.«
Tina schiebt Papas Arme weg. »Warum ist Mama weggefahren?«
Papa bearbeitet seinen Bart. »Ich hatte während der Betriebsfeier eine Auseinandersetzung mit dem Juniorchef. Davon habe ich Mama erzählt. Sie hat sich aufgeregt, weil sie meint, daß es unklug ist, sich mit Vorgesetzten zu streiten. Ich habe sie angefaucht, daß sie mich nervt mit ihrer Besserwisserei und daß sie genauso ist wie ihre Mutter. Da hat Mama die Türen geknallt und ist abgehauen.«
Tina weint. Sie kann Papa nicht ausstehen! Sie möchte bei Mama sein. »Du bist gemein«, sagt sie.
Papa blickt Tina ernst an. »Ja, ich war gemein. Aber ich werde fuchsteufelswild, wenn Mama so genau weiß, was ich tun soll und was nicht. Wie Oma. Die weiß auch immer, was für jeden gut ist.«
Papa sieht müde aus und älter als sonst, als er sagt: »Trotzdem ist Oma okay, und Mama natürlich auch. Ich hätte das nicht sagen sollen.«
»Ich will, daß Mama sofort wiederkommt«, sagt Tina und bohrt ihre Finger in die Handflächen. Mit Papa will sie nichts zu tun haben.
Papa nimmt Tinas Hände. »Sie kommt bestimmt heute wieder. Ehrenwort!«
Tina zieht ihre Hände zurück. »Ehrenwort gilt nicht. So genau kannst du das gar nicht wissen.«
»Doch, ich weiß es genau«, sagt Papa. Dann fragt er

Tina: »Wenn Sebastian abhaut, weil er wütend auf dich ist, weiß du dann trotzdem, daß er dein Freund bleibt, oder nicht?«
Tina guckt Papa böse an. »Das ist überhaupt nicht dasselbe. Eltern dürfen nicht streiten. Und abhauen erst recht nicht.«
»Nicht streiten, das geht nicht«, erklärt Papa. »Das geht nicht bei Freunden und auch nicht bei Eltern.«
Er sagt traurig: »Einen anderen liebhaben ist das Schönste und Schwerste, was es gibt. Man fängt an, es zu lernen, wenn man klein ist. Wenn man erwachsen ist, kann man es ein bißchen. Aber nie gut genug.«
Tina schluchzt. »Abhauen dürfen Eltern trotzdem nicht.«
Papa holt ein Taschentuch aus seiner Hose, putzt Tinas Augen und Nase. Das macht er ein paarmal, bis Tinas Gesicht trocken bleibt. Das Taschentuch wird ein ziemlich nasser Lappen.
»Liebe Tina«, sagt Papa anschließend, »es wird alles wieder gut. Ich rufe Mama an. In Ordnung?«
Tina nickt, nimmt Papas Hand und hält sich fest. Seine Hand ist stark und warm. Wie ein Versprechen.
Papa guckt auf seine Uhr. »Frühstücken geht nicht mehr. Mach dich fertig. Ich schmiere Stullen. Die können wir unterwegs essen.«
Tina macht Katzenwäsche, zieht Schuhe und Jacke an, nimmt ihren Turnbeutel und schüttet ihn aus. Sie holt Teddy vom Bett, wickelt ihn in den Turnanzug und sagt leise: »Mach dich ganz klein. Du mußt heute mit in die Schule, damit ich nicht so allein bin. Wenn einer fragt, warum ich Sportzeug mitbringe, sage ich, daß ich mich vertan habe.« Sportunterricht hat Tina nämlich dienstags und donnerstags. Heute ist Mittwoch.
Sie steckt Teddy schnell in den Beutel, zieht die Kordel fest zu – da klingelt das Telefon.

Papa ist schneller als Tina. »Hallo«, hört sie ihn sagen. »Schön, daß du anrufst.«
Tina bleibt an ihrer Zimmertür stehen, guckt zu, wie Papa lauscht. Er sagt nichts. Mama wohl eine ganze Menge. Mit den Augen lächelt Papa Tina an. »Ja«, sagt er jetzt. »Wir reden heute abend weiter. Mach's gut, Lisa.« Dann legt er den Hörer auf. »Mama ist gegen elf Uhr hier. Ich soll dich grüßen und dir bestellen, daß es heute mittag Apfelpfannkuchen gibt«, sagt Papa. »Und jetzt ab in die Schule!«
»Ab ins Büro«, sagt Tina und denkt: Teddy nehm ich trotzdem mit.

## Lirum larum Teddybär

Was brütest du bloß aus?« fragt Mama besorgt. Tina räkelt sich im Sessel, weiß nichts mit sich anzufangen. Sie ist knatschig und müde. »Keine Ahnung«, sagt sie und versucht einen lahmen Witz, »vielleicht ein Entenküken. Oder ein Riesenkrokodil.« Sie wird ein bißchen wacher, überlegt, daß es erstaunliche Dinge gibt. Krokodile in Eiern. Das paßt nicht, findet Tina. Und die Sonne brütet die Eier aus!
»Sind die kleinen Krokodile eigentlich ganz allein, wenn sie ausschlüpfen, oder merken die Mütter, wenn es soweit ist?«
»Mütter merken alles«, antwortet Mama. »Zeig mal deine Zunge.«
»Ich hab nix«, sagt Tina. »Nur beim Schlucken tut es weh.«
»Gestern auch schon?« fragt Mama und holt das Fieberthermometer.
»Nur ganz wenig«, antwortet Tina. Sie verschweigt lieber, daß sie vorgestern auch schon Halsschmerzen

hatte. Und heute im Sportunterricht hat sie sich schlapp und schwindelig gefühlt. Das erzählt sie besser auch nicht.
»Mund auf«, kommandiert Mama, dreht Tinas Kopf zum Licht, beguckt sie von innen. »Vielleicht hast du Mandelentzündung. Dein Rachen ist ziemlich rot.«
Tina hat keine Zeit für Mandelentzündung. In zwei Tagen ist Schulfest. Ihre Klasse hat einen Flohmarktstand vorbereitet. Alles, was man sich denken kann, haben sie bei Verwandten und Bekannten gesammelt, in die Schule geschleppt, sortiert und mit Preisen versehen. Witzige Sachen und ernste. Tassen, Bücher, Knöpfe, Weihnachtskugeln, alte Hüte ... Nützliches und Verrücktes!
Elfriedes Vater hat das Schönste gestiftet: einen Stein mit lila Zacken, die wie Glassplitter aussehen, im Licht funkeln und blitzen. Tina hat ihn Zauberstein genannt. Amethyst heißt er richtig, sagt Elfriede.
Alle freuen sich auf das Schulfest, besonders auf den Flohmarkt. Frau Bündig hat für den Standdienst Gruppen eingeteilt. Tina hat sich für die erste Gruppe gemeldet, mit Sebastian, Angelika und Andrea. Vielleicht kann sie den Zauberstein kaufen?
Mama studiert das Fieberthermometer. »37,1«, sagt sie. »Noch kein Alarm. Aber du gefällst mir nicht.«
Tina gefällt sich auch nicht. Sie will den Alarm im Hals nicht mehr spüren und macht lange Schluckpausen.
»Tut es sehr weh?« fragt Mama. Kann sie Gedanken lesen?
Tina schüttelt den Kopf. Sie ist schon groß, stärker als so ein bißchen Halsweh.
»Leg dich aufs Sofa«, sagt Mama. »Ich koche Lindenblütentee. Wenn du vernünftig bist, geht es dir morgen schon besser.«
Vernünftig ist Tina nicht gerne, aber vielleicht hat

Mama ja recht. Von Sofa und Lindenblütentee wird man nicht krank. Sie holt Teddy und ihr Kopfkissen, läßt sich von Mama in eine Decke packen und wundert sich, daß ein Sofa wie Medizin ist. Arme und Beine sind nicht mehr schwer, und den Hals hat Mama in einen warmen Schal gewickelt. Es geht mir schon besser, denkt Tina, von Kranksein keine Spur, und schläft ein.

Am nächsten Morgen liegt sie in ihrem Bett. Mama und Papa haben sie abends in ihr Zimmer getragen und ausgezogen. Tina hat nichts gemerkt, erzählt Mama und mißt schon wieder Fieber. Tina weiß, daß das Fieberthermometer heute Alarm zeigt. Das Bett ist zu warm, die Schmerzen beim Schlucken sind scharf und spitz, im Hals ist es eng geworden.

»Jetzt bin ich doch krank«, sagt Tina. »Kein Schulfest für Tina.« Ihr ist fast alles egal. Nur die Halsschmerzen sollen aufhören.

»39,2«, murmelt Mama. »Am frühen Morgen!« Sie macht ihr Katastrophengesicht, geht zum Telefon und ruft Dr. Heinz an. Tinas »Leibwächter«. Seit neun Jahren ist er Tinas Hausarzt und so nett, wie ein Doktor sein muß.

Er kommt eine Viertelstunde später, stellt seine große Tasche ab und setzt sich auf Tinas Bett. »Na, Prinzessin, was machst du für Sachen?« Teddy zwickt er ins Ohr. Dr. Heinz sagt immer Prinzessin, weil Tina ihm vor vielen Jahren ein Bild geschenkt hat. Das hat er heute noch. Tina hatte eine Prinzessin gemalt, und Mama hat »Tina« daruntergeschrieben. Seitdem ist sie die Prinzessin und er ihr Leibwächter.

Er untersucht sie gründlich, erklärt dabei, was er macht und warum. »Das ist eine dicke Mandelentzündung«, stellt er fest. »Du brauchst ein paar Tage Bettruhe und etwas Gutes zum Schlucken.«

Mama gibt er gute Ratschläge und ein Rezept. »Bis du

heiratest, ist alles wieder in Butter«, verspricht er Tina und packt seine Tasche.
»Bis morgen wäre besser«, murmelt Tina, aber das hört Dr. Heinz schon nicht mehr. Er hat viel zu tun, ist in Gedanken wohl schon beim nächsten Hausbesuch.
»Mach's gut, Prinzessin«, sagt er, streicht über Tinas Kopf, und weg ist er.
Mama geht mit ihm. Sie will gleich die Medizin holen. Die Apotheke ist nicht weit.
Tina fühlt sich sehr klein und schwach und heiß. »Bleib bei mir«, bittet sie, als Mama zurückkommt.
Mama gibt ihr Medizin und Tee, macht Wadenwickel, damit das Fieber nicht weiter steigt, und setzt sich anschließend zu ihr.
Tina denkt, daß Mütter goldrichtig sind, wenn man krank ist, und schläft wieder ein.
Am späten Nachmittag sitzt Mama strickend neben Tinas Bett und erzählt *Tina-tommt-nich-Geschichten.* Die handeln von damals, als Tina noch ganz klein war und sprechen und alles andere lernen mußte. Sie konnte kein K sagen, hat Tuchen taufen gesagt statt Kuchen kaufen und Tinder und Tetse.
Papa sagt, das war die anstrengende Tina-tommt-nich-Zeit, weil das Tinas Lieblingssatz war.
»Zum erstenmal hast du es gesagt, als du aufs Töpfchen solltest«, erzählt Mama. »Tina, komm, hab ich gerufen.«
»Tina tommt nich, hab ich geantwortet«, erzählt Tina weiter. »Weil ich die Hose schon voll hatte.«
Sie hat die Geschichten ungefähr hundertmal gehört, aber sie kann immer wieder über Klein-Tina lachen. Heute nur lächeln, wegen der Halsschmerzen.
Als Papa nach Hause kommt, staunt er, daß Tina so munter ist.
»Sie hat viel geschlafen«, erklärt Mama. »Seit vier

Uhr sinkt auch das Fieber.«
»Was nützt das«, sagt Tina traurig. »Morgen ist Schulfest, und Tina tommt nich.«
Papa würde sie gerne gesundzaubern oder wenigstens trösten. Wenn das so einfach wäre! »Es ist ein Jammer«, sagt er. »Aber du mußt ihn aushalten. Wie deine Halsschmerzen. Beides geht vorüber.«
Tina nickt. Das weiß sie. »Wer wohl den Zauberstein kauft? Ich wollte ihn so gerne haben.«
Papa verspricht, morgen in seiner Mittagspause zum Schulfest zu gehen, den Stein zu kaufen und den Flohmarktstand zu besichtigen. Ein kleiner Trost!
Mama fällt ein, daß Sebastian da war, während Tina schlief. Sie soll schöne Grüße bestellen. »So'n Pechkram«, hat er geschimpft und »Verflixte Mandeln«. Morgen will er Tina besuchen. Falls sie bis dahin ausgeschlafen hat.
Sebastian kommt schon am nächsten Morgen, bevor er zur Schule geht. Tina hört Mama mit ihm sprechen. Dann bringt sie Tina ein Einmachglas, stellt es auf die Ablage neben dem Bett. Der kleinste Goldfisch aus Sebastians Aquarium ist in dem Glas. Mit Wasser natürlich. Und einen Zettel legt Mama dazu.
»Sebastian ist einer!« sagt sie.
An ihrem Geschmunzel sieht Tina, daß sie den Zettel schon gelesen hat. »Andere sollen meine Briefe nicht lesen«, sagt Tina.
»Bin ich *andere*?« fragt Mama.
»Natürlich nicht«, antwortet Tina. »Du bist Mama, die Allesmerkerin. Aber trotzdem.«
Sebastian hat geschrieben: »Ich leihe dir Karola bis heute abend. Steck sie nicht an. Wenn sie Fieber kriegt, kocht das Wasser.«
Tina freut sich, sagt »Guten Morgen, Karola«, und erzählt Teddy, daß Sebastian sieben Fische hat. Und einen Vogel. Weil das Wasser erst bei hundert Grad

kocht, und so hohes Fieber gibt es gar nicht.
Der Tag dauert lange. Sehr lange. Trotz Karola, trotz Schlafen und Mamas Geschichten.
Ob Papa wohl früh genug am Flohmarktstand war? Den Stein wollten so viele kaufen.
Als er kommt, liest Tina in seinem Gesicht, findet aber keine Antwort.
Er zuckt mit den Schultern und zeigt seine leeren Hände.
Tina glaubt ihm nicht. Er hat ein Dutzend Taschen in Jacke und Hose!
Papa stellt sich vor Tinas Bett und sagt: »Lirum larum Teddybär, Hokuspokus Taschen leer.« Dabei zaubert er blitzschnell ein Buch und den Stein aus seiner Jakke. Für Mama hat er eine Brosche gekauft. Und Knöpfe, weil an seinem Hemd zwei fehlen, schon seit drei Tagen.
Tina streichelt ihren Stein. »Es ist ein Jammer, daß du nicht *richtig* zaubern kannst.«
Papa tut beleidigt, schnappt Tina den Stein aus der Hand. »Bin ich ein Zauberer oder nicht?«
Tina grinst ihn an. »Klar bis du einer. Aber kein echter. Die echten haben keine kranken Töchter, und sie kaufen auch keine Knöpfe. Die machen Hokuspokus Hemdenknopf!«
»Genauso ist es«, sagt Mama. »Also, zieh dein Hemd aus, großer Meister. Ich zeig dir, wie's geht.«

## Tausend Grüße von der Nordsee

Langeoog ist die beste Insel der Welt«, verkündet Tina und sortiert die Muscheln und Steine, die sie eben am Strand aufgelesen hat.
»Langeoog ist die einzige Insel, die du kennst«, er-

klärt Mama. Sie muß immer das letzte Wort haben. Auch wenn sie in der Sonne liegt und döst und so aussieht, als ob sie gar nicht da ist.
Tina erwidert: »Du hast mal gesagt, daß ich deine liebste Tochter bin, hast aber auch nur eine davon.«
»Okay«, sagt Mama. »Du bist meine liebste Tochter, und Langeoog ist die beste aller Inseln. Zufrieden?«
Tina nickt und läßt Sand auf Mamas Beine rieseln. »Bist du auch zufrieden? Ich meine, wegen Dänemark?«
Mama wollte nämlich in diesem Jahr nach Dänemark. Es gab lange Diskussionen. Papa und Tina wollten wieder nach Langeoog, aber Mama meinte: »Dreimal ist genug. Wenn die Möwen schon grüßen, wird es Zeit für eine neue Insel.«
Papa und Tina waren die Mehrzahl. Mama hat nachgegeben und Dänemark verschoben. Jetzt sind sie zum viertenmal hier.
Mama schlägt die Augen auf, setzt sich hin. »Ja, du kleine Sandhexe, ich bin auch zufrieden.« Sie nimmt eine Handvoll Sand, wirft ihn auf Tinas Füße.
»Mach eine Düne aus mir«, bittet Tina, legt sich in den warmen Sand und läßt sich von Mama zubaggern. Bis sie ein Sandhügel ist und nur noch ihren Kopf bewegen kann.
Tina ist jeden Tag sandig. Auch wenn sie keine Düne war. Der Wind weht den feinen Sand in alle Löcher und Ritzen. Abends beim Duschen findet man ihn wieder. Ab und zu sogar beim Zähneputzen. Und beim Bettenmachen. Selbst Teddy hatte schon Sand im Ohr. Obwohl er zum Strand nicht mitgeht.
Sie wohnen wie jedes Jahr bei Frau Peters. Besser gesagt, bei Hendrike. Hendrike Peters ist schon uralt. Älter als Oma, aber trotzdem topfit. Und alle dürfen Hendrike sagen. Auch die Kinder. Nur wenn ihr einer frech kommt, sagt sie: »Frau Peters bitte«, und ver-

langt sehr energisch, daß sie gesiezt wird.
Tina könnte ein Buch über Hendrike schreiben! Sie ist eine Riesin, groß und breit. Wenn sie lacht, wakkelt das Haus, vielleicht sogar die ganze Insel. »Sie ist schwer in Ordnung«, sagt Tina jeden Sommer, »auch wenn sie manchmal ein bißchen spinnt.«
Zum Beispiel läßt sie keinen Mann in ihre Küche. »Männer machen alles kaputt«, sagt Hendrike. »Küchen sind Frauen-Zimmer.« Sie wirft jeden Mann raus. Im ersten Jahr hat Mama ihr einen Vortrag gehalten über Gleichberechtigung und so. »Das sind Fisimatenten«, hat Hendrike gesagt. »Ich war immer gleichberechtigt. Die Küche gehörte mir. Die Werkstatt meinem seligen Hennes.« Sie hat die Nase gerümpft. »Mischmasch taugt nichts!«
Tina weiß nicht, ob Mama recht hat oder Hendrike. Oder beide. Mama hat nie wieder etwas von Gleichberechtigung gesagt. Zumindest nicht Hendrike gegenüber.
Und Papa? Der macht einfach, was er will. Genau wie Hendrike. Er ist jeden Sommer der einzige Mann, der in ihrer Küche ein und aus geht.
»Wir haben ein Dreibettzimmer mit Küchenbenutzung gemietet«, hat er gesagt, als er das erstemal spülte. »Von einem Frauen-Zimmer ist im Gastvertrag keine Rede.« Hendrike hat laut gezetert und angefangen, Papa zu siezen. Der ist stur geblieben. Tina hat er aufgefordert: »Sag ihr, daß ich beiße, wenn man mich anschreit. Wenn sie schön artig ist, darf sie morgen meine Bratkartoffeln probieren.«
Tina hat das natürlich nicht wiederholt. Hendrike hat's ja gehört. Die hat nichts mehr gesagt, nur gestaunt hat sie und sich daran gewöhnt, daß Papa jeden zweiten Tag Küchendienst macht. Wenn er kocht, brummt sie zwar immer noch und redet ihn mit Franziska an. Dann schlägt Papa die Hacken zu-

sammen, sagt »Jawohl, gnädige Frau«, und Hendrike lacht, daß das Haus wackelt.
In diesem Jahr wohnt noch eine andere Familie bei Hendrike. Die Mahlmanns mit ihren Zwillingen Christof und Michael. Acht Jahre sind die alt. Ob sie nett sind, weiß Tina nicht. Sie sind erst vor zwei Tagen angekommen. Gestern waren sie ziemlich dämlich:
Tina kam vom Strand zurück. Mama und Papa machten noch einen Spaziergang am Wasser entlang. Christof und Michael spielten Fußball auf Hendrikes Rasen. Als der Ball vor Tinas Füße rollte, trat sie ihn weg und hoffte, daß sie mitspielen konnte. Sie lief hinter Michael her und fummelte ihm den Ball ab. Das war reine Glückssache. Dann spielte sie eine ganze Weile mit, immer an Christofs Seite.
Plötzlich stoppte Michael den Ball, stellte seinen Fuß darauf und sagte: »Gegen Mädchen spielen wir nicht.« Christof sagte kein Wort dazu.
Tina schoß den Ball unter Michaels Fuß weg und ging ins Haus.
Heute abend sitzen sie alle im Aufenthaltsraum. Die Erwachsenen lesen und stricken, die Zwillinge spielen Karten und maulen sich an.
Tina will an Sebastian schreiben. Wenn er doch hier wäre! Er ist viel netter als Christof und Michael. Sie beobachtet heimlich die beiden.
Michael wirft gerade die Karten auf den Tisch. »Zu zweit ist Mau-Mau langweilig. Ich mag nicht mehr.«
Christof guckt zu Tina.
Sie guckt schnell auf ihren Briefbogen, malt eine Möwe.
»Tina, spielst du mit?« fragt Christof.
Sie stellt sich taub.
»Tina, hast du Lust zu Mau-Mau?« fragt er lauter.
Sie malt Wellen unter die Möwe. Dann sagt sie: »Lust ja. Aber gegen Jungen spiele ich nicht.«

Die Männer lesen mit komischen Gesichtern weiter. Die Stricknadeln der Zwillingsmutter hören auf zu klappern. Mama macht den Mund auf, will etwas sagen. Sie sieht Tina aber nur an und liest weiter.
»Du kannst morgen beim Fußballspielen mitmachen«, sagt Christof.
»Und übermorgen?« fragt Tina.
»Auch. Immer, wenn du Lust hast.«
Immer hat Tina sowieso keine Lust. Auf Langeoog kann man so viele schöne Sachen machen.
»Und Michael?« fragt Tina.
»Meinetwegen«, sagt der und mischt schon die Karten.
»Spielst du jetzt mit oder nicht?«
Tina antwortet: »Ich schreib eben den Brief zu Ende. Dann habe ich Zeit.«
Schließlich ist sie schon eine Woche hier. Sebastian wartet auf Post.
Sie schreibt:

*Lieber Sebastian!*

*Es ist so schön hier wie jedes Jahr. Ich habe den Möwen Deine Grüße bestellt. Sie sind frech aber nett. Und sie haben immer Hunger. Morgen leihen Papa und ich Fahrräder und fahren um die Insel. Ich laufe immer barfuß und manchmal spiele ich Fußball mit Christof und Michael. Sie sind Zwillinge und heißen Mahlmanns. Hendrike hat in diesem Jahr einen neuen Tick. Sie zieht nur noch Turnschuhe an ungefähr Größe 45! Am Sonntag kommt noch eine Familie mit einer Susanne.*
*Tausend Grüße von der Nordsee*

*Deine Freundin Tina*

## Tina gibt keine Antwort

Tina ist gerade nach Hause gekommen. Sie hat nach dem Abendbrot noch draußen mit Sebastian gespielt. Mit Papas Lederball.
Papa läuft seine Zehn-Kilometer-Runde, Mama sitzt schon seit dem Mittagessen über Buchführungsarbeiten für Hanna. Sie sieht Tina nur kurz an und fragt: »Hast du heute nicht gefroren? Es ist schon viel zu kühl für nackte Beine. Die Sommerzeit ist vorbei.«
Bevor Tina überlegen kann, ob sie gefroren hat oder nicht, redet Mama schon weiter: »So lange solltest du gar nicht bleiben. Bist du noch nicht müde? Morgen früh kommst du wieder nicht aus dem Bett.«
Tina gibt keine Antwort. Mama hört ja doch nicht zu. Warum fragt sie überhaupt, denkt Tina, wenn sie selbst die Fragen gleich beantwortet! Mama kann reden, ohne Luft zu holen.
Tina geht in ihr Zimmer und zieht sich aus. Mamas Stimme folgt ihr: »Leg deine Sachen für morgen hin. Wie wär's, wenn du morgen die Latzhose anziehst? Das gelbe T-Shirt paßt gut dazu. Und geh noch ins Badezimmer.«
Als sie das sagt, steht Tina schon dort und betrachtet ihr Spiegelbild. Nebenbei dreht sie den Wasserhahn auf, wäscht sich aber nicht, sondern zählt ihre Sommersprossen. Sie ist bei vierundzwanzig, als Mama fragt: »Denkst du auch ans Zähneputzen?«
Tina gibt keine Antwort. Sie will heute überhaupt nicht mehr sprechen und auch nichts mehr hören. Vielleicht nie mehr. Mama hätte dann ein taubstummes Kind und müßte die Zeichensprache lernen.
Schon wieder Mamas Stimme aus der Küche herüber: »Denk daran, was der Zahnarzt gesagt hat. Am Mittwoch hast du den nächsten Termin.«

Tina hält die Zahnbürste unter den Wasserstrahl, stellt sie unbenutzt zurück in den Becher und mustert wieder ihre Sommersprossen. Komisch ist das. Manche Menschen kriegen solche Punkte nie, manche haben sie auch auf den Armen und überall, und manche wie Tina nur im Gesicht. Tina weiß nicht, ob sie Sommersprossen schön findet oder nicht. Und wo sind diese Pünktchen eigentlich im Winter?

»Bist du fertig?« ruft Mama. »Trödele nicht so herum! Ganz schnell ins Bett!«

Tina tut, was Mama sagt. Sie geht ins Bett, nimmt Teddy in den Arm und fragt ihn: »Findest du meine Sommersprossen schön?« Tina läßt ihn nicken. Teddy kann nicht sprechen, aber gut zuhören. »Du bist der Beste«, flüstert Tina ihm ins Ohr und drückt ihn noch fester.

Mama kommt. »Alles klar, mein Schatz? Dann schlaf gut.«

Tina sagt nichts, kriecht nur noch tiefer unter die Decke.

Mama bleibt in der Tür stehen. »Gute Nacht, Tina!«

Tina will heute nicht gute Nacht sagen. Wenigstens nicht zu Mama.

Mama wartet. Dann fragt sie: »Bist du stumm?«

Tina steckt sich die Finger in die Ohren.

Mama kommt an Tinas Bett und beugt sich über ihre Tochter. »Was ist los?«

Tina gibt keine Antwort.

Mama ist besorgt. »Tut dir etwas weh?« Sie befühlt Tinas Stirn. »Ich werde Fieber messen«, sagt sie, »vorsichtshalber.« Sie holt das Fieberthermometer, schiebt es unter Tinas Arm und setzt sich auf die Bettkante. Mama ist jetzt ganz aufmerksam, schaut Tina prüfend an.

Nach einer Weile streicht sie mit einem Finger Tinas Nase entlang. »Die Sommerprossen stehen dir gut.

Von jedem Sonnentag ist ein Pünktchen in deinem Gesicht geblieben.«
»Es sind vierundzwanzig«, sagt Tina. »Sonnentage gab es noch mehr.«
Mama fängt an zu zählen, kommt bis achtzehn. Tina macht die Nase kraus, und Mama muß noch einmal von vorn anfangen. Ein schönes Spiel, findet Tina. Sie zieht das Fieberthermometer aus ihrer Achselhöhle und legt es auf die Bettdecke. »Ich hab sowieso kein Fieber!«
»Aber was dann?« fragt Mama. »Irgend etwas stimmt nicht mit dir. Du hast die ganze Zeit nichts gesagt.«
»Du hast ja mal wieder für zwei geredet«, sagt Tina. »Darum wollte ich überhaupt nie mehr was sagen.«
Mama hört zu, und Tina spricht schnell weiter: »Und übrigens war es heute nicht zu kühl für nackte Beine.« Sie tippt auf eine Sommersprosse neben ihrer Nase. »Die Nummer vierundzwanzig ist erst heute dazugekommen. Die Sonne war richtig warm!«
Mama guckt Tina nachdenklich an. »Vielleicht hast du recht«, sagt sie. »Ich habe vor lauter Arbeit nichts gemerkt.«
Sie schaut sich in Tinas Zimmer um, sieht, daß keine Latzhose über dem Stuhl hängt, und fragt: »Was möchtest du denn morgen anziehen?«
»Wenn es wieder warm ist«, antwortet Tina, »dasselbe wie heute. Kurze Hose, T-Shirt und Sandalen.«
»Genehmigt«, sagt Mama, »machen wir es morgen wie heute«, und küßt Pünktchen Nummer vierundzwanzig. »Aber ein bißchen besser. Das verspreche ich dir.« Dann klimpert sie mit den Augen. »Und mit Zähneputzen!« »Genehmigt«, sagt Tina und denkt, sie merkt einfach *alles*.

## Dorothee ist halb so schlimm

Die Lehrer der Grundschule machen einen Ausflug.
Tina hat schulfrei und spielt Zirkus in ihrem Zimmer. Sie übt Spagat. Teddy thront auf einem Stuhl. Er ist das Publikum.
»Es darf auch geklatscht werden«, sagt Tina und stöhnt; ihre Beine tun weh. Teddy klatscht nicht und sagt nichts, sondern purzelt vom Stuhl.
Tina lacht. »Vor Staunen fällst du vom Stuhl? Das ist noch besser als klatschen.« Sie hebt ihn auf und krault ihn hinterm Ohr.
Mama taucht auf. »Tante Barbara hat angerufen. Sie muß mit Oma zu einer Beerdigung fahren. Dorothee kommt gleich zu uns.«
Tina zieht ein Gesicht. »Muß das sein?«
»Sie ist schon unterwegs«, sagt Mama nur. Und dann grinst sie auch noch. »Du siehst aus wie Tina mit Zahnschmerzen.«
»Dorothee ist schlimmer als Zahnschmerzen! Sie ist eine blöde Ziege.«
Mama guckt Tina scharf an. »Ich verbiete dir, so zu reden.«
»Schon gut«, sagt Tina. »Dann denke ich es eben.«
Mama tut so, als habe sie nichts gehört. »Dorothee hat einen guten Kern. Außerdem ist sie deine Kusine. Ich möchte, daß ihr euch vertragt. *Punkt*!«
Wenn Mama Punkt sagt, heißt das: Ende der Diskussion! Sie geht in die Küche und läßt Tina allein.
So'n Mist, denkt Tina, der schöne Tag ist im Eimer. Mama versteht rein gar nichts. *Ihr* zeigt Dorothee nur ihre Schokoladenseite. Oder ihren guten Kern, wie Mama das nennt. Tante Lisa hinten und Tante Lisa vorne. Vom Einschmeicheln versteht Dorothee viel.

Und herumkommandieren kann sie! Das versucht sie aber nur bei Tina.
Dorothee ist ein Jahr älter als Tina. Sie weiß alles besser und will immer bestimmen, was sie spielen. Weil sie ja die Ältere ist.
Tina wirft Teddy in die Luft, fängt ihn auf, wirft ihn wieder hoch und sagt: »Ich laß mir den Tag nicht verderben. Wenn sie Zicken macht, geh ich zu Sebastian. Dann kann sie mit ihrer Tante Lisa spielen. Punkt!«
Sie geht in die Küche. Mama hat gespült und will gerade abtrocknen. Sie drückt Tina das Trockentuch in die Hand. »Du kommst wie gerufen.Mach mal eben.«
»Ich wollte eigentlich aufs Klo«, sagt Tina und legt das Handtuch auf den Tisch.
Mama grinst. »Seit wann ist das Klo in der Küche?«
»Mach ich eben in die Hose«, sagt Tina und fängt an abzutrocknen.
Es klingelt. Mama geht öffnen und kommt mit Dorothee in die Küche.
»Hallo«, sagt Tina.
Dorothee sagt »Hey«, nimmt ein Trockentuch vom Haken und das Besteck von der Spüle. Sie trocknet es ab und sieht dabei richtig begeistert aus. Als ob es nichts Schöneres gäbe als Besteckabtrocknen!
Mama lobt: »Wie nett, daß du Tina hilfst. Und wie schön, daß du heute bei uns bist.«
Zu mir sagt sie nur *mach mal eben*, denkt Tina und ärgert sich über Mamas freundliche Stimme.
»Was machen wir gleich?« fragt Dorothee.
Tina zuckt mit den Schultern. Sie will erst mal hören, was Dorothee vorhat.
»Ihr könntet in die Stadt gehen«, sagt Mama, »und mir einiges besorgen.«
»Ich habe Lust zum Einkaufen«, sagt Dorothee und fragt Tina: »Du auch?«

Tina nickt. Mama schreibt den Einkaufszettel. Dorothee und Tina laufen los. Vorher kämmt Dorothee sich noch und betrachtet sich im Spiegel auf dem Flur. Sie sieht *picobello* aus. Und hübsch ist sie auch, das muß Tina zugeben. Aber so aussehen wie Dorothee will sie trotzdem nicht.
Unterwegs sagt Dorothee: »Mutti hat mir zwei Mark geschenkt. Wir gehen ins Süße Kaufhaus. Du darfst aussuchen.«
Tina freut sich. Im Süßen Kaufhaus schlägt sie als erstes Gummibärchen vor.
Dorothee schüttelt den Kopf.
Tina nimmt eine Tüte Lakritzbonbons aus dem Regal. »Bloß nicht«, sagt Dorothee. »Lakritz macht schwarze Zähne.«
Tina denkt: Ich darf aussuchen. Aber *bestimmen* will sie. Sie hält Dorothee eine Packung Mäusespeck unter die Nase. »Wie wär's hiermit?«
Dorothee verzieht den Mund. »Igitt! Mäuse sind eklig.« Jetzt reicht es Tina! Sie sagt: »Kusinen auch«, läßt Dorothee stehen und geht nach draußen. Es ist ihr piepenschnurzegal, was Dorothee kauft. Essen wird sie auch nichts von dem Zeug. Sie geht ein Schaufenster weiter und schreibt mit dem Finger »Blöde Kuh« an die Scheibe.
Dorothee kommt aus dem Laden, geht zu Tina und hält ihr eine Tüte mit Gummibärchen hin. »Willst du?«
Natürlich will Tina nicht. Sie läßt sich doch nicht vereimern! »Ich will nach Hause«, sagt sie. »Und wieso verkündet deine Mutti eigentlich immer und überall, daß du nichts Süßes mehr ißt, weil es so ungesund ist?«
Dorothee macht Omas Stimme nach. »Was sie nicht weiß, macht sie nicht heiß.«
Tina grinst. Omas Sprüche sind wirklich für alles zu

gebrauchen! »Morgenstund hat Gold im Mund«, sagt Tina und angelt sich drei grüne Bären aus der Tüte.
Sie kaufen die Sachen für Mama ein und schlendern langsam zur Petersiliengasse zurück. Mit Gummibären und Mäusespeck. Den hat Dorothee nämlich auch noch gekauft.
Auf dem Weg überlegen sie, was sie gleich spielen wollen. Tina möchte zur Emmerwiese. Dorothee möchte lieber nähen. Puppenkleider oder so was.
»Wir können ja erst nähen«, schlägt Tina vor. »Wenn ich keine Lust mehr habe, gehen wir zur Emmer.«
Damit ist Dorothee einverstanden.
Zu Hause fragen sie Mama nach Stoffresten. Sie holt ihre *Kuddelmuddelei*. So nennt sie ihren Nähkorb. Bunte Flicken, Wolle, Knöpfe, Nadeln und Nähgarn kramt sie aus dem Durcheinander.
Tina will, daß Teddy eine Latzhose bekommt und ein kariertes Hemd.
»Hosen kann ich nicht«, sagt Dorothee. »Röcke gehen einfacher.«
»Aber Teddy will keinen Rock«, mault Tina. »Er ist doch kein Mädchen.«
Dorothee sagt: »Weißt du doch gar nicht. Bei Bären sehen Jungen und Mädchen gleich aus. Woher willst du wissen, daß Teddy *kein* Mädchen ist?«
Tina überlegt. Was Dorothee sagt, ist gar nicht so blöd. »Also gut«, sagt sie laut. »Wir nähen einen Rock für Teddy, mit Rüschen. Und eine Bluse.« Dann kann ich noch besser Zirkus mit ihm spielen, denkt Tina, ich mache Spagat, und er ist eine Ballettänzerin. Laut sagt sie das lieber nicht. Für solche Gedanken ist Dorothee garantiert zu alt!
Sie nähen einen Rock aus weißem Gardinenstoff und eine rosa Bluse mit Glitzerknöpfen. Dorothee ist sehr geschickt, zeigt Tina, wie man zuschneidet und die Teile zusammennäht.

Sie hat schon oft mit Tante Barbara genäht.
Tina findet es schade, daß Mama nicht nähen kann. Im vorigen Jahr wollte sie für Tina ein Sommerkleid nähen. Ein Nachthemd ist daraus geworden! Mama kann dafür andere Sachen. Zum Beispiel Bücher verkaufen oder ein Schaufenster dekorieren.
»Vielleicht werde ich später Schneiderin«, sagt Tina beim Mittagessen.
Mama schmunzelt. »Letzten Sonnabend wolltest du noch Autoschlosser werden.« Da hatte Papa an seinem Auto gebastelt, und Tina und Sebastian haben ihm geholfen.
»Werde ich eben beides«, sagt Tina. »Nähen ist jedenfalls auch schön.«
Dorothee kichert und serviert noch einen von Omas Sprüchen: »Kommt Zeit, kommt Rat.«
Sie nähen den ganzen Nachmittag. An die Emmerwiese denkt Tina überhaupt nicht mehr. Sie ärgert sich nur ein bißchen, daß Dorothee so ganz nebenbei ihr volles Bonbonglas leer futtert. Ganz schön verfressen, meine liebe Kusine, denkt Tina, aber nähen kann sie prima.
Als Dorothee um fünf Uhr nach Hause geht, ist Teddy fix und fertig angezogen. »Richtig schnuckelig siehst du aus«, sagt Tina. Sie piekst ihn in den Bauch. »Nur zu fett bist du für eine Ballettänzerin.«
Beim Abendbrot fragt Papa: »Na, Tina, wie war der freie Tag?«
»Dorothee war da«, sagt Tina und streicht Leberwurst auf ihre Stulle.
»Ausgerechnet heute?« fragt Papa mitleidig.
»Es war halb so schlimm«, erklärt Tina. »Wir haben ganz toll genäht.«
Sie holt Teddy und zeigt ihn Papa. Der guckt Teddy ungläubig an. »Das ist ja ein Ding. Teddy ein *Mädchen*?«

»Quatschquark«, sagt Tina, »das sieht nur so aus. Teddy ist Teddy. Punkt!«

## Tina kann sich nicht ausstehen

Heute abend wollen Tante Barbara und Onkel Erwin zu Besuch kommen. Tina hat nämlich bald Geburtstag. Und weil Tante Barbara übermorgen zur Kur fährt, soll heute eine kleine Geburtstagsvorfeier stattfinden.
Tante Barbara ist Tinas Patentante. Mehr eine Dame als eine Patentante, findet Tina, etwas zu vornehm, zu *picobello*! Tina hat Tante Barbara noch nie ungeschminkt gesehen. Und noch nie in Jeans. Sie trägt Kostüme und Kleider und hat ganz viele Hüte.
Mama hat keinen Hut, nur Strickmützen. Und Mama zieht Jeans an. Aber nicht, wenn Tante Barbara kommt. Dann macht Mama sich fein. Tina vermutet, daß Mama manchmal auch aussehen möchte wie eine Dame. Einmal hat Tina nämlich einen neuen Hut von Tante Barbara bewundert. Da hat Mama so neidisch geguckt. Nachher hat Mama zu Papa gesagt: »Ein Hut von Barbara kostet soviel wie mein Wintermantel.«
Papa hat verkündet, daß er Hüte nicht ausstehen kann und in Strickmützen verliebt ist.
Da war Mamas Neid vorbei. Sie hat eine Strickmütze aufgesetzt und mit Papa herumgealbert.
Tina freut sich auf ihre Geburtstagsvorfeier. Sie ist sehr gespannt. Tante Barbara macht gerne große Geschenke. Manchmal sind die toll, manchmal unbrauchbar. Zum letzten Geburtstag hat sie Tina Schlittschuhe geschenkt mit weißen, hohen Stiefeln. Eine Superüberraschung! Aber mit dem Weihnachts-

geschenk vom vergangenen Jahr konnte Tina nichts anfangen. Eine Handtasche aus Naturleder! Was soll sie mit einer Handtasche? Ein Rucksack wäre ihr lieber gewesen. Gut, daß noch ein Buchgutschein in der Tasche war. Sonst hätte Tina sich überhaupt nicht gefreut.
Mama macht Pasteten. Mit Hackfleisch und Käse überbacken. Sie ist nervös, wird noch nervöser, als Papa nach Hause kommt. Er hat Hunger und beschwert sich, daß kein Abendbrottisch gedeckt ist. »Du denkst auch an nichts«, knurrt Mama ihn an. »Wir haben doch nachher Besuch.«
»Ach du jemine«, sagt er, »stimmt ja. Die Barbaras kommen.«
Für ihn sind Onkel Erwin, Tante Barbara und Dorothee die Barbaras, weil Tante Barbara alles bestimmt. Onkel Erwin ist immer sehr still, fast stumm. Manchmal vergißt Tina beinahe, daß es ihn gibt. Er ist Stellvertreter eines Bankdirektors. Ein anstrengender Beruf! Dorothee sagt: »Der Stellvertreter macht die ganze Arbeit, und der Direktor ist nur der Chef. Darum ist Vati immer müde.«
Wenn Onkel Erwin nicht müde ist, baut er Modellflugzeuge. Achtzehn hat er schon. Aber fliegen läßt er sie nie. Das versteht Tina nicht. Papa behauptet, daß Onkel Erwin sich heimlich ein großes Flugzeug baut und eines Tages damit auf und davon fliegt.
Mama geht ins Badezimmer, sich feinmachen. »Tina, was machst du?« ruft sie zwischendurch.
»Nichts«, antwortet Tina. »Ich warte.«
»Zieh dich um«, ruft Mama. »Sie sind immer sehr pünktlich.«
Tina ist empört. »Wieso umziehen?« Als sie Mamas Seufzer hört, geht sie jedoch schnell in ihr Zimmer. Nur kein Streit! Es soll ein schöner Abend werden.
Tina zieht Rock und Pullover an und eine Strumpfho-

se. Strumpfhosen sind widerlich, denkt Tina, entweder sind sie zu groß oder zu klein. Keine paßt richtig.
»Du weißt gar nicht, wie gut du es hast«, sagt Tina zu Teddy. »Ich muß dauernd machen, was die anderen wollen.«
Teddy guckt Tina verständnisvoll an. Lieb ist er. Und immer zufrieden mit Tina.
Sie kämmt sich, zeigt ihrem Spiegelbild die Zunge und cremt ihr Gesicht ein.
»Hübsch siehst du aus, Geburtstagskind«, sagt Tante Barbara zur Begrüßung. »Du wirst langsam eine junge Dame.«
Tina bedauert, daß sie sich umgezogen hat.
Onkel Erwin quetscht ihre Hand. »Alles Gute, Tina.« Und zu seiner Frau sagt er: »Du hast recht, meine Liebe.«
Die hört gar nicht hin, sie spricht mit Mama und Papa gleichzeitig.
Tina ist enttäuscht, weil sie kein Geschenk entdeckt. Tante Barbara hat nur eine Handtasche dabei. Was paßt in eine Handtasche?
Beim Essen hält Tante Barbara einen öden Vortrag über gesunde Ernährung. Aber die Pasteten sind Klasse. Onkel Erwin sieht richtig wach aus. Er ißt schon die dritte. »Wir essen kaum noch Fleisch«, sagt Tante Barbara und blickt ihren Mann an. »Nicht wahr, *Öhrwien*?«
Onkel Erwin zuckt zusammen, nickt und ißt weiter.
Papa schmunzelt. Wegen *Öhrwien* natürlich. Das ist auch so ein vornehmer Tick von Tante Barbara. Manchmal vergißt sie es auch und sagt Erwin wie jeder normale Mensch.
Tina holt Ketchup und Senf aus der Küche. Sie möchte, daß jede Pastete anders schmeckt. Ihre zweite kriegt Ketchup. Die dritte will sie mit Senf dekorieren. Mama ist dagegen. Das sieht Tina an ihrer Nase.

Tante Barbara ist geradezu entsetzt. »Pastete mit Ketchup? Das ist Stilbruch.«
»Stilbruch kenn ich nicht«, sagt Tina. »Aber Pastete mit Ketchup schmeckt interessant.«
Tante Barbara zieht die Augenbrauen hoch. »Ketchup ist sehr ungesund. Dorothee ißt keines mehr.«
Das ist der Anfang eines weiteren Vortrags, den Tante Barbara in letzter Zeit häufig hält: über Ernährung und Dorothee. »Sie ißt schon seit Monaten nichts Süßes. Es ist erstaunlich, wie vernünftig Dorothee ist.«
Das findet Tina auch. Vor allem, wenn sie an Dorothees letzten Besuch denkt! Am liebsten würde sie laut lachen.
Nach dem Essen macht Tante Barbara ein feierliches Gesicht, küßt Tina auf beide Wangen und holt aus ihrer Handtasche ein winziges Päckchen.
Tina hat nicht die kleinste Ahnung, was darin sein könnte. Sie wird ganz kribbelig, fummelt Kordel und Papier ab und hält schließlich eine niedliche viereckige Dose in der Hand. Auf den Deckel ist ein bunter Schmetterling gemalt.
»Wie süß«, sagt Tina, hebt neugierig den Deckel hoch, macht große Augen. Dann sagt sie »Nein« und legt das Döschen auf den Tisch.
Tante Barbara sieht Tina verdutzt an. »Was heißt – nein?«
Tina merkt, daß sie gleich weinen wird. Sie hatte sich so gefreut. »Ich will keine Ohrringe«, sagt sie und drückt die Tränen weg. Bloß nicht heulen!
Tante Barbara merkt nichts, ist nur enttäuscht. Aber so schnell gibt sie nicht auf. »Tina, sei doch nicht dumm«, sagt sie. »Es sind die schönsten Ohrringe, die ich finden konnte. Und sie sind *echt*.«
Tina will nicht, daß Tante Barbara böse auf sie ist, aber sie will auf keinen Fall Löcher in den Ohren haben. Sie faßt ihre Ohrläppchen an, schüttelt den

Kopf. Dieses Geschenk war keine gute Idee! Mama hat die Ohrringe in der Hand und beugt sich zu Tina. »Wir können sie aufheben. Vielleicht trägst du sie nächstes Jahr. Sie sind so schön.«
Tina schüttelt den Kopf. »Ohrringe tragen will ich nie. Niemals!« Jetzt kullern die ersten Tränen.
Alle machen dumme Gesichter. Nur Papa wird energisch. »Tina hat sich entschieden. Es sind ihre Ohren. Laßt sie in Ruhe.« Er funkelt Mama und Tante Barbara an.
»Franz hat recht«, sagt Onkel Erwin. »Barbara hätte Tina vorher fragen sollen.« Er zupft sich am Ohr. »Ich kann verstehen, daß sie keine Löcher will.«
So viel auf einmal sagt Onkel Erwin nicht oft. Tina staunt. Tante Barbara auch. Aber das ist kein gutes Staunen. Alle sind gegen sie, sogar ihr eigener Mann. Trotzdem kann sie nicht aufhören. Bei Mama hat sie noch Hoffnung. »Lisa, sag ihr, daß es nicht weh tut.«
Mama zieht ihre Schultern hoch. »Wenn sie nicht will.« Tina hört auf zu weinen. Sie guckt Tante Barbara entschlossen an. »Es ist nicht, weil es weh tut. Ich will, daß meine Ohren so bleiben, wie sie sind. Ganz heil. Und schön finde ich es auch nicht, wenn da etwas herumbaumelt. Man sieht ja aus wie ein Weihnachtsbaum.« Jetzt ist Tante Barbara beleidigt. »Du bist ungezogen.« Ihre goldenen Ohrringe schaukeln hin und her. »Ungezogen und undankbar. Ich hab so viel Geld für dich ausgegeben.«
Tina zieht den Kopf ein. Davon will sie nichts hören. Tante Barbara ist gar nicht mehr vornehm. »Dorothee hat die Ohrringe mit ausgesucht. Sie findet sie sehr schick. Du weißt nicht, was schön ist.«
Das ist zuviel. Tante Barbara ist ungerecht. Tina kann sich nicht mehr bremsen. »Schenk sie doch Dorothee. Sie sieht sowieso aus wie ein Zirkuspferd. Die sind auch ganz wild auf was Süßes. Mir hat sie alle

Bonbons aufgefressen. Verfressen ist sie!«
Alle starren Tina an.
Stille!
Nichts wie weg hier.
Tina rast in ihr Zimmer, wirft sich aufs Bett. Sie ist wütend und traurig und enttäuscht. Es sollte ein schöner Abend werden, und nun hat sie alles kaputtgemacht. Alle sind böse auf sie. Das schlimmste ist, daß sie Dorothee verpetzt hat!
Tina kann sich nicht ausstehen. Sie will keine fiese Petze sein. Wo ist Teddy? Sie findet ihn unter ihrem Kopfkissen, preßt ihn an sich und fängt an zu weinen. Ein Wolkenbruch wird das!
Teddy ist geduldig. Er kann alles aushalten, wundert sich über gar nichts. Auch nicht darüber, daß die große Tina jetzt ihren Daumen nimmt.
Tina weiß nicht, wie lange sie schon in ihrem Zimmer ist. Sie ist müde, will aber nicht schlafen.
»Was soll ich bloß machen?« fragt sie Teddy. »Wie kann ich das wieder gutmachen?«
Teddy antwortet nicht, guckt Tina nur schläfrig an. Daß Tante Barbara kommt, merkt er nicht mehr. Und Tina auch nicht. Sie ist doch eingeschlafen. Tante Barbara deckt sie vorsichtig zu und schleicht wieder hinaus.
Irgendwann wird Tina wach. Es ist stockfinster im Zimmer. Tina ist ganz durcheinander. Dann fällt ihr alles wieder ein. Sie drückt Teddy fest an sich.
Mama kommt auf Zehenspitzen herein, knipst die Leselampe an und fragt leise: »Schläfst du, Tina?«
Mama und Tina sehen sich an. Mama sieht nicht böse aus. Doch als sie ihre Tochter anfassen will, macht Tina sich steif. »Ich finde mich so schlimm«, sagt sie.
»Du warst auch schlimm«, sagt Mama, »aber du nicht allein.« Sie streichelt Teddy und Tinas Hand. »Es hatte auch etwas Gutes. Wir haben über vieles gespro-

chen. Das war schon lange notwendig. Erst haben wir gestritten, dann richtig geredet.«
»Und Tante Barbara«, fragt Tina, »ist sie noch beleidigt?« Tina schluckt. »Wegen Dorothee, meine ich, und wegen des Weihnachtsbaumes.«
Mama schüttelt den Kopf. »Sie weiß, daß du es nicht so gemeint hast. Tante Barbara ist auch manchmal wütend und unbeherrscht. Sie kennt das.«
Ob sie sich dann auch nicht leiden kann, will Tina wissen und wickelt sich in Mamas Arme.
»Danach kannst du sie selber fragen. Sie will dich morgen anrufen. Du sollst dir schon überlegen, ob sie die Ohrringe umtauschen soll. Mit dir zusammen.«
»Umtauschen?« fragt Tina. An die Ohrringe hat sie nicht mehr gedacht.
»Gegen eine Armbanduhr«, antwortet Mama, »damit du es lernst, pünktlich zu sein.« Dann steht sie auf. »Jetzt wird geschlafen. Es ist gleich Mitternacht.«
»So spät?« fragt Tina. Sie guckt an sich runter. »Und ich bin noch nicht mal ausgezogen!« Sie streichelt Teddy. »Weißt du was, mein Kleiner? Wir beide brauchen dringend eine Uhr.«

## Etwas Ernstes liegt in der Luft

Mama liegt auf dem Sofa und liest. Mitten am Nachmittag! Schon das drittemal in den letzten Tagen.
Krank ist sie nicht, danach hat Tina schon gefragt. Nur ausruhen will sie sich. Wovon? In Hannas Laden hat sie schon seit zwei Wochen nicht mehr gearbeitet. Und in ihrem Gesicht ist etwas Neues. Etwas Geheimnisvolles. Wie früher, wenn sie mit Tina *Ich sehe was, was du nicht siehst* gespielt hat.

Tina hat im Augenblick keine Zeit für lange Gedanken. Sie will nur das Lexikon aus dem Wohnzimmer holen. Sebastian ruft aus ihrem Zimmer. Er hilft Tina bei ihren Geburtstagsfeiervorbereitungen. Sie will drei Mädchen und zwei Jungen aus ihrer Klasse einladen. Und Dorothee und natürlich Sebastian. Das Lexikon brauchen sie für Quizfragen, das heißt für die richtigen Antworten zu den Fragen.
»Hast du es erst gebacken?« fragt Sebastian, als Tina endlich zurückkommt.
»Quatschkopf«, sagt Tina. »Mama liegt nur schon wieder platt.«
»Na und?« sagt Sebastian. »Meine Oma macht auch jeden Tag ein Nachmittagsschläfchen.«
»Mama ist nicht deine Oma«, sagt Tina. »Mama war noch nie so. So ruhig. Sonst ist sie eher wie ein Sturm.« Sebastian ist das egal. Er will wissen, ob die Fledermäuse wirklich mit dem Kopf nach unten schlafen.
Tina sucht die Fledermäuse im Lexikon und vergißt Mama.
Das Quiz wird bestimmt gut. Sie haben schon fünfzig Fragen ausgetüftelt und auf Kärtchen geschrieben. Sechzig sollen es werden. Die letzten Fragen sind schwer.
Tina seufzt: »Das dicke Ende kommt immer zuletzt.« Sebastian sieht sie fragend an.
»Das meint meine Oma«, erklärt Tina.
»Das ist *die* Idee«, sagt Sebastian. »Wir nehmen für die letzten Fragen Sprichwörter.«
Tina ist begeistert. »Au ja. Schreib auf: Was kommt immer zuletzt? Richtige Antwort: Das dicke Ende.«
Das Lexikon brauchen sie nun nicht mehr. Sprichwörter wissen sie jede Menge, Tina noch mehr als Sebastian. Es geht ganz schnell mit den letzten Fragen. Nur die allerletzte will sich nicht finden lassen. Sie

überlegen, sitzen Rücken an Rücken auf dem Fußboden. Tina denkt Löcher in die Luft, Sebastian in den Teppich.
»Ich hab eins«, sagt er nach einer Weile. »Sag mal ein Sprichwort mit Hund und Hase.«
»Pöh«, antwortet Tina, »das ist doch leicht. Viele Hunde sind des Hasen Tod.«
»Denkste«, sagt Sebastian, dreht sich um und guckt Tina triumphierend an. »Wenn der Hund nicht geschissen hätte, hätte er einen Hasen gefangen.«
Tina lacht. »Das geht nicht. Das hast du selbst gemacht.«
Sebastian ist entrüstet. »Nur, weil du es nicht kennst! Opa hat das oft gesagt. Und der ist schon tot. Ich hab's von ihm geerbt.«
Tina wiederholt: »Wenn der Hund nicht geschissen hätte, hätte er einen Hasen gefangen. – Hört sich gut an. Aber ich glaube, Frau Bündig würde sagen: *Das ist kein gutes Deutsch*.«
Sebastian diktiert, Tina schreibt: »Ein Sprichwort von Hund und Hase in schlechtem Deutsch.«
Das Quiz ist fertig. Alle Karten haben eine Nummer. Auf einem Zettel stehen dieselben Nummern mit den Antworten. Schade, daß Tina und Sebastian übermorgen nicht mitraten können.
»Wahrscheinlich gewinnt Angelika«, meint Tina.
»Abwarten«, sagt Sebastian und zeigt auf Antwort Nr. 56: Es ist nicht alles Gold, was glänzt.
Sie grinsen sich an. Dann muß Sebastian für seine Oma einkaufen. »Bis morgen«, sagt er und verschwindet.
Mama bittet Tina, den Abendbrottisch zu decken. Sie liegt immer noch auf dem Sofa. Wieso, weshalb, warum? Tina macht ein ängstliches Gesicht. »Bist du ehrlich nicht krank?«
Mama sieht Tinas Sorge, zögert einen Moment und

sagt schließlich: »Tina, setz dich mal zu mir. Ich will dir etwas sagen.«
Tina bleibt stehen. Etwas Ernstes liegt in der Luft.
Mama lächelt Tina an. »Es ist nichts Schlimmes. Es ist nur . . . Wir kriegen ein Kind.«
Tina schaut Mama verständnislos an und setzt sich nun doch. Hat sie richtig gehört?
Mama nickt. »Ich bin schwanger. Wir vermuten es schon länger. Seit drei Tagen ist es ganz sicher. Du solltest es erst an deinem Geburtstag erfahren. Aber ich möchte nicht, daß du dir Sorgen machst.«
Früher hat Tina oft nach einem kleinen Bruder oder einer kleinen Schwester gefragt. Sie hat sich so sehr Geschwister gewünscht! Mama und Papa haben immer erklärt: »Es klappt nicht«, und ihr erzählt, daß Mama nicht mehr schwanger werden kann oder nur mit ganz viel Glück, wie der Arzt meinte.
Jetzt hat es geklappt. Tina weiß nicht genau, ob das ganz viel Glück ist. Sie hat sich inzwischen ja daran gewöhnt, mit Mama und Papa allein zu sein.
»Wann kommt es?« fragt sie.
Mama antwortet: »Ende Mai oder Anfang Juni.«
Tina kann es nicht glauben. Es hört sich so unwirklich an. Sie stellt sich ein Baby vor. Mit Kulleraugen und grapschigen kleinen Händen, die alles greifen wollen.
»Ehrenwort?« fragt sie. »Wir kriegen ein Kind?«
Als Mama lacht und eine Hand auf ihren Bauch legt, sagt Tina: »Ich werd verrückt.« Und dann hat sie's begriffen und fängt an zu strahlen. »Das ist Spitze!«
»Finde ich auch«, sagt Mama. »Ich muß nur aufpassen. Der Arzt hat angeordnet, daß ich mich schone. Viel liegen und so. Bis der dritte Monat vorbei ist.«
»Das macht nichts«, sagt Tina und zählt gleich auf, was sie alles übernehmen kann: Einkaufen, Tischdecken und Staubsaugen. Sie wird ganz aufgeregt. Al-

les will sie für Mama tun! Sogar spülen und abtrocknen. Plötzlich denkt sie an übermorgen und erschrickt. »Mama, was wird am Mittwoch, mit meiner Geburtstagsfeier? Wenn du dich doch schonen sollst?«
»Papa wird sich nachmittags freinehmen«, antwortet Mama. »Er wird sich um alles kümmern.«
Da ist Tina beruhigt. Bis Papa kommt.
Ein Kollege aus der Lohnbuchhaltung ist krank geworden. Jetzt muß Papa in den nächsten Tagen die Löhne abrechnen, vielleicht sogar deshalb Überstunden machen.
Ein harter Brocken für Tina. Das neue Kind ist noch nicht da und bringt schon alles durcheinander.
Papa macht einen Vorschlag: »Wir verschieben die Feier. Übermorgen machst du nur einen Kaffeeklatsch mit Mama und Oma. Am Samstag habe ich frei. Dann kann der Kindergarten kommen.«
Tina ist zufrieden. Nur gegen den »Kindergarten« protestiert sie. Und Sebastian soll übermorgen *und* Samstag kommen. Er gehört ja fast zur Familie.
Wenn es ein Bruder ist, denkt Tina, soll er so sein wie Sebastian. Oder noch netter. Eine Schwester wäre auch nicht schlecht. Eine Mini-Tina. Und wenn sie netter ist als ich? Darüber will sie nachdenken, wenn sie allein ist. Nachher, mit Teddy.
Zum Abendbrot legt Tina vier Holzbrettchen auf den Tisch und stellt vier Tassen dazu. Es ist Platz genug. Ein vierter Stuhl ist auch in der Küche.
»Und wenn es Zwillinge sind?« fragt Papa.
»Dann sind wir kinderreich«, antwortet Tina, »und brauchen einen größeren Tisch.«

## Tinas Geburtstag

Der fünfzehnte November ist noch besser als Weihnachten. Es ist der beste Tag im Jahr. Weihnachten ist ein Fest für alle. Der fünfzehnte November gehört Tina. Heute vor zehn Jahren wurde sie geboren. Mama sagt, daß jeder einmalig ist und jeder die Welt neu macht, wenn er geboren wird.
Tina sitzt in der Mathestunde und denkt, daß sie einmalig ist. Ein schönes Gefühl! Sie hat heute keine Zahlen im Kopf, nur Geburtstagsgedanken.
Mit zehn Jahren ist man schon ganz schön alt. Auf jeden Fall nicht mehr klein. Außerdem wird sie bald große Schwester, und nach den nächsten Sommerferien kommt sie in eine andere Schule. Das ist halb spannend, halb traurig. Wer weiß, ob es dort so schön ist wie in der Grundschule.
Geburtstag wird in den anderen Schulen nicht mehr gefeiert. Das weiß Tina von Dorothees Freundin. Die geht zur Realschule.
In der Grundschule wissen alle, wer Geburtstag hat. »Die Hausaufgaben schenke ich dir heute«, sagt der Mathelehrer zu Tina. Das ist auch besser so. Sie weiß nicht, was heute gelaufen ist. Sebastian muß ihr morgen Nachhilfe geben. Nachher soll er erst mal Fischunterricht veranstalten. Weil Mama und Papa Tina ein Aquarium geschenkt haben, mit zwei Goldfischen und Wasserpflanzen und Steinen. Sebastian hat sein Aquarium schon lange. Er kennt sich gut aus. Tina hat ihre Fische sofort heute morgen getauft. Frederik und Janne heißen sie. Sie sollen es gut haben. So gut wie Teddy. Der hat heute auch Geburtstag. Papa hat ihn ins Krankenhaus gebracht, als Tina geboren wurde. Gleich am ersten Tag.
Bei Frau Bündig in der letzten Stunde darf Tina ein

Spiel aussuchen. Das dürfen alle Geburtstagskinder. Tina wählt »Stille Post«.
Frau Bündig ermahnt alle, ganz leise zu sein, und gibt Tina ein Zeichen, daß sie beginnen kann.
Tina wußte von Anfang an, was sie sagen will. Sie freut sich schon auf die Gesichter der anderen und flüstert Angelika ins Ohr: »Wir kriegen ein Kind.«
Die macht Spiegeleieraugen und fragt laut: »In echt?«
»Psscht«, mahnt Frau Bündig. »Stille Post ist kein Frage- und Antwortspiel.«
Angelika flüstert Tinas Satz weiter an Uta, Uta an Michael und so weiter. Manche fangen an zu kichern, einige drehen sich nach Tina um.
Bei »Stille Post« versteht sonst keiner den anderen. Am Ende kommen immer total neue Wörter heraus oder verdrehte Sätze. Heute nicht. Jeder gibt Tinas Botschaft deutlich weiter. Julia flüstert Tinas Satz Frau Bündig ins Ohr. Sie ist die letzte, muß ihn laut sagen.
Frau Bündig hat ein Gesicht wie in der Kirche, räuspert sich und sagt andächtig: »Wir kriegen ein Kind.«
Alle prusten los. Sie ist nämlich schon älter, unverheiratet und sehr mager.
»Wie wunderbar, Tina«, sagt sie und fragt, wie es Mama geht und wann es soweit ist.
Angelika rückt näher zu Tina. »So wunderbar ist das gar nicht. Du wirst schon sehen.« Sie hat drei jüngere Geschwister. Die dürfen alles. Angelika muß auf sie aufpassen und wird ausgeschimpft, wenn alles in Unordnung ist. – Vielleicht will sie *deshalb* immer gewinnen? »Bei uns wird es nicht so wie bei euch«, flüstert Tina. »Ich werde unser Kind erziehen.«
Als sie nach Hause kommt, ist Oma schon da. Sie hat eine große Schürze um und backt Kuchen. Mama sitzt mit einer Zeitung am Küchentisch.
»Hmm«, sagt Tina, »das riecht lecker.«

»Wenn es in der Wohnung duftet«, reimt Oma, »in der Küche einer schuftet.« Die Schufterei scheint ihr viel Spaß zu machen. Sie sieht richtig fröhlich aus, nimmt Tina in die Arme, wünscht ihr ein langes, glückliches Leben.
»Im Wohnzimmer liegt etwas für dich«, sagt sie dann. »Nur eine Kleinigkeit.«
Mama hat auf dem Teewagen alles aufgebaut. Oben steht das Aquarium mit Janne und Frederik, unten liegen Omas Geschenke. Vier Kleinigkeiten. Tina packt einen Schlafanzug aus, selbstgestrickte Ringelsöckchen und zwei Bücher. Eins zum Lesen und eins zum Schreiben, mit einem blauen Stoffeinband. Darauf steht *Tagebuch*.
Tina geht in die Küche. Das Tagebuch nimmt sie mit. »Oma, alles ist toll. Und das Tagebuch finde ich super! Vielen Dank.«
»Da nicht für«, sagt Oma. Aber sie freut sich, daß Tina sich freut.
Mama betrachtet das Tagebuch. »Ist das nicht zu früh, Mutter? Ich hab damit angefangen, als ich zwölf war.«
»Tina schreibt doch so gern Aufsätze«, erklärt Oma. »Da dachte ich . . .«
Tina unterbricht sie: »Du hast richtig gedacht, Oma. Aber Mama meint immer, bei mir muß alles so sein, wie es bei ihr war. Sie merkt nicht, wie groß ich schon bin.« Tina stellt sich auf die Zehenspitzen und dreht sich vor Mama.
»Ich werd's noch kapieren«, schmunzelt Mama. Dann mustert sie neugierig ihre Tochter. »Hast du wirklich schon Lust zum Tagebuchschreiben?«
»Mal sehn«, antwortet Tina. »Vielleicht schreibe ich erst nur an Spezialtagen. Später jeden Tag.«
Beim Mittagessen werden Mama und Tina von Oma bedient. Tina, weil sie Geburtstag hat, und Mama,

weil sie schwanger ist und sich schonen soll. Mama hat keinen Hunger. Oma sieht sie vorwurfsvoll an. »Du mußt für zwei essen. Und du solltest dich wärmer anziehen. Du wirst immerhin Mutter.«
Mama schiebt ihren Teller zur Seite. »Ich bin schon länger Mutter«, sagt sie. »Ich weiß, wie das geht. Und für zwei esse ich bestimmt nicht. Das ist eine Meinung von gestern.« Sie sagt es lachend, aber auch trotzig.
Oma würde Mama am liebsten in Watte packen. Damit alles gut geht. Sie freut sich sehr auf das neue Enkelkind.
Um drei Uhr kommt Sebastian. »Für dich«, sagt er und drückt Tina zwei Päckchen in die Hand.
Ein Geschenk hat seine Mutter eingepackt. Das sieht Tina sofort. Das andere ist krumm und schief, mit Wollfäden verschnürt. *Geheim* hat Sebastian auf das krumme Paket geschrieben und *Zerbrechlich!*
Tina öffnet zuerst das Geschenk von seiner Mutter. Ein Puzzle mit 520 Teilen. Auf dem Karton sieht man, wie es fertig aussieht: eine Zirkusmanege mit Clowns, einem Tanzbär und einer Tänzerin auf dem Seil. »Ganz gut«, sagt Tina und schielt auf das zweite Päckchen.
Mama geht in die Küche, den Kuchen holen. Ob sie etwas gemerkt hat?
Tina reißt die Verschnürung los. Sebastian guckt zu. Genauso gespannt wie Tina.
»Mensch, Sebastian!« staunt sie ihn an. »Du hast tolle Ideen.«
Er hat eine Glühbirne eingepackt mit einem Zettel: *Für alle Fälle.*
Tina hatte ihm erzählt, daß Mama sie ein paarmal beim Lesen im Bett erwischt hat. Nach neun Uhr sei das *unpassend,* meinte Mama und wollte es Tina abgewöhnen. Drei Tage lang war die Glühbirne aus Ti-

nas Nachttischlampe verschwunden. So ist Mama! Dabei will Tina gar nicht jeden Abend länger lesen. Nur manchmal, wenn sie ein spannendes Buch hat und noch nicht müde ist.

Vielleicht kann sie Mama eines Tages überzeugen. Bis dahin hat sie nun eine geheime Glühbirne. Für alle Fälle! Sie schleicht mit Sebastian in ihr Zimmer und versteckt die Birne im Schreibtisch. In der Schublade, die zum Abschließen ist. Bisher hat Tina den Schlüssel immer steckengelassen. *Die* Zeiten sind vorbei. Jetzt hat sie ein Tagebuch und eine Glühbirne. Zwei Sachen, die nichts für Eltern sind. Tina steckt den Schlüssel in die Hosentasche.

Mama ruft: »Kaffeetrinken!« Sie sitzt schon mit Oma am Tisch. Als Tina und Sebastian ins Wohnzimmer kommen, fragt Mama: »Naaa? Geheimnisse?«

»Wieso?« fragen die beiden wie aus einem Mund, machen lammfromme Gesichter und lassen sich Omas Kuchen schmecken. Sie hat viel zuviel gebacken. Windbeutel, Apfelkuchen und Nußecken. Was übrigbleibt, will sie einfrieren für die Feier am Sonnabend.

Nach dem Kaffee macht Sebastian sich mit Frederik und Janne bekannt und erzählt Tina alles, was sie über Fische wissen möchte.

Dann wird gepuzzelt. Bis alle rote Köpfe haben und Papa auftaucht.

Sebastian verabschiedet sich. Mama gibt ihm einen Teller mit Kuchen für seine Mutter mit.

»Vergiß nicht, deine Fische zu füttern«, sagt er zu Tina. »Tote Fische stinken tierisch.«

Er ist zu blöd! Aber nett.

Oma fährt morgen erst nach Hause zurück. Tina wollte Oma ihr Bett leihen. Sie will jedoch lieber auf dem Sofa im Wohnzimmer schlafen. »Mit Schürze oder im Nachthemd?« frotzelt Papa. Sie hat nämlich zwei Schürzen mitgebracht. Eine bunte für die Kü-

chenarbeit und eine weiße mit Spitzen. Die hat sie zum Kaffeeklatsch umgebunden und noch nicht wieder abgetan.
»Du darfst nicht mehr so viel Quatsch machen«, sagt Tina zu Papa. »Du wirst schließlich Vater.«
»Ich übe ja schon«, erwidert der, »schon seit zehn Jahren.« Er hebt Tina hoch, trägt sie auf seinen Armen durchs Zimmer und pfeift abwechselnd »Hoch soll sie leben« und »Schlaf Kindchen, schlaf«.
Tina kuschelt sich an ihn. Später sitzt sie am Schreibtisch vor ihrem Tagebuch. Sie lutscht am Füller und denkt nach. Heute ist ein Spezialtag. Tina weiß trotzdem nichts. Was schreibt man in ein Tagebuch?
Sie holt Teddy, setzt ihn auf die Schreibtischplatte, guckt ihn an.
»Ich lese es dir gleich vor«, sagt sie und fängt an zu schreiben:

*Mein lieber lieber Teddy!*
*Ich gratuliere zu deinem Geburtstag. Dies ist mein Tagebuch. Die erste Seite soll für dich sein. Ich habe ein Gedicht für dich gemacht:*
*Du hast mich*
*und ich hab dich.*
*Ich und du*
*wir beide.*

*Deine liebe Tina!*

# Alle nennen sie Lisbeth

◆

## Alle nennen sie Lisbeth

Alle nennen sie Lisbeth. Und das ist auch gut so. Ihr richtiger Name ist nämlich Elisabeth Ernestine Irene Strato. So heißt kein Mensch, sagt Lisbeth.
Über *Elisabeth* waren sich Mama und Papa schnell einig. Bei der Entscheidung über den zweiten Namen haben sie sich fast gestritten. Damals, als Lisbeth geboren wurde.
Ernestine hieß Mamas verstorbene Großmutter, eine kluge und schöne Frau, die Mama sehr geliebt hat. Deshalb war Mama für Elisabeth *Ernestine*.
Papa wollte eine Elisabeth *Irene*. Wegen seiner ältesten Schwester. Er hat vier Schwestern und einen Bruder. Tante Irene ist Papas Lieblingsschwester und wurde Lisbeths Patentante. Sie ist eine ungewöhnlich nette Patentante und außerdem Stratos reichste Verwandtschaft.
Weil Mama und Papa sich nicht einigen konnten, bekam ihre Tochter eben drei Namen. Und Lisbeths kleiner Bruder erfand noch einen dazu: Lissa sagt er manchmal.
Er hat es besser, er heißt nur Jonas. Dafür hat er keine nette, reiche Patentante, sondern einen Patenonkel, der noch studiert und selten lacht; Papas Bruder Engelbert.
Lisbeth ist zwölf Jahre alt und schon sehr vernünftig, auch wenn Mama und Papa oft das Gegenteil behaupten.
Jonas ist fünf und hat nur Dummheiten im Kopf. Er verschwindet jeden Tag mindestens einmal. Dann ist Mama sauer. Sie möchte immer wissen, wo ihre Kinder sind. Sonst kriegt sie zu viele Sorgenfalten.

Lisbeth macht sich um ihren verschwundenen Bruder niemals Sorgen. Er taucht sowieso wieder auf. Spätestens dann, wenn er Hunger hat. Außerdem weiß sie meistens, wo er steckt. Entweder spielt er Polizist und sucht im Gebüsch auf dem Spielplatz eine Räuberbande, oder er ist bei Mertens!
Familie Strato wohnt am Anfang der Mühlenbachstraße, Familie Mertens am Ende, auf derselben Straßenseite. Mertens kennt jeder, weil ihr Haus eine ewige Baustelle ist. Sie bauen dauernd um.
Umbauen und Anbauen findet Jonas interessant. Er kann stundenlang zugucken, wenn irgendwo gehämmert oder gebohrt wird. Später will er Dachdecker oder Baggerfahrer werden.
Lisbeth interessiert sich nicht für Baustellen, sondern für Bücher und Geheimnisse aller Art. Und für Menschen – wie sie aussehen, worüber sie lachen oder weinen, ob man ihnen trauen kann oder nicht. Lisbeth ist sehr neugierig, sie möchte alles wissen und verstehen. Darum macht sie sich oft Gedanken und Notizen in ihrem Tagebuch. Manchmal hält sie sich für ein kleines Genie. Aber wirklich nur manchmal! Später will sie einen Kriminalroman schreiben oder Forscherin werden.

## MONTAG

oder: Der Beginn einer Woche, in der Lisbeth mehr passieren wird als in den letzten zwölf Monaten

Lisbeth hockt im Flur und poliert ihr Fahrrad. Tante Irene hat ihr das blitzneue, knallrote Rad vor zehn Tagen zum Geburtstag geschenkt. Total unerwartet! Vor lauter Freude ist Lisbeth erst mal ganz stumm geworden. Dann hat sie einen Kopfstand gemacht und mit den Füßen gezappelt, bis Mama gesagt hat, sie soll vernünftig sein und sich lieber bedanken. Lisbeth hat nicht gewußt, wie man sich für ein blitzneues, knallrotes Fahrrad bedankt, aber sie hat Tante Irene geschworen, daß sie es jeden Tag putzen wird. Jeden Tag ihres Lebens. Und bisher hat sie das auch gemacht.

Mama fegt draußen den Plattenweg, der durch Stratos Vorgarten zum Bürgersteig führt. Durch die offene Haustür sieht und hört Lisbeth Herrn Lause, den Postboten. Mama nimmt einen Brief in Empfang, bedankt sich und kommt eilig ins Haus. Sie hat keinen Blick für Lisbeth, sondern reißt im Vorbeigehen schon den Umschlag auf. In der Küche setzt sie sich auf den Tisch. Darüber ist Lisbeth ziemlich empört. Ihr und Jonas wird das nämlich immer verboten.

Mama faltet den Brief auseinander und liest. Wie weggetreten sieht sie dabei aus. Anschließend hört Lisbeth sie leise »Laberkopf« zischen, und »keine Ahnung hat der«. Sie bleibt eine Weile auf dem Tisch sitzen und läßt ihre Beine baumeln. Plötzlich springt sie hoch, steckt den Brief in ihre Schürzentasche, holt Schreibzeug und schreibt ganz schnell ein Blatt Papier voll. Als Lisbeth neugierig näher schleicht, dreht

Mama das Blatt auf die andere Seite und fragt: »Was willst du?«
»Nichts«, antwortet Lisbeth. »Wer hat denn geschrieben?«
»Wieso geschrieben?« fragt Mama zurück.
»Herr Lause hat doch eben einen Brief gebracht«, sagt Lisbeth.
»Einen Brief?« fragt Mama, als ob sie nicht bis drei zählen kann. Und einen Augenblick später lügt sie, ohne rot zu werden. »Ach, dieser Reklamebrief . . . von so einer Lotteriegesellschaft . . . der liegt schon zwischen dem Altpapier.«
Seit wann sammelt sie das Altpapier in ihrer Schürzentasche, fragt sich Lisbeth, hält sie mich eigentlich für blöd?
Mama war schon am Wochenende ziemlich merkwürdig. Sie hörte gar nicht richtig zu – egal, was Lisbeth erzählte –, war irgendwie mürrisch und oft in Gedanken versunken. Auf jeden Fall anders als sonst. Und heute lügt sie wegen eines dämlichen Briefes!
Lisbeth tut so, als poliere sie weiter ihr Fahrrad. Mama beschäftigt sich in der Küche wieder mit ihrem Schreibzeug, merkt nicht, daß ihre Tochter sie mißtrauisch beobachtet. Den sogenannten Reklamebrief liest sie noch zweimal!
Sie hält mich *wirklich* für blöd, denkt Lisbeth, trägt ihr Rad nach draußen und fetzt los. Bis sie keine Puste mehr hat.
Dann sitzt sie im Gras und denkt nach. Über Erwachsene. Über das, was sie sagen und was sie tun. »Ihr sollt nicht lügen«, sagen sie ihren Kindern. Und was tun sie? Selber lügen!
Lisbeth lügt nie – oder nur dann, wenn sie Angst hat, daß einer über sie lachen könnte. Oder wenn einer etwas wissen will, was keinen etwas angeht.
Gestern fragte Jonas zum Beispiel, wie sie die neue

Igelfrisur von Heiner Mertens findet. Jonas himmelt den Heiner richtig an. Wahrscheinlich, weil der schon dreizehn ist, und weil er ein Rennrad besitzt.
Lisbeth himmelt keinen an. Auch Heiner Mertens nicht. Obwohl sie seine neue Frisur ganz toll findet. Aber das geht Jonas nichts an. Also log sie und sagte: »Jetzt sieht er noch ekliger aus.«
Jonas erzählt nämlich alles weiter. Darum ist es manchmal notwendig, ihn zu belügen. Notlügen sind nicht schlimm!
Lisbeth überlegt: Und wenn Mamas Brief auch keinen etwas angeht? Nur Mama selber? Dann war ihre Lüge heute mittag nur eine Notlüge – zugegeben. Aber das würde gleichzeitig bedeuten, daß Mama Geheimnisse hat. Das soll sie nicht, das darf sie nicht. Lisbeth geht alles an, was Mama angeht!
Sie wird in den nächsten Tagen aufpassen. Falls Mama etwas zu verbergen hat, wird Lisbeth es herausfinden.
Auf dem Rückweg kommt ihr Heiner Mertens mit seinem Rennrad entgegen. »Na, Kurze«, sagt er und drückt einmal auf seine Hupe. Normale Radfahrer haben eine Klingel. Heiner Mertens braucht natürlich etwas Besseres und baute sich eine Hupe an den Lenker! Wenn er wüßte, wie ich ihn hasse, denkt Lisbeth. Wieso sagt er *Kurze*, als ob ich ein Baby wäre? Zu meinem Bruder sagt er Jonas oder Jonathan. Dabei ist der neun Zentimeter kleiner als ich!
Früher hat Lisbeth ziemlich oft mit Heiner gespielt. Da hat er noch Lisbeth gesagt. Seitdem er zum Gymnasium geht, ist er nicht mehr derselbe. Nächstesmal will sie »na, Bürstenkopf« antworten oder »Hupenheini« und an ihm vorbeirauschen, ohne ihn anzugucken.
Lisbeth stellt ihr Rad in den Flur. Kein Mensch ist da. Am Telefon liegt ein Zettel. »Bin einkaufen und gegen

vier Uhr zurück. Kümmere dich um Jonas. Er ist im Garten. Gruß Ma-Chri.«
Mama heißt Christine, für Papa manchmal auch Krischi. Neuerdings unterschreibt sie alle Nachrichten mit Ma-Chri. Weil sie nicht nur Mama ist, sagt sie, sondern auch Christine.
Eigentlich findet Lisbeth das ja in Ordnung, aber heute erinnert sie das *Chri* daran, daß Mama gelogen hat. Das war nicht Ma, sondern Chri, denkt Lisbeth. Chri hat Geheimnisse vor mir. Ich mag sie nicht. Und *Ma* mag ich auch nicht! Weil sie nur an Jonas denkt. »Kümmere dich um Jonas.« Ich denke nicht daran! Wer kümmert sich um mich?
Lisbeth hat Hunger auf Schokolade oder Kekse. Auf irgend etwas; Hauptsache, es ist süß.
Mama versteckt alle Süßigkeiten; verteilt sie im ganzen Haus. Damit sie länger halten. Lisbeth kennt natürlich ihre Verstecke, einige hat sie sogar Jonas verraten. Zuerst sucht sie im Vorrat in den Kochtöpfen und findet ein Paket Salzstangen und eine Dose Erdnüsse. Die können bleiben, wo sie sind.
In der alten Kommode oben im Flur hat sie mehr Glück. In einer Schublade zwischen den Geschenkpapieren liegt eine aufgerissene Tafel Schokolade mit Pfefferminzfüllung. Aber Lisbeth freut sich zu früh. In dem Silberpapier ist nur noch ein Rest, ein halber Riegel!
Lisbeth überlegt, wer hier wohl heimlich gefuttert hat. Mama oder Jonas?
Papa scheidet aus. Der hätte nichts übrig gelassen und die Packung auch nicht wieder versteckt. Wenn er einen süßen Zahn hat, ißt er eine ganze Tafel Schokolade auf einmal; wie ein Butterbrot. Und zwar in aller Öffentlichkeit! Er hat ja auch keine Angst vor Mama, und sein Zahnarzt hält ihm vermutlich auch keine Vorträge über Zucker und Karies. Die Erwachse-

nen halten leider meistens zusammen.
Mama wird hier genascht haben. Wer lügt, mampft auch heimlich Schokolade!
Die nächste Schublade ist abgeschlossen – der Schlüssel verschwunden. Zu anderen Zeiten ist das nicht ungewöhnlich, weil Mama Geschenke in den Kommodenschubladen hortet. Aber heute ist der 30. Mai und weder Weihnachten noch ein Geburtstag in Sicht. Jonas ist am 1. April geboren, was er jedes Jahr wieder zum Totlachen findet, Lisbeth hatte am 20. Mai Geburtstag, Papa kurz nach Silvester. Warum also diese abgeschlossene Schublade?
Lisbeth geht nachdenklich in ihr Zimmer. Haben die Schublade und Mamas Brief etwas miteinander zu tun? Oder handelt es sich nur um zwei harmlose Zufälle?
Sie kramt ihr Tagebuch her. Darin hat sie schon viele Zufälle notiert und später oft festgestellt, daß fast alle Zufälle etwas bedeuteten.
Unten schlägt jemand die Haustür zu. Lisbeth versteckt das Tagebuch unter ihrer Matratze. Von der Treppe kommen Stampfgeräusche. Das kann nur Jonas sein! Er geht nämlich immer wie ein Trampeltier. Papa meint, das wird sich später ändern. Wenn er ein ernsthafter junger Mann geworden ist. Lisbeth kann sich nicht vorstellen, daß aus Jonas ein ernsthafter junger Mann wird. Trampeltier bleibt Trampeltier!
Im Moment sieht er aus wie eine Baugrube. Als er Lisbeth entdeckt, fängt er an zu flennen. »Ich bin in das Loch gefallen.«
»In welches Loch?« fragt Lisbeth und erinnert sich daran, daß sie sich um ihn kümmern sollte. Das hat sie jetzt davon!
»In das Loch da hinten . . . In der Siedlung . . . Wo die Straße aufgerissen wird.« Nach jedem Satz heult er wieder neu los. »Ich war auf dem Kieshaufen, und auf

einmal bin ich gerutscht . . . Die Bauarbeiter haben alle gelacht.«
Er schluchzt und schnieft ganz erbärmlich, seine Nase läuft ihm bis in den Mund.
»Ferkel«, sagt Lisbeth und holt ein Taschentuch. Das drückt sie ihm in die Hand. »Putz dir die Nase. Eher gucke ich dich nicht mehr an.«
Er stellt seine Heulerei sofort ab und trompetet in das Taschentuch. Dann guckt er Lisbeth erwartungsvoll an. »Machst du mich sauber, Lissa? Mama soll nicht schimpfen.«
»Die flippt aus, wenn sie dich so sieht. Los, ausziehen!«
Lisbeth holt einen Korb aus der Waschküche und sammelt alles ein, was er auszieht. Sogar seine Unterhose ist schmierig und sandig.
Jonas wird langsam wieder munter. »Die Bauarbeiter legen dicke Schläuche in die Löcher«, erzählt er, »und . . .«
»Von mir aus legen sie Ostereier hinein«, unterbricht Lisbeth ihn. »Sieh dir lieber deinen Dreckhaufen an.«
»Wir haben doch eine Waschmaschine«, sagt er. Und dann grinst er: »Hauptsache, mir ist nix passiert.«
Mit diesem Satz enden Mamas Schimpfereien auch immer. Er kriegt sie jedesmal rum. Erst schimpft sie wie verrückt, wenn er Unsinn gemacht hat, und anschließend ist sie froh, daß ihm nichts passiert ist!
Lisbeth schickt Jonas unter die Dusche und schleppt seinen Sauhaufen in die Waschküche. Dann kümmert sie sich nicht mehr um ihn, sondern um ihre Schulaufgaben.
Normalerweise ist Mama sehr pünktlich und zuverlässig. Heute nicht. Auf ihrem Zettel steht, daß sie gegen vier Uhr zurückkommen wird. Es ist fünf Minuten nach fünf, als Lisbeth sie pfeifend ins Haus kom-

men hört! *Wieso* verspätet sie sich um sechzig Minuten? Und *wieso* ist sie so gut gelaunt?
Eine Stunde später kreuzt Papa auf. Mama, Lisbeth und Jonas sind schon zum Abendbrot versammelt.
»Hallo, liebe Gemeinde«, sagt Papa. »Ich muß sofort wieder weg.« Er pfeffert seine Tasche und den Autoschlüssel auf die Eckbank, verschwindet nach oben.
Mama regt sich auf. Wegen der rasenden Begrüßung. »Erst rennt er an seiner Familie vorbei, und dann rennt er im Wald herum. Als ob ihn einer dafür bezahlt!«
Der Sportverein veranstaltet heute abend einen Waldlauf für Senioren. Senioren sind alte Männer zwischen dreißig und hundert. Papa ist achtunddreißig und der schnellste alte Mann, den Lisbeth kennt. Bei Wettkämpfen steht sie oft zwischen den Zuschauern und ist ziemlich stolz, wenn er gewinnt. »Ich will mit«, erklärt sie Mama und flitzt hinter Papa her.
Der sucht im Schlafzimmer seine Klamotten zusammen. In seiner Schublade liegen keine Sportsocken. Das heißt, kein vollständiges Paar. Nur drei einzelne, die nicht zusammenpassen. Er muffelt vor sich hin, zieht zwei verschiedene an. Einen weißen Socken mit rotem Rand und einen weißen mit grünem Rand.
»Du kannst nicht mit«, sagt er zu Lisbeth. »Es wird spät, weil wir nach dem Laufen noch grillen. Kleine Mädchen brauchen viel Schlaf.«
Lisbeth wird stinkig. Für interessante Sachen ist sie zu klein, aber um Jonas soll sie sich dauernd kümmern! Dann ist sie die Große. Grrr!
»Alte Männer brauchen auch viel Schlaf«, sagt sie. »Sonst fallen ihnen die Haare aus.« Vorsichtshalber geht Lisbeth in Deckung.
Papa hat nicht mehr so viele Haare, wie er gerne möchte, und kann bei diesem Thema sehr empfindlich sein. Er kauft in der Apotheke Wunderwasser ge-

gen Haarausfall und Wunderwasser für gesunden Haarwuchs. Keine Sorte hilft – nur der Apotheker kassiert und kassiert. Seine Kinder können Reitstunden nehmen, weil Papa die Haare ausfallen!
Zum Glück kann Papa keine Gedanken lesen. Er verdreht nur wegen Lisbeths Bemerkung die Augen und stöhnt: »Womit habe ich diese freche Kröte von Tochter verdient?« Er steigt in seine kurze Sporthose und beguckt sich kritisch im Spiegel. Dabei zieht er den Bauch ein – obwohl er überhaupt keinen hat!
Ganz schön eitel, mein Papa, denkt Lisbeth und grinst. Zugeben würde er das nie.
Als sie beide nach unten kommen und Mama über seine ungleichen Socken lacht, schimpft er, daß er immer hinter seinen Klamotten hersuchen muß – speziell hinter den Sportklotten –, und Mama solle endlich mal für Ordnung sorgen. Da hört sie natürlich auf zu lachen und faucht ihn an. Es gibt einen kleinen Krach um Ordnung und Unordnung und um Zuständigkeiten.
Anschließend fehlt Papas Autoschlüssel, worüber Mama höchst erfreut ist. »*Wer* ist hier unordentlich?« fragt sie triumphierend. »Du oder ich?«
Papa will nicht mehr diskutieren, sondern laufen. Er bittet Mama albern und theatralisch um Vergebung und um eine schnelle gemeinsame Suchaktion.
Schließlich finden sie den Autoschlüssel im Kühlschrank. Jonas hat ihn versteckt. Im Türfach zwischen den Eiern! So ein blödsinniges Versteck kann nur Jonas einfallen. Lisbeth ist sich ziemlich sicher: Manchmal hat er sie nicht alle!

# DIENSTAG

oder: Jonas ist der einzige Normale,
Mama begibt sich in eine Löwenhöhle,
Papa hat keine Ahnung, und Lisbeth
schnappt nach Luft

Mama sagt, daß Lisbeth ein Morgenmuffel ist und eine Nachteule. Und daß sie von Anfang an *ein verkehrter Mensch* war. In der Babyzeit hat Lisbeth die halbe Nacht geschrien und tagsüber geschlafen, sagt Mama und behauptet, daß Jonas ganz anders war.
Als ob Lisbeth etwas dafür kann! Angeboren ist angeboren, sagt sie und tröstet sich mit Papa. Der ist auch eine morgenmüde Nachteule und natürlich trotzdem kein verkehrter Mensch. Tatsache ist jedoch, daß Lisbeth dann am liebsten schläft, wenn sie aufstehen soll. Der Wecker platzt immer in ihre besten Träume.
Heute ist es nicht der Wecker, sondern Jonas. Er trampelt nebenan im Badezimmer unter der Dusche herum und singt. »Meister Jakob, schläfst du noch . . .« Sein neuester Kindergartenhit und sein bisher schrecklichster! »Ding, dang, dong, hörst du nicht die Glocken . . .« Lisbeth will keine Glocken und keinen Jonas hören, sie trommelt mit beiden Händen gegen die Wand.
Jonas hört natürlich nichts. »Ding, dang, dong . . .« plärrt er weiter. Lisbeth stöhnt.
Einige Minuten später rasselt der Wecker. Sie bringt ihn knurrend zum Schweigen, gähnt, wickelt sich in die Bettdecke, gähnt und steht schließlich auf.
Nachdem sie ihren singenden Bruder aus dem Badezimmer entfernt hat, wäscht sie sich halb schlafend, aber gründlich, und zieht sich an. Alles im Zeitlupentempo.

Normalerweise ist das Frühstück bei Stratos eine gemütliche Sache, bei der Lisbeth langsam und angenehm wach wird.
Heute ist das Frühstück eher eine Katastrophe. Papa trinkt nur schwarzen Kaffee und sieht ziemlich alt aus. Lisbeth weiß sofort, daß er nach dem Waldlauf zuviel getrunken und geraucht und zu wenig geschlafen hat.
Mama tituliert ihn mit *Leonard Strato*. Das hört sich wie Herr Strato an und bedeutet: Herr Strato war die halbe Nacht unterwegs, und Frau Strato ist nölig.
Sonst sagt Mama Leo, oder manchmal auch *Paul*. Weil Papa aussieht wie Jean-Paul Belmondo vor zehn Jahren – Mamas Lieblingsschauspieler.
»Leonard Strato, wann wird das Wohnzimmer tapeziert?« fragt sie ihren verkaterten Mann.
Der gibt keine Antwort.
Sie quält ihn immer mit solchen Fragen, wenn er sie geärgert hat. Papa ist Raumausstatter bei der Firma Lammersen & Söhne und tut, was alle Handwerker tun. Anderen Leuten verschönert er die Wohnungen, und seine eigene interessiert ihn nicht. Oder zumindest nur selten, behauptet Mama. In den ungeeignetsten Momenten zählt sie auf, was alles getan werden müßte. Und das ist eine ganze Menge!
Stratos wohnen nämlich in einem *antiken Erbstück*. Mamas Großeltern haben schon darin gewohnt und Mamas Eltern auch. Vor acht Jahren sind Oma und Opa gestorben. Mama war ihr einziges Kind und wurde Hausbesitzerin. Papa sagt, daß sie das Haus geerbt hat und er eine Lebensaufgabe.
Er hat damals eine Heizung eingebaut und neue Türen, er hat alle Fußböden erneuert und alle Räume tapeziert und gestrichen. Monatelang hat er Tag und Nacht geschuftet, sagt Papa, und aus dem antiken Erbstück ein Haus gemacht.

Und seitdem ruht er sich auf seinen Lorbeeren aus, stichelt Mama oft. Er soll sich ein Beispiel nehmen an Mertens.
»Du hättest ja Mertens Fritz heiraten können«, sagt Papa dann und grinst. Weil Mertens Fritz nämlich zwei Zentner wiegt und nicht aussieht wie der Belmondo.
Jonas ist heute morgen der einzige Normale, denkt Lisbeth. Er quasselt von den Bauarbeitern in der Siedlung und stellt Vermutungen an, wofür die dikken Schläuche da sind. Daß keiner zuhört, scheint ihn nicht zu stören. Er merkt nie, was los ist. Lisbeth würde ihm gerne den Mund zukleben.
»Jonas' Schlitten ist seit Ende Februar kaputt«, sagt Mama jetzt. »Ich laß ihn im Garten stehen, bis du ihn repariert hast oder bis er in der Sonne auseinanderfällt.« Sie guckt Papa wild und herausfordernd an.
Papa schiebt seinen Kaffee zur Seite und steht auf, angelt gleichzeitig seine Tasche von der Eckbank.
Mama kontrolliert die Uhrzeit. »Es ist erst Viertel nach sieben. Was willst du denn schon?«
»Schlittenfahren«, sagt Papa ironisch.
Dazu fällt Jonas natürlich sofort etwas ein. »Erst muß du was raten!« Er macht ein wichtiges Gesicht. »Was ist, wenn ein Schornsteinfeger in den Schnee fällt?«
Papa schmunzelt, setzt sich neben Jonas auf die Bank. »Klarer Fall«, sagt er. »Der Schornsteinfeger wird weiß, und der Schnee wird schwarz.«
Jonas wiehert. »Ne! – Winter ist dann!« Sein Kopf ist voll von Witzen und Rätseln, die er irgendwo aufgeschnappt hat und leider nie wieder vergißt.
Mama und Papa lachen. Lisbeth nicht. Solche Rätsel sind ihr zu dämlich! Außerdem ärgert sie sich, daß Jonas mal wieder alles gerettet hat.
Wenn Mama und Papa nämlich über dasselbe lachen, sind sie nicht mehr Herr und Frau Strato, sondern so-

fort wieder Leo und Christine. Und eine Weile später werden sie Krischi und Paul und sehen so aus, als ob sie sich niemals streiten würden.
Sie verwandeln sich ständig. Lisbeth hat das schon oft beobachtet und ist eigentlich froh darüber. Aber warum muß es immer Jonas sein, der sie zum Lachen bringt?
Überhaupt – es gibt zu viele Warums und Wiesos, denkt Lisbeth und erinnert sich an Mamas Brief von gestern. Den hätte sie fast vergessen!
In der Schule vergißt sie ihn auch wieder. Lisbeth kann ihre Gedanken nicht zusammenhalten. Der Unterricht ist zur Zeit öde und langweilig, verleitet zum Dösen. In zwei Wochen beginnen die Sommerferien. Alle Klassenarbeiten sind schon erledigt, die Zeugniszensuren stehen fest, und die Lehrer sehen sehr müde aus.
Sie lehren und lehren, sinniert Lisbeth. Nun sind sie leer und warten auf den ersten Ferientag. Genauso sehnsüchtig wie die Schüler. *Die Lehrer lehren sich leer.* Das hört sich gut an! Manchmal habe ich total kluge Gedanken, denkt Lisbeth. Ich bin ein Genie, und Mama und Papa merken nichts davon. Und Heiner Mertens auch nicht.
Aber an den will sie nicht denken! Dieser Hupenheini kann ihr den Buckel abwärts rutschen. Keinen Gedanken ist der wert. Wahrscheinlich wird er später genauso dick wie sein Vater!
Lisbeth paßt erst wieder auf, als Frau Sittig im Biologieunterricht von ihren Ferienplänen erzählt.
Sie will in den Alpen klettern und wandern. Lisbeth kann sich gut vorstellen, wie Frau Sittig in Kniebundhosen und Bergstiefeln aussieht. Zum Jodeln!
Der Baron – das ist der Deutschlehrer Herr von Beling – schwärmt zwischen den Regeln für die Zeichensetzung von griechischen Inseln und griechi-

schem Licht. Er hat einen Bart und eine runde Nikkelbrille, er ist ein besonders schöner Lehrer. Und nett ist er auch. Aber wenn er ins Schwärmen kommt, hat er einen ziemlichen Specht. Kreta und Thira, Naxos und Mykonos will er in diesem Jahr kennenlernen. *Inselhüpfen* nennt er das und *optimales Ausspannen*!

Lisbeth will nichts mehr hören von Deutschen Alpen und griechischer Sonne und Ferienplänen. Als ob alle Leute optimales Ausspannen bezahlen könnten!

Stratos sind noch nie in den Ferien verreist. Höchstens mal über ein Wochenende in die Eifel, zu Papas Eltern.

»Für Urlaubsreisen reicht mein Gehalt nicht«, sagt Papa, »dafür haben wir eine Veranda, einen Balkon und einen wunderbaren Park hinter dem Haus.«

Der »wunderbare Park« ist zwar übertrieben – doch groß ist Stratos Garten, und schön ist er auch. Aber wegfahren wäre besser, denkt Lisbeth, und Inselhüpfen muß geradezu himmlisch sein. Sie läßt *Mykonos* auf der Zunge zergehen.

Wenn Mama einen Job hätte, könnten Stratos auch verreisen. Sie war früher Sekretärin und hat ihre Arbeit aufgegeben, als Lisbeth geboren wurde. Ab und zu hat sie zu Hause Examensarbeiten und Referate für Studenten und ähnliche Auftraggeber getippt. Seitdem Jonas in den Kindergarten geht, sucht sie eine Halbtagsstelle. Im letzten Jahr hat sie sich auf jede Zeitungsanzeige gemeldet. Nichts hat geklappt. Nach sechsundzwanzig Bewerbungen hat sie es aufgegeben. »Jetzt ist verflixt noch mal Sendepause«, hat sie im Januar verkündet und wollte über dieses Thema nicht mehr reden.

Ferien zu Hause sind besser als gar keine Ferien, denkt Lisbeth, und vielleicht kann ich ja ein paar Tage zu Tante Irene fahren. Die hat schon dreimal ge-

plant, Lisbeth in den Ferien einzuladen. Jedesmal kamen wichtige berufliche Termine dazwischen.
Tante Irene ist Dolmetscherin in einer großen Verwaltung, die etwas mit Politik und Europa organisiert. Genaueres weiß Lisbeth nicht. Auf jeden Fall reist Tante Irene regelmäßig im Auftrag dieser Verwaltung zwischen Deutschland und Frankreich und Holland und Belgien hin und her. Vielleicht hüpft sie auch und ist eine Europahüpferin – so ähnlich wie der inselhüpfende Deutschlehrer! Oder wie ein Känguruh, grinst Lisbeth und zeichnet eins in ihr Deutschheft. Mit Tante Irenes Gesicht. Daneben malt sie ein männliches Känguruh mit Bart und Nikkelbrille. Haha!
Als Lisbeth nach Schulschluß heimkommt, hört sie Mama im Flur telefonieren. »Du kannst mich um zwei Uhr abholen. Wir trinken erst noch irgendwo einen Kaffee, und dann marschieren wir gemeinsam in die Höhle des Löwen«, sagt sie.
Lisbeth spitzt die Ohren. In welche Löwenhöhle will Mama marschieren? Und mit wem?
Lisbeth guckt ihre Mutter neugierig an – und traut ihren Augen nicht. Hilfe! Das ist nicht Mama, sondern irgendein aufgeplusterter, kitschiger Engel!
»Was hast du denn mit deinen Haaren gemacht?« fragt Lisbeth ungläubig.
»Siehst du doch. Ich war beim Friseur, zur Dauerwelle.«
Mamas Haare, die immer glatt und glänzend bis auf die Schultern fielen, sehen aus wie aufgerebbelte Wolle. Und geschminkt hat sie sich auch. Igitt!
»Gefall ich dir?« fragt Mama, guckt ihre Tochter gespannt an. So gespannt und erwartungsvoll, daß Lisbeth wegsehen muß.
»Ich weiß nicht«, sagt sie sehr vorsichtig. Sie kann doch unmöglich sagen, was sie denkt! »Frag mich lie-

ber erst morgen. Heute bist du mir zu neu.«
»Ihr werdet euch dran gewöhnen«, sagt Mama. »Ich wollte endlich einmal anders aussehen.«
Das hat sie geschafft, denkt Lisbeth. Meine schöne Mama! Dann fällt ihr das Telefongespräch ein. »Hast du heute etwas vor?«
Mama zögert ein paar Sekunden – ein paar Sekunden zu lange für Lisbeth.
»Jutta holt mich um zwei Uhr ab. Wir wollen uns einen schönen Nachmittag machen.«
Von der *Höhle des Löwen* hat sie am Telefon gesprochen. Das bedeutet, ganz klar, etwas anderes als sich einen schönen Nachmittag zu machen! Sie lügt schon wieder!
Lisbeth geht irritiert in ihr Zimmer. Was haben Mama und Jutta vor?
Jutta ist Mamas beste Freundin und eine Zimtzicke. Lisbeth mag sie nicht. Weil sie nur Jonas sieht, wenn sie bei Stratos ist. Er ist so echt, sagt sie dauernd und lacht über alles, was er fabriziert.
»Alle lachen über Jonas«, knurrt Lisbeth. »Darum wird ja auch nichts aus ihm!«
Aber sie will nicht über Jonas nachdenken, sondern über Mama. *Wieso* lügt sie neuerdings? Hat der geheimnisvolle Brief von gestern etwas mit Jutta und der Löwenhöhle zu tun? Sind Dauerwelle und Schminke für den Löwen? Wer ist der Löwe?
Lisbeth notiert vorsichtshalber diese Fragen und Auffälligkeiten in ihrem Tagebuch. *Spurensicherung* nennen das die Autoren in Kriminalgeschichten.
Mama ruft laut, daß Lisbeth den Tisch decken soll. Sicher ist Jonas inzwischen gekommen. Was er wohl zu seiner neuen Mutter gesagt hat? Lisbeth tapert nach unten.
Jonas läßt sich gerade von Mama die Jeans aufknöpfen und rast aufs Klo. Jeden Tag das gleiche überflüs-

sige Drama – als ob es im Kindergarten keine sanitären Anlagen gäbe!
»Was hat Jonas zu deiner Dauerwelle gesagt?« fragt Lisbeth mißmutig.
»Seeehr elegant, Frau Elefant«, kichert Mama.
Jonas hat einen an der Klatsche, beschließt Lisbeth. Und Mama auch! Weil sie so begeistert von ihm ist.
Punkt zwei steht Jutta in der Tür.
Sie ist hingerissen, sagt sie, hin und weg. Von Mamas neuer Frisur. »Richtig erwachsen siehst du aus«, schnurrt sie und lacht albern.
Lisbeth will nicht erwachsen werden, wenn Erwachsene *so* aussehen!
Mama hat ihren engen, schwarzen Rock angezogen und eine hellgraue Seidenbluse. Und ihre elegantesten Schuhe. Mit hohen Absätzen! Diese Klamotten zieht sie normalerweise zu Beerdigungen und Familienfeiern an.
Jutta sieht auch nicht besser aus. *Was* haben die beiden vor?
»Bis nachher«, sagt Mama. »Und achte . . .«
». . . auf Jonas«, ergänzt Lisbeth patzig den Satz. »Beschütze ihn vor Löwen und Bauarbeitern.«
Mama guckt sie erstaunt an.
Jutta kichert. »Lisbeth ist nicht gut drauf. Vorsicht, gleich beißt sie.«
Zimtzicke!
Lisbeth erledigt ihre Hausaufgaben. Ohne Lust und Liebe. Jutta hat recht. Sie ist nicht gut drauf, vielleicht müßte sie wirklich jemanden beißen.
Jonas ist in Sicherheit. Er hat alle Legosteine in seinem Zimmer verstreut und baut eine Stadt auf, mit Wolkenkratzern und Straßen. Und Baustellen natürlich. Er summt dabei vor sich hin. Ihm geht es immer gut, denkt Lisbeth. Wie macht er das nur? Und warum sind wir so verschieden?

Sie überlegt, wen sie anrufen könnte.
Ob Annelore heute Zeit hat? Oder Petra? Beide gehören zu ihren Freundinnen und gehen mit ihr in dieselbe Klasse.
Lisbeth hatte in den letzten Jahren verschiedene Freundinnen, aber keine, die wirklich wichtig geworden ist. So wie Jutta für Mama.
Bevor Lisbeth sich für Annelore oder Petra entschieden hat, ruft Tante Irene an und teilt mit, daß sie morgen kommen wird. Sie hat einen freien Tag und eine Überraschung für Lisbeth.
Diese Aussicht beflügelt sofort Lisbeths Laune. Endlich jemand, der sich für sie interessiert!
»Ich freue mich auf dich«, sagt Tante Irene zum Schluß. Lisbeth freut sich auch und weiß jetzt, worauf sie Lust hat. Auf eine richtig gemütliche Schmökerstunde!
Sie rückt im Regal Bücher hin und her, entscheidet sich für einen ausgeliehenen Jugendkrimi von Alfred Hitchcock, legt sich lang auf den Fußboden und liest und liest . . .
Jonas holt sie in die Wirklichkeit zurück. Er hat genug gebaut, und er hat die Fahrradhupe von Heiner Mertens gehört. »Ich geh zu Heiner«, sagt er. »Du brauchst nicht mehr auf mich aufzupassen.« Pöh! Hat sie ja sowieso nicht. Betrachtet Jonas sie etwa auch als sein Kindermädchen? Schlimm genug, daß Mama das tut. Und wieso trabt er eigentlich in letzter Zeit so oft mit Heiner Mertens durch die Gegend?
»Geh noch aufs Klo«, sagt Lisbeth und knöpft seine Hose auf.
Jonas wird fuchtig. »Ich muß überhaupt nicht!«
»Natürlich mußt du«, sagt Lisbeth. »Bevor du rausgehst, wird gepinkelt.« Mama sagt das auch immer. Nur auf feinere Art.
»Gut, ich gehe«, sagt er. »Damit du zufrieden bist.

Aber ich muß nicht. Wirste schon sehen.«
Und ob er muß! Lisbeth hört sein Geplätscher. Eine Talsperre könnte er damit füllen.
»Du bist ein Schenii, Lisbeth«, sagt er anschließend. »Du weißt, wann andere müssen.«
Lisbeth lacht. »Weißt du überhaupt, was ein Genie ist?«
»Klar wie Klärchen«, antwortet Jonas. »Scheniis wissen alles und können alles.«
»Wer sagt das?«
»Heiner. Er will später eins werden. So wie Zweistein oder Dreistein.«
»Einstein hieß dieser Mensch«, murmelt Lisbeth. »Und so einer wird dein Heiner nie. Zisch ab. Ich will weiterlesen.«
Das klappt aber nicht. Heiner Mertens und Einstein! Und Jonas erzählt er so einen Kram. Der muß wirklich 'ne Schramme haben. Sonst würde er sich nicht mit Kindergartenkindern abgeben! Lisbeth geht zum Fenster, sieht Heiner mit seinem Rennrad herumkurven.
»Huhu«, schreit Jonas vor dem Haus. »Ich komme!«
Heiner macht einen Schlenker, fährt zu ihm. Und dann fragt dieser Hupenheini doch tatsächlich: »Ist Lissa auch da?«
Lisbeth schnappt nach Luft. Was soll das denn?
Schnell weg vom Fenster. Nachher sieht er sie noch und bildet sich sonst etwas ein. Wieso fragt er überhaupt nach ihr? *Und wieso sagt er Lissa?* Niemand nennt sie so – außer Jonas. Und der darf das natürlich. Als er noch klein und niedlich war, konnte er Lisbeth nicht sagen, Elisabeth schon gar nicht. Da hat er Lissa erfunden, das sagte sich einfacher. Inzwischen benutzt Jonas diese Abkürzung nur noch sehr selten.
Leider, denkt Lisbeth; denn eigentlich findet sie Lis-

sa ziemlich angenehm. Aber wenn Heiner Mertens das sagt, wird eine zwiespältige Sache daraus. Schließlich fährt er nur immer hocherhobenen Hauptes an ihr vorbei und redet kein Wort. Auf sein Gehupe und das hingemurmelte »na, Kurze« kann Lisbeth verzichten!

Mamas Rückkehr unterbricht Lisbeths Gedanken.

Die Höhle des Löwen muß sehr aufregend gewesen sein. Mama ist aufgekratzt, hat rote, nervöse Flecken im Gesicht und funkelnde Augen. »Hallo, Tochter«, sagt sie. »Ich habe eben Jonas mit Heiner getroffen, hab schon gehört, daß alles geklappt hat.«

Was hat denn geklappt, oder was sollte nicht klappen? Lisbeth schaut ihre Mutter mißtrauisch an.

»Ich find's einfach gut, daß ich stundenlang weggehen kann, ohne mir Sorgen machen zu müssen. Ich weiß, daß ich mich auf dich verlassen kann.«

Das sind ganz neue Töne für Lisbeth. Sie wird verlegen, weiß nicht, was sie mit diesem Lob anfangen soll und ob sie überhaupt will, daß Mama »sich verlassen kann«. Demnächst ist sie noch öfter unterwegs, und Lisbeth muß Dauer-Kindermädchen spielen. Lieber das Thema wechseln!

»Tante Irene kommt morgen!«

Mama reagiert gar nicht erfreut. »Schon wieder?«, fragt sie. »Sie war doch erst an deinem Geburtstag hier.«

»Dafür vorher sechs Wochen nicht«, sagt Lisbeth. »Ich denke, du magst sie?«

»Natürlich mag ich sie«, seufzt Mama. »Aber morgen paßt sie mir nicht ins Programm.« Sie zupft sich am Ohr, beißt auf ihre Unterlippe, kaut an Problemen, die Lisbeth nicht kennt.

»Ich muß unbedingt Jutta anrufen«, sagt sie dann, immer noch abwesend – so, als führe sie ein Selbstgespräch.

»Was hat Jutta mit Tante Irenes Besuch zu tun?« fragt Lisbeth.
»Nichts«, antwortet Mama hastig. »Gar nichts, überhaupt nichts. Ich habe nur etwas vergessen. Ist nicht so wichtig.«
Das riecht doch schon wieder ziemlich faul! Irgend etwas stimmt nicht mit Mama. Und Jutta ist eingeweiht, auf jeden Fall.
Lisbeth ist sauer. Mama vertraut ihrer Freundin mehr als ihrer Tochter!
Jetzt nimmt sie das Telefon mit ins Wohnzimmer und klinkt die Tür hinter sich zu. Eine völlig überflüssige Vorsichtsmaßnahme! Lisbeth beabsichtigt gar nicht zu lauschen. Mamas Verhalten ist schon verdächtig genug!
Lügen haben kurze Beine, denkt Lisbeth. Auch wenn Mamas Beine lang und schön sind, an mir wird sie nicht vorbeikommen!
Als sie nach draußen geht, um noch eine Fahrradrunde zu drehen, fährt Papa gerade vor. Anscheinend geht es ihm besser als heute morgen. Er winkt ihr lachend zu.
Mal hören, was er zu seiner Dauerwellenfrau meint. Lisbeth stellt ihr Fahrrad wieder ab, nimmt sich nebenbei vor, es nachher zu putzen, und geht mit Papa ins Haus.
»Ist Sohnemann auch da?« fragt er.
Grrr! Alles dreht sich um Jonas. Ob Papa wohl auch nach Lisbeth fragen würde? Und hat er schon einmal *Tochterfrau* gesagt?
»Er treibt sich mit Heiner Mertens herum«, antwortet sie mürrisch und bereut, daß sie eben nicht weitergefahren ist. Mama hat ihr Telefonat beendet und steht im Flur vor dem Spiegel.
Papa umarmt sie von hinten, starrt dabei ihr Spiegelbild an. Ziemlich lange.

»Nicht schlecht«, sagt er dann. »Eine total neue Frau.«
»Wie ein Engel sieht sie aus«, sagt Lisbeth, mit finsteren Gedanken im Kopf. Engel und Lügengeschichten passen schließlich überhaupt nicht zusammen!
»Sie sieht nicht nur so aus«, sagt Papa. »Meistens ist sie das auch.« Er strahlt Mama an, ist zärtlich wie der Belmondo in seinem schmalzigsten Liebesfilm. Offensichtlich glaubt Papa wirklich, daß er etwas Engelähnliches im Arm hält.
Meine Güte, wenn der wüßte! Ich werde ihn aufklären, denkt Lisbeth, sobald ich weiß, was Sache ist. Aber bis dahin wird noch einiges passieren. Oder sehe ich Gespenster, weil ich zu viele Krimis gelesen habe?
Bewiesen ist, daß Mama Geheimnisse hat und deshalb nicht immer die Wahrheit sagt. Und sie gibt rätselhafte Sachen von sich! Warum paßt Tante Irene morgen nicht in ihr Programm? Was ist das für ein Programm? Und warum kann Lisbeth nicht einfach danach fragen? Wieso ist seit zwei Tagen alles so kompliziert?
Lisbeth schwirrt der Kopf. »Ich dreh noch 'ne Radrunde«, sagt sie. »In einer halben Stunde bin ich zurück.«
Ihre Eltern antworten nicht, sind Krischi und Paul und stehen noch immer vor diesem dösigen Spiegel. Verschlungen und verschmolzen!
Mertens Fritz schaufelt Sand in eine Schubkarre, pfeift laut vor sich hin. Er hat nur Shorts und ein Unterhemd an. Alte Männer mit Bauch und im Unterhemd sind etwas Schreckliches, denkt Lisbeth im Vorbeisausen. Gut, daß Papa nicht so herumläuft.
Von Heiner und Jonas ist nichts zu sehen.
Lisbeth biegt ab in den Feldweg, der ins Mühlenbachtal führt. Obwohl es schon Abend wird, weht ein war-

mer Wind. Sie tritt kaum noch in die Pedale, läßt sich langsam abwärts rollen. Es ist schön zwischen den Kornfeldern. Ganz ruhig und friedlich. Und es riecht nach Grünzeug und Erde und Sommeranfang.
Morgen will sie mit Tante Irene hierhin laufen. Die geht gerne spazieren, weil sie meistens in Räumen mit Klimaanlage sitzt und selten einen Vogel zwitschern hört. Schade, daß sie nur unregelmäßig kommen kann. Sie ist Lisbeth zur Zeit lieber als Mama, Christine und Krischi.
Tante Irene hat nur ein Patenkind und ihren Beruf. Mama hat Jonas und Paul und Jutta! Für Lisbeth bleibt nicht viel übrig.
Unten am Mühlenbach hocken Heiner Mertens und Jonas. Lisbeth will rasch vorbeifahren, aber Jonas hat sie schon gesehen und schreit: »Lissa! Komm mal!«
Sie steigt unwillig ab, schiebt ihr Rad durch das hohe Gras zum Bachufer.
Jonas und Heiner haben Schuhe und Strümpfe neben sich liegen. Ihre Füße und Beine sehen schmierig aus, wie aus dem Sumpf gezogen. Jonas' hochgekrempelte Jeans hat fette Schlammspritzer. »Heiner kann mit den Händen Fische fangen«, schwärmt er. »Aber wir lassen sie alle wieder schwimmen.«
Klarer Fall! Darum sehen die beiden so verdreckt aus. Der Mühlenbach ist an vielen Stellen ziemlich tief und überall sehr verschmutzt.
»Umwerfend«, sagt Lisbeth. »Laß dich ja nicht von Mama erwischen – mit nackten Füßen und Mühlenbachschmier!«
Sie guckt sich den Bach an. Ein Wunder, daß in dieser Brühe noch Fische leben. Nicht mehr lange, sagt der Baron, wenn keiner etwas tut. Er will nach den Sommerferien eine Schüler-Initiative gründen für die Erhaltung der heimischen Gewässer.

Hoffentlich wird etwas daraus!
Manche Leute, hier auf dem Land, mögen den Baron nicht. Sie sagen, daß er ein »Grüner« ist und Politik in den Schulunterricht trägt. Die haben keinen blassen Schimmer! Er hält überhaupt nichts von Politik und Parteien. Bei jeder Gelegenheit sagt er: »Wir müssen selber etwas tun. Jeder von uns. Auf die Politiker können wir uns nicht verlassen.«
»Jonas und ich fahren barfuß zurück«, sagt Heiner Mertens in Lisbeths Gedanken hinein. »Ich stecke ihn in unsere Waschmaschine. Deine Mutter bekommt einen sauberen Sohn zurück. – Du brauchst uns ja nicht zu verraten«, fügt er grinsend hinzu.
Für wen hält er sie? Für eine Petze? »Soll ich dir das schriftlich geben?« fragt sie pampig, nimmt ihr Fahrrad und dreht sich um.
»So war das nicht gemeint«, sagt Heiner hinter ihr her. »Sei doch nicht gleich eingeschnappt.«
»Ist sie immer«, sagt Jonas. »Mädchen sind so.«
Lisbeth verduftet, weiß nicht, ob sie lachen oder weinen soll. Dieser altkluge Zwerg! Was weiß der schon von Mädchen?
Aber Heiners Antwort hätte sie gerne gehört. Oder besser auch nicht. Wahrscheinlich hat Jonas solche Sätze von ihm. Diese beiden Klugscheißer können sie mal!
Später, vorm Schlafengehen, steht sie neben Jonas im Badezimmer und fragt zwischen Zähneputzen und Füßewaschen, ob Heiner noch etwas gesagt hat.
»Über die Fische?« fragt Jonas. »Wie man sie fängt?«
Es ist zum Wimmern. Er behält nur die Sachen, die ihn interessieren!
»Nein. Über Mädchen. Du hast doch gesagt, *Mädchen sind so.* Was hat Heiner dazu gesagt?«
Jonas zieht vor Mamas Vergrößerungsspiegel Grimassen, läßt sich nicht stören.

Er ist zu nichts zu gebrauchen!
Lisbeth faucht ihn an: »Ich will gar nicht wissen, was dein Heiner gesagt hat. Vergiß es.«
»Was er gesagt hat? Alle Mädchen sind verschieden«, murmelt Jonas in den Spiegel, »und alle Jungen auch. Guck mal, ich kann schielen.«
Er sieht aus wie ein kleiner, armer Ömmes, denkt Lisbeth belustigt und zärtlich zugleich; und Heiner Mertens ist gar nicht so dumm. Im Gegenteil! Es ist genau richtig, was er gesagt hat; alle Mädchen sind verschieden und alle Jungen auch.
»Vorige Woche hat Heiner gesagt: Lisbeth ist total scheußlich«, erzählt Jonas und schielt und streckt seinem Spiegelbild die Zunge heraus.
Lisbeth ändert blitzartig ihre Meinung über den Hupenheini, denkt an alle Schimpfwörter, die sie kennt.
»Der Name paßt nicht zu deiner Schwester, hat er gesagt. Lissa findet er viel besser.«
Lisbeth hört auf zu denken und starrt ihren Bruder an.
»Das hat er von mir«, sagt der. Vor lauter Stolz wird er fünf Zentimeter größer.
»Stimmt's?«
Lisbeth betrachtet sich im Spiegel über dem Waschbecken, sieht ihre aufgerissenen, staunenden Augen und muß lachen. Mister Einstein denkt über ihren Namen nach! Es ist nicht zu fassen.
*Lissa findet er viel besser?* Das soll nun einer verstehen. Warum sagt er dann »na, Kurze«, wenn er an ihr vorbeirast? Jungen sind rätselhafte Wesen, denkt Lisbeth, während sie weiter ihr Spiegelgesicht beäugt.
»Findest du mich hübsch?« fragt sie Jonas.
»Kommt drauf an.«
»Worauf?«
»Ob du mir gleich etwas vorliest.«

Er ist kein Kindergartenkind – er ist ein ganz gerissener Gauner! »Vorlesen wollte ich sowieso«, flunkert Lisbeth.
»Dann finde ich dich hübsch und schön und süß. Zum Fressen.« Jonas leckt an ihrer Hand, gibt laute Schmatz- und Grunzgeräusche von sich.
»Quatsch keine Opern«, sagt Lisbeth. Vernünftige Auskünfte zum Thema Aussehen kann man von Brüdern wohl nicht erwarten! Sie nimmt sich vor, morgen Tante Irene zu fragen. Vielleicht unterwegs auf dem Spaziergang, von Frau zu Frau.

## MITTWOCH

oder: Tante Irene ist ein Volltreffer, Lisbeth möchte eine Opernarie schmettern, und Mama hüllt sich in Schweigen

Lisbeths Frage erübrigt sich durch Tante Irenes Begrüßung.
»Wie hübsch du aussiehst«, sagt sie. »Noch ein paar Jahre, und du bist die schönste Frau in unserer Sippe.« Dabei beguckt sie Lisbeth mit so viel Vergnügen, daß die ihr jedes Wort glaubt und am liebsten Rad schlagen würde.
Ihre Patentante ist ein Schatz. Trotz der französischen Begrüßung, die nun folgt. Küßchen rechte Wange, Küßchen linke Wange, und dasselbe noch einmal! Mensch, ist Lisbeth froh, daß Deutschland nicht Frankreich ist. Tante Irene hat ihr erzählt, daß sich die Leute in Frankreich alle und immer so begrüßen – zumindest die, die sich kennen. Wenn Lisbeth an Heiner Mertens und ähnliche Bekannte denkt . . . Küßchen, Küßchen? Nein, danke!
Mama beschwert sich, daß Tante Irene nichts zu ih-

rer neuen Frisur gesagt hat. »Lisbeth ist ohnehin schon eitel genug«, sagt sie.
Das ist eine Frechheit! Wer hier wohl eitel ist?
Tante Irene lacht amüsiert. »Bist du etwa eifersüchtig auf deine schöne Tochter?«
»Red keinen Unsinn«, sagt Mama. »Ich will nur einen Kommentar zu meinen Haaren.« Die Meinung ihrer Schwägerin ist ihr immer sehr wichtig.
Auch Lisbeth wartet gespannt auf Tante Irenes Antwort.
»Ohne Locken gefielst du mir besser, Christine.«
»Du bist sehr direkt«, sagt Mama, mühsam lächelnd.
»Ich habe nur deine Frage beantwortet«, sagt Tante Irene.
Direkt ist sie immer, denkt Lisbeth. Das stimmt haargenau. Sie erzählt keine Lügengeschichten, wahrscheinlich noch nicht einmal Notlügen! Sie ist einfach in jeder Hinsicht unheimlich nett!
»Du hast es gut«, hat Annelore heute noch auf dem Schulweg zu Lisbeth gesagt. »Deine Patentante ist ein Volltreffer. Wenn sie kommt, hast du Feiertag. Wenn meine kommt, krieg ich sofort Eiterpickel.«
Annelores Patentante kreuzt nur einmal im Jahr auf, mäkelt aber an allem herum. Alle Klassenarbeiten läßt sie sich vorlegen, zahlt für jede gute Note fünf Mark und fordert die Fünfmarkstücke für die schlechten Noten zurück. Sie hat eine Gemüsegroßhandlung und ist von außen und innen Geschäftsfrau.
Paten sind reine Glückssache. Man bekommt sie nach der Geburt aufgebrummt und muß sie viele Jahre ertragen. Lisbeth findet das ungerecht. Gäbe es ein Wahlrecht für Kinder oder deren nachträgliche Mitbestimmung, würden viele Paten augenblicklich abgewählt. Wie gut, daß Lisbeth einen Volltreffer erwischt hat!

»Wo Jonas nur bleibt?« fragt Mama mit Sorgenfalten. »Er müßte längst hier sein.«
»Wahrscheinlich ist er entführt worden«, unkt Lisbeth. »So etwas passiert in der Mühlenbachstraße jeden Tag.«
Ein guter Witz! Lisbeth kichert. Tante Irene auch.
Mama nicht! »Sehr witzig«, sagt sie bissig. »Geh ihn suchen.«
Grrr! Verflixter Jonas. Verflixte Christine!
»Wir suchen zu zweit«, sagt Tante Irene. »Ich brauche Bewegung.«
Das ist nur die halbe Wahrheit. Sie will nämlich mit Lisbeth reden, sagt sie vor dem Haus. Und zwar unter vier Augen.
In Lisbeths Kopf klingelt es. Die versprochene Überraschung! Wie konnte sie die vergessen?
Aber bewegen will Tante Irene sich auch, und natürlich Jonas nebenbei suchen. Sie fragt, wo er stecken könnte.
Lisbeth muß nicht lange überlegen. »Bei den Wühlmäusen in der Siedlung vermutlich.«
Tante Irene versteht kein Wort.
»Die neue Siedlung wird verkabelt, die Bauarbeiter wühlen eine Straße nach der anderen auf. Und Jonas gehört zu ihrem Fanklub. Er steht da stundenlang, bis er Hunger hat oder aufs Klo muß.«
Tante Irene schmunzelt. »Also gehen wir zu den Wühlmäusen!«
Die Siedlung liegt jenseits der Mühlenbachstraße. Vor Mertens' Haus biegt man in den Lerchenweg ein. Dort fängt das Neubaugebiet an, und mittendrin liegt auch der Kindergarten.
Lisbeth will, daß Tante Irene endlich mit dem Unter-vier-Augen-Gespräch beginnt. Sie ist soo gespannt!
»Ich habe für meinen Urlaub eine Ferienwohnung gemietet«, sagt Tante Irene und lächelt sehr nett. »Auf

der Nordseeinsel Sylt.«
Lisbeth ist enttäuscht. Was hat das mit ihr zu tun?
»Wenn du Lust hast, nehme ich dich mit.«
Lisbeth bleibt stehen. Träumt sie etwa am hellen Tag, mit offenen Augen?
»Meine Einladung gilt für die erste Ferienwoche«, sagt Tante Irene. »In der zweiten und dritten Woche will ich allein sein.«
»Nur ich?« fragt Lisbeth. »Ich meine, du und ich? Wir beide allein? Eine Woche auf Sylt?«
»Wenn du das aushältst«, sagt Tante Irene. »Eine Woche allein, mit einer alten Tante . . .?«
»Ob ich das aushalte?« fragt Lisbeth. »Ob ich *das* aushalte?« Sie muß jetzt sofort eine Arie schmettern oder laut wiehern. Irgend etwas. Sonst platzt sie!
»Jippiiii«, schreit sie los und schlägt ein Rad. Mitten auf der Straße. Und noch eins und noch eins . . . Bis ein Radfahrer hinter ihr hupt. Ausgerechnet!
Lisbeth zupft ihren Rock dahin, wo er hingehört.
»Applaus«, sagt Heiner im Vorbeifahren. »Das war grandios.«
Ausdrücke hat der! Lisbeth kriegt heiße Ohren.
»Ein hübscher Bengel«, sagt Tante Irene. »Wer war das?«
»Heiner Mertens«, antwortet Lisbeth.
Tante Irene staunt ihm nach. »Mertens Fritz hat einen *solchen* Junior? Sehr erstaunlich«, murmelt sie noch.
Lisbeth sagt gar nichts, denkt: grandios – Sylt – Einstein – und Lissa. Alles durcheinander. »Grandios . . . was heißt das eigentlich?«
»Großartig natürlich«, sagt Tante Irene. Sie guckt ihre Nichte neugierig an. »Dieser Heiner – ist er ein Freund oder ein Feind?«
Lisbeth errötet, schüttelt den Kopf. Sie weiß in Sachen Heiner Mertens überhaupt nichts mehr, und re-

den kann sie schon gar nicht darüber. Auch nicht mit Tante Irene!
Die macht ein Aha-Gesicht, das Lisbeth noch mehr verwirrt. »Er – er ist ein Freund von Jonas. Mir ist er schnurz.«
Sie hakt sich in Tante Irenes Arm. »Sylt ist viel wichtiger. Ist es auch ganz, ganz sicher, daß keine Europa-Termine mehr dazwischenkommen?«
»Ganz sicher«, sagt Tante Irene. »Mein Urlaub ist eingetragen, die Miete für Sylt schon bezahlt. Nachher besprechen wir mit deinen Eltern die Einzelheiten.«
»Es ist ...« sagt Lisbeth, »es ist ...« Sie sucht nach Worten. »Es ist einfach himmlisch«, sagt sie. »Es ist grandios und himmlisch!« Sie möchte schon wieder radschlagen, aber Mertens Haus ist bedrohlich nahe.
»Ich freue mich auch, Patenkind. Wir werden es uns schön machen. Doch jetzt laß uns einen Schritt schneller gehen, sonst wird Jonas verkabelt.«
Ach ja – Jonas. Ob er wohl neidisch sein wird, weil Lisbeth verreist und er nicht? Piepegal! Er hat schließlich im letzten Sommer mit Onkel Engelbert vier Tage gezeltet. Und er ist erst fünf und noch grün hinter den Ohren. Irgendwo hat Lisbeth gelesen, daß kleine Kinder ihre vertraute Umgebung brauchen. Wenn sie sich unsicher fühlen, pinkeln sie nachts ins Bett oder so. Und das hat Jonas beim Zelten auch getan. Onkel Engelbert war ganz schön muffig über den stinkenden Schlafsack und die Flecken auf der geliehenen Luftmatratze. Er ist ziemlich pingelig, hat nicht die geringste Ahnung von kleinen Kindern. Papierwindeln hat er am nächsten Tag gekauft und Jonas tödlich beleidigt. Der hatte doch nur schlecht geträumt, von Löwen und Tigern, die auf dem Zeltplatz herumliefen. Da kann ihm doch keiner mit Windeln kommen! Keine Ahnung hat dieser Patenonkel. Dabei will er Lehrer werden!

Im Lerchenweg bewundern Tante Irene und Lisbeth die letzten blühenden Obstbäume hinter den Hecken und die bunten Blumenrabatten in den Vorgärten. Es wird wirklich und wahrhaftig Sommer!
Nach der nächsten Straßenbiegung kommt ihnen Jonas entgegen. Wie auf Stelzen und trotzdem mit einem Affenzahn. »Ich muß«, schreit er. »Wenn ich stehenbleibe, kommt es.« Tante Irenes Begrüßungsversuch wehrt er ab, rast einfach weiter.
»Stell dich nicht an«, sagt Lisbeth. »Mach ins Gebüsch am Straßenrand.«
»Geht nicht«, keucht er. »Ich muß nämlich Großes und Kleines.«
Er ist zu blöd! Warum merkt er so etwas nicht früher? Nie hat er Zeit für solche Sachen. Jetzt ist er arm dran. Lisbeth schwankt zwischen Mitleid und Lachanfall.
Zu Hause angekommen, vergeht ihr das Mitleid sofort! Er sitzt schon auf dem Klo, hält eine musikalische Sitzung. Seine Lieder müßten verboten werden!
»Meine Schwester ist ein Besen«, tönt es durchs Haus. »So wie alle Schwestern sind . . . Sie ist's immer schon gewesen, schon als kleines Wickelkind . . .«
Tante Irene lacht los.
Lisbeth natürlich nicht. Dieser Blödhammel! Mit so einem hatte sie eben noch Mitleid.
»Ärgere dich nicht«, sagt Tante Irene. Sie hört auf zu lachen, legt Lisbeth einen Arm um die Schulter. »Dein Vater hat früher ähnliche Lieder gesungen und mich damit gemeint. Dabei liebte er mich heiß und innig. Als ich später auszog, hat er geweint.«
»Wie alt war er da?«
»Er war dreizehn. Ich war neunzehn und bin für ein Jahr nach Frankreich gegangen. Er hat mir dann viele, lange Briefe geschrieben.« Tante Irene lächelt.

»Obwohl er den Deutschunterricht und jede schriftliche Arbeit gehaßt hat. Unter seinen Aufsätzen stand jedesmal ein dicker Tadel, weil sie nur aus drei oder vier Sätzen bestanden.«
»Immer will sie recht behalten«, singt Jonas auf dem Klo, »stets hat sie das letzte Wort. Ich soll meine Klappe halten, und sie plappert munter fort . . .«
Dieser Schreihals von Blödian. Wieviel Strophen hat er denn noch auf Lager?
»War Papa so ähnlich wie Jonas?« fragt Lisbeth. Sie möchte gerne mehr von früher hören.
»Sehr ähnlich«, antwortet Tante Irene. »Er war die reinste Nervensäge und gleichzeitig unwiderstehlich.«
»Wer ist eine Nervensäge?« fragt Jonas durch die Klotür. Er kriegt alles mit, besonders die Sachen, die ihn nichts angehen.
»Wer wohl?« sagt Lisbeth. »Du natürlich!«
Und schon kommt seine Rache, fängt die Leier wieder von vorne an. »Meine Schwester ist ein Besen – so wie alle . . .«
Lisbeth und Tante Irene flüchten auf die Veranda. Mama deckt dort den Tisch, stellt Kartoffelsalat und Würstchen bereit.
»Ich erzähl dir auf Sylt mehr vom kleinen Leo und seiner großen Schwester«, verspricht Tante Irene. »Soviel du hören willst.«
Mama stutzt. »Wieso *Sylt*?«
Tante Irene hält einen kleinen Vortrag. Sie hat schon alles genau überlegt und geplant. Am 16. Juni will sie Lisbeth mit ihrem Auto abholen, und am 23. soll sie mit der Bundesbahn zurückfahren. Sogar die Uhrzeiten für die Zugverbindungen weiß Tante Irene schon auswendig. Und die Fahrkarte will sie natürlich bezahlen, alles andere sowieso.
Mama setzt ein komisches Gesicht auf. »Ach! Schon

alles klar und wir werden gar nicht gefragt?«
»Ich bin davon ausgegangen, daß ihr einverstanden seid«, sagt Tante Irene erstaunt. »Lisbeth ist es jedenfalls. Die Nordseeluft wird ihr guttun.«
Lisbeth nickt. »Ich find's total himmlisch und grandios!« Sie buchstabiert: »S Y L T.« Es hört sich fast griechisch an, klingt genauso gut wie Mykonos und Kreta.
Mama beißt auf ihrer Unterlippe herum, sagt nicht nein und nicht ja. Warum kann sie sich nicht einfach mitfreuen?
Sie gönnt es mir nicht, denkt Lisbeth plötzlich. Sie ist überhaupt nicht mehr Mama. Nur noch bei Jonas! Sie ist eine undurchsichtige Geheimniskrämerin, eine schreckliche Mutter! Lisbeth fühlt sich miserabel bei diesen Gedanken. Sie sind wie eine Krankheit, die einen ganz elendig macht und gleichzeitig sehr zornig.
Noch *nie* ist Lisbeth richtig verreist. Mama darf ihr das nicht verderben! »Ich will mit«, sagt sie, klatscht Kartoffelsalat auf ihren Teller. »Und ich *fahre* mit! Papa hat bestimmt nichts dagegen.«
»Ich auch nicht«, sagt Mama beschwichtigend, aber immer noch zögernd. »Es kam nur so überraschend.«
Jeder krummbeinige Käfer kann merken, daß sie nur einlenken will. Lisbeth pfeift auf so eine Antwort!
Tante Irene ist auch nicht zufrieden. Sie bohrt nach, will wissen, wo Mamas Einwände und Bedenken denn liegen. Ohne Erfolg.
Von Mama kommt nur die gereizte Antwort, daß sie doch ja gesagt hat und daß alles in Ordnung ist.
Tante Irene guckt ihre Schwägerin forschend an, läßt sie anschließend in Ruhe.
*Was ist bloß los mit Mama?* Auch Jonas kriegt sie heute nicht rum. Obwohl er voll aufdreht. Er will gar nicht mit an die Nordsee, Lisbeths Ferienpläne interessieren ihn kaum. Die Sportjugend plant ein Zeltla-

ger am Mühlenbach. Heiner Mertens gehört zu diesem Verein und will dafür sorgen, daß Jonas mitmachen kann. »Heiner will euch noch selber fragen«, sagt er zu Mama. »Aber ich habe ihm gestern schon gesagt, daß ich darf.«
Ob er nicht noch zu jung ist für diese Gruppe, fragt Mama, und ob Heiner das wirklich ernst meint.
»Heiner ist mein Freund«, erklärt Jonas. Dieser Angeber! »Der meint immer alles ernst. Er sagt, daß ich klein, aber fit bin. Wie ein Turnschuh.« Und dann führt er Tante Irene seine Kunststücke vor, schlägt auf dem Rasen Purzelbaum rückwärts, nennt das einen Salto, robbt durch die Büsche und steckt seinen Kopf durch die gespreizten Beine bis an sein Hinterteil. Er hat Gummigelenke, könnte als Artist im Zirkus auftreten.
Tante Irene versucht, seine Übungen nachzumachen. Sie ist keine begabte Turnerin, eher ein Clown, der über seine eigenen Füße stolpert.
Lisbeth läßt sich von den beiden anstecken, wild entschlossen, Mama und alle Fragezeichen zu vergessen. Sie schlägt Rad, macht Kerze und Handstand und Bodengang. Eine richtige Turnstunde wird daraus.
Tante Irene macht alles mit – bis ihre Lederhose gefährlich in den Nähten kracht. Dann setzt sie sich ins Gras, feuert Lisbeth und Jonas an, applaudiert und bewundert die Jugend, wie sie sagt. Sie bedauert es sehr, daß man alt wird und einrostet.
Lisbeth möchte schon alt sein, alt und klug. Sie möchte alles wissen und verstehen. Wie Tante Irene. Die rennt nicht wie tausend Fragezeichen durch die Welt. Sie sagt ja oder nein, und meint, was sie sagt, und sagt, was sie denkt. Und eingerostet ist sie kein bißchen.
Jonas erzählt die neuesten Witze aus dem Kindergarten. Sie sind gar nicht so schlecht. Lisbeth lacht heu-

te über seinen Dummkram, weil Tante Irene sich kringelt und mit ihr zusammen alles viel leichter geht. Und weil Lisbeth beschlossen hat, gute Laune zu haben. Mama kann ihr gestohlen bleiben!
Mama war erst lange in der Küche, wollte keine Hilfe beim Aufwasch, und sitzt jetzt auf der Veranda, mürrisch und abwesend, in Schweigen gehüllt. Irgendwann klingelt das Telefon, und sie verschwindet wieder im Haus.
»Mach dir keine Sorgen«, sagt Tante Irene leise zu Lisbeth. »Sie kommt schon wieder in Ordnung. Es hat bestimmt nichts mit dir zu tun. – Vielleicht brütet sie irgend etwas aus«, meint sie noch nachdenklich. »Man muß sie in Ruhe lassen.«
Lisbeth würde ihr gerne glauben. Aber so einfach ist das nicht. Zuviele Stacheln haben sich in den letzten Tagen angesammelt. Sie sitzen in Lisbeths Bauch und unter den Rippen, und besonders im Kopf. Stachelige Gedanken und Gefühle, die weh tun! Aber es ist wunderbar und tröstlich, daß Tante Irene da ist. Noch sechzehn Tage bis Sylt . . .
Papa reagiert am Abend wie erwartet. Er freut sich sofort über Tante Irenes Vorschlag, findet es prima, daß Lisbeth nach Sylt fahren wird, verspricht sogar, ihr einmal zu schreiben. Seltsamerweise endet Tante Irenes Besuch noch ganz gemütlich.
Mama ist seit dem Telefonanruf nicht mehr so verbiestert, beteiligt sich an den Gesprächen und fragt Tante Irene nach Einzelheiten über die Ferienwohnung; wie groß sie ist und wie teuer und wie lange vorher man buchen muß.
Dann erzählt Mama von Ferienhäusern in Dänemark, die sie in einem Prospekt gesehen hat und die viel preiswerter sind, als sie immer geglaubt hat. Sie schwärmt von Dänemark wie der Deutschlehrer von seinen griechischen Inseln, kommt richtig in Fahrt.

Dabei hat sie noch nie nix Dänisches gesehen!
Lisbeth hört den Erwachsenen nur halb zu. Sie ist verwirrt über Mamas Stimmungswechsel, versteht die Welt nicht mehr. Wie der April ist Mama! Launisch und unberechenbar. Man weiß nie, was sie denkt, wem sie schreibt und mit wem sie telefoniert. Und was sie tut, wenn sie nicht zu Hause ist, weiß der Geier! *So* sollten Mütter nicht sein!
Früher war sie ganz anders. Da war sie einfach nur Mama. Sie war fast immer zu Hause, und wenn sie nicht da war, wußte Lisbeth genau, wo sie war und wann sie zurückkommen würde. Und sie hat immer die Wahrheit gesagt!
Lisbeth überlegt, wie lange »früher« schon her ist. Richtig schlimm ist Mama ja erst seit dem letzten Wochenende. Aber ganz unauffällig angefangen hat es schon ein paar Wochen vorher. Seitdem sie alles mit Ma-Chri unterschreibt und verkündet hat, daß sie nicht nur Mama ist, sondern auch Christine. Das wird Lisbeth jetzt klar. Nur – *was* eigentlich angefangen hat, ist völlig unklar!
Ihr Tagebuch hilft Lisbeth auch nicht weiter. Spuren-Sicherung macht müde. Vor allem, wenn die Spuren so kreuz und quer laufen und man überhaupt nicht ahnt, wo sie hinführen.
*Wer ist der Löwe?* steht da als letzte Eintragung. Gestern abend hat Lisbeth nichts mehr geschrieben. Vor lauter Heiner-Mertens-Gedanken. Und heute ist nur noch Unordnung in ihrem Kopf; Tante Irene, Sylt, Mamas biestrige Miene und Mamas Dänemarkgesicht, Zeltlager am Mühlenbach und grandioser Applaus. Das hält kein Mensch aus!
Lisbeth schreibt *1. Juni (Mittwoch)* und weiß nicht weiter. Sie malt die Seite voll Stachelschweine und Igelköpfe, kritzelt *Sylt* dazwischen und *Rabenmutter* und *grandios*. Für vernünftige Notizen ist sie einfach

zu müde, und traurig ist sie obendrein.
So klein wie Jonas möchte sie noch sein oder schon so alt, daß sie keine Mama mehr braucht.
Als Jonas im Schlafanzug um die Ecke guckt, stellt Lisbeth sich schlafend. »Lissa«, flüstert er, »wenn ich mit Heiner zelte, leihst du mir dann deine Taschenlampe?«
Sie atmet gleichmäßig mit offenem Mund und geschlossenen Augen, spürt, daß er ihre Bettdecke hochzieht und an den Seiten fest in die Ritzen steckt. So wie Mama oder Lisbeth es immer bei ihm machen müssen, damit er besser einschlafen kann.
Lisbeth ist ziemlich beeindruckt. Vielleicht wäre Jonas als großer Bruder gar nicht so übel! Warum ist dieser Winzling nicht früher geboren? So alt wie Heiner Mertens müßte er sein und eine Igelfrisur haben. Dann könnte Lisbeth mit ihm über alles reden und wäre nicht mehr so schrecklich allein!
Der Winzling, der normalerweise ein Trampeltier ist, schleicht doch tatsächlich auf Zehenspitzen hinaus und schließt Lisbeths Zimmertür so leise, daß kein Ton zu hören ist.
Vielleicht wird doch noch etwas aus ihm! Nicht gerade ein ernsthafter junger Mann, wie Papa prophezeit hat, sondern ein Nachtwächter oder ein Indianerhäuptling . . . Wer weiß . . .

# DONNERSTAG

## oder: Die meiste Wärme geht vom Menschen aus, Sternschnuppen garantieren noch gar nichts, und Lisbeth heult Rotz und Spucke

Ausgeschlafen ist Jonas das bekannte Trampeltier, kommt auf allen vieren in Lisbeths Zimmer, mit »Uaaah« und »Auuuha«.
»Blödmann«, faucht Lisbeth. »Verschwinde!«
Sie muß erst zur zweiten Stunde in der Schule sein, kann heute länger schlafen. Und dieser Bengel weckt sie mitten in der Nacht!
Er ist putzmunter. »Ich bin ein Löwe – uaaah«, brüllt er und haut seine Vorderpranken auf Lisbeths Kopfkissen.
»Und ich bin stinksauer«, knurrt Lisbeth. »Ich warne dich. Frühmorgens klatsche ich jeden Löwen an die Wand.«
Jonas begreift, daß es ernst wird, macht eine Kehrtwendung und zieht ab, mit kläglichem »Miau« und gespieltem Entsetzen. Soll er doch Mama und Papa mit seinen idiotischen Einfällen wecken. Die sind schließlich für ihn und seine Erziehung zuständig!
Fünf Minuten später tauchen zwei Löwen bei Lisbeth auf und brüllen in Stereo »uaaah« und »auuuha«. Papa kriecht hinter Jonas her, unterstützt begeistert dessen Theater.
Daß Papa früher wie Jonas war, hat Tante Irene gesagt, die reinste Nervensäge und unwiderstehlich. Nervensäge stimmt heute noch, aber unwiderstehlich? Lisbeth findet, daß er auf allen vieren eine ziemlich alberne Figur abgibt.
Überhaupt – diese ganze Familie geht ihr total auf die Nerven. Einer ist schlimmer als der andere. Grrr! In den Pfeffer mit ihnen!

Es geht Lisbeth schlagartig besser, als sie keinen mehr sieht, auf ihrem Fahrrad sitzt und zur Schule fährt. Die fängt heute sehr unterhaltsam an. Das kann Lisbeth gebrauchen!
Der Baron hat Geburtstag, seinen neunundzwanzigsten. Um den Lehrertisch herrscht Gedrängel. Es ist zum Quieken. Alle wollen gratulieren. Manche haben Blumen aus dem Garten mitgebracht, Corinna sogar eine Flasche Piccolo. Sie schwärmt für Hartmut von Beling, ist seine beste Deutschschülerin. Ob er auch für Corinna schwärmt, bleibt wahrscheinlich für immer ein Geheimnis. Er behandelt sie wie alle anderen. Wie sich das gehört!
Lehrer, die Lieblinge haben, müßten entlassen werden. Der Mathelehrer ist so einer. Für ihn besteht die Klasse nur aus Georg und Silke und Norbert. Das sind die Mathe-Asse – alle anderen sind Herrn Schrader nur lästig. Richtig angewidert sieht er aus, wenn jemand eine falsche Antwort gibt. Pfui Teufel!
Aber daß Corinna für den Baron schwärmt, kann Lisbeth beweisen! Auf dem Lehrerparkplatz war letzte Woche ein großes Herz mit lila Kreide gemalt, genau da, wo der Baron immer seine Ente abstellt. Die ist auch lila!
Er ist sowieso der bunteste Lehrer der Realschule, trägt verrückte Klamotten, die Lisbeth noch nie an Lehrern gesehen hat. In einer selbstgefärbten rosa Latzhose ist er schon aufgekreuzt, und einen indischen Armreifen trägt er auch. Als Mama ihn am letzten Elternsprechtag kennenlernte, hat sie gesagt, daß er ein bißchen flippig aussieht, aber okay ist. Das meint Lisbeth auch. Trotzdem – schwärmen kommt nicht in Frage!
Beim Parkplatzherz hatte sie sofort auf Corinna getippt und sie dann heimlich beobachtet. Eine Sache, die leicht zu durchschauen war. Erstens holte Corin-

na einige Tage später im Sportunterricht ein Stück lila Kreide aus ihrer Schultasche, um Felder für ein Völkerballspiel zu markieren, und zweitens kriegt sie regelmäßig rote Ohren, wenn der Baron sie anspricht.
Lisbeth würde ihm auch gerne gratulieren, aber Schlange stehen wird sie dafür nicht. Gleich küssen sie ihm noch die Füße oder rollen einen roten Teppich für ihn aus!
Sie setzt sich an ihren Tisch, neben Annelore, die ihr entgegengrinst, die Augen verdreht und verstohlen erst nach vorn zeigt und anschließend an ihre Stirn tippt. Lisbeth ist völlig ihrer Meinung. Der Baron ist zwar einsame Spitze, verglichen mit anderen Lehrern, aber einen Specht hat er auch. Zum Beispiel bei allem, was das griechische Inselhüpfen betrifft.
»Ich weiß was«, raunt Annelore. »Er steckt in Schwierigkeiten!«
Das hört sich sehr spannend an. Lisbeth will sofort wissen, was los ist. Annelore macht es noch spannender. »Ich soll darüber nicht reden, hat mein Vater gesagt, weil das Getratsche sonst so groß wird, daß der Baron versetzt werden kann.«
Das wäre eine Katastrophe!
Annelores Vater ist in der Schulpflegschaft und hat gestern an einer internen Sitzung teilgenommen. Lisbeth gibt ihr Ehrenwort, sie kann schweigen wie Annelores Goldfisch.
Annelore fängt an zu flüstern. »Als er vor einem halben Jahr an unsere Schule kam, hat er manchmal Anstecker getragen. Weißt du noch?«
Klar weiß Lisbeth. *Atomkraft, nein danke!* stand darauf und *Frieden schaffen ohne Waffen.*
»Der Schulleiter hat die Anstecker verboten, hat mein Vater gesagt, weil sie etwas mit Politik zu tun haben.« Annelore macht eine bedeutungsschwere

Pause und rutscht auf dem Stuhl hin und her.
Lisbeth zeigt einen Specht. »Red schon«, sagt sie dann neugierig.
»Was hat er jetzt angestellt?«
»Gar nix«, sagt Annelore. »Nur – die Schulpflegschaft will ihm einen Brief schreiben, daß er den Aufkleber an seiner Ente verschwinden lassen muß.«
Darauf steht auch *Atomkraft, nein danke*.
»Bekloppt«, sagt Lisbeth, »ist doch sein Auto. Von mir aus kann er es voll Weihnachtsmänner kleben.«
»Das meint mein Vater auch«, sagt Annelore. »Aber die Mehrzahl der Eltern ist anderer Meinung.«
Lisbeth schüttelt den Kopf. Die haben Sorgen! Erwachsene sind eigenartige Menschen. Bis auf einige Ausnahmen. Wenn die nicht wären, würde Lisbeth sich weigern, überhaupt erwachsen zu werden! Daß der Baron wegen eines Aufklebers versetzt werden kann, ist einfach nicht möglich. So etwas gibt es doch gar nicht! Annelores Vater hat bestimmt übertrieben.
Der Baron bittet Lisbeth nach vorne. Sie soll an der Wandtafel die Regeln für die Zeichensetzung aus der letzten Deutschstunde auflisten. Bevor sie damit anfängt, schreibt sie *Herzlichen Glückwunsch* an die Tafel.
»Danke schön, Lisbeth«, sagt der Baron und schmunzelt. »Mit Punkt oder Rufzeichen?«
Zwei Rufzeichen malt Lisbeth hinter ihren Glückwunsch und ist froh, daß er nicht nach einer Regel dafür fragt. Die wüßte sie nämlich nicht! Der Baron bringt niemals jemanden in Verlegenheit. Darum ist er ja einsame Spitze!
Nach den beiden Deutschstunden könnte nach Lisbeths Meinung schon Schulschluß sein. So erfreulich wird nix mehr. Bio ist langweilig, wie meistens. Frau Sittig muß selbst dauernd gähnen. Und die Bruchrechnung im Matheunterricht teilen sich Georg und

Silke und Norbert. Alle anderen sind abwesend.
Schade, daß Petra krank ist. Ihre witzigen Kommentare fehlen Lisbeth heute sehr.
Nach der letzten Stunde geht sie mit Annelore zum hinteren Schulhof, um ihr Fahrrad zu holen. »Laß uns mal die lila Ente ansehen«, sagt Annelore, »und diesen verflixten Aufkleber.«
Der ist zugeklebt mit einem größeren!
Annelore und Lisbeth glotzen ihn an. *Die meiste Wärme geht vom Menschen aus; der Rest kommt von der Sonne.* Annelore hat den Text langsam und laut vorgelesen. Als ob Lisbeth ein Analphabet wäre!
»Ist das Zufall?« fragt Annelore. »Er hat den Brief doch noch gar nicht bekommen.«
In Lisbeths Kopf rattert eine Kriminalgeschichte ab.
»Einer hat gesungen«, sagt sie dann nachdenklich.
Annelore guckt sie verständnislos an.
»So heißt das in Krimis«, erklärt Lisbeth, »wenn einer den anderen verrät.«
Annelore ist kein Genie. Es dauert ein bißchen, ehe sie kapiert. »Du meinst, einer aus der Sitzung von gestern hat dem Baron gesagt, was sie vorhaben?«
»Bestimmt«, sagt Lisbeth überzeugt. »Zufälle sind äußerst selten. Einer hat ihn gestern abend angerufen. Vielleicht sogar dein Vater!«
Annelore guckt immer noch ungläubig. Sie hat wenig Phantasie. »Ich lach mir 'n Ast«, sagt Lisbeth. »Die setzen einen Drohbrief auf, und den Aufkleber gibt's gar nicht mehr.«
»Und was da jetzt steht«, fragt Annelore, »was soll das heißen?«
Ganz genau weiß Lisbeth das auch nicht, nur eine Ahnung hat sie. »Ich glaube, daß es fast dasselbe heißt wie *Atomkraft, nein danke*«, sagt sie nach einer Weile. »Es ist nur geheimer.«
»Ist ja auch schnurz«, sagt Annelore. »Hauptsache,

die Schwierigkeiten vom Baron sind vorbei. Und wenn es mein Vater war, der ihn gewarnt hat, habe ich einen Klasse-Vater.«
Das ist richtig, denkt Lisbeth und überlegt, wie ihr Vater reagiert hätte. Sie ist sich ziemlich sicher. Papa hätte sich bei der gestrigen Sitzung schon tierisch aufgeregt. Und Mama auch. Sie reden beide oft über politische Angelegenheiten, und von Atomkraft waren sie noch nie begeistert.
Lisbeth liest noch einmal den Aufkleber. *Die meiste Wärme geht vom Menschen aus* . . .Dieser Teil gefällt ihr besonders, den will sie sich merken.
Von Mama geht keine Wärme aus. Sie ist heute mittag total hektisch, putzt Fenster, hat Gulasch auf dem Herd schmoren und holt zwischendurch Wäsche von der Leine, weil es nach Regen aussieht. Wieso muß sie tausend Sachen auf einmal erledigen? Schließlich hat sie den ganzen Tag Zeit!
Jonas quengelt, daß er Schmacht hat und daß er einen Hund will. Ricki aus seiner Kindergartengruppe hatte heute seinen Dackel mit. »Der ist so süß«, mault Jonas. »Wieso haben wir keinen Hund?«
»Das möchte ich auch wissen«, sagt Lisbeth. Sie wünscht sich schon jahrelang einen. »Wie wäre es mit einem Bernhardiner?«
Mama explodiert. »Fenster und Mittagessen und Wäsche, und jetzt auch noch eine Bernhardinerdiskussion! Das ist zuviel«, sagt sie, und daß sie auch nur ein Mensch ist. Und daß man von Jonas ja keine Einsicht erwarten könne, aber daß Lisbeth doch Vernunft zeigen müsse und ihr lieber helfen soll.
»Immer ich«, schreit Lisbeth. *Ich* soll vernünftig sein, *ich* soll auf Jonas aufpassen. Um mich kümmert sich keiner!« Sie zittert vor Zorn, ist selbst erschrokken über diesen plötzlichen Ausbruch.
Mama starrt ihre Tochter entsetzt an.

Jonas steht da, sagt keinen Pieps mehr.
»Das ist doch . . .« murmelt Mama. ». . . das hört sich ja schlimm an.« Richtig besorgt sieht sie jetzt aus, hat Sorgenfalten und guckt wie Dr. Heckel, wenn der fragt, wo es weh tut.
Lisbeths Zorn verpufft so schnell, wie er gekommen ist. Sie spürt einen Kloß im Hals, kriegt weiche Knie und könnte auf der Stelle losflennen. Alles – bloß das nicht!
»Wieso heulst du?« fragt Jonas.
»Ich heul ja gar nicht«, sagt Lisbeth. »Ich heule nie.« Sie wischt ihre Tränen weg. Wieso kann man weinen und merkt es selbst nicht?
Sie gibt sich einen Ruck. »Meine Schreierei tut mir leid«, sagt sie zu Mama, ohne ihre Augen zu heben. Mamas Sorgengesicht kann sie nicht aushalten. Weil man davon ganz weich wird und *richtig* weinen möchte. Und das will Lisbeth nicht. Wenn sie erst damit anfängt, kann sie vielleicht nie mehr aufhören!
»Lisbeth«, sagt Mama bittend. »Was ist los mit dir?«
Das könnte Lisbeth auch umgekehrt fragen. Dann käme vielleicht alles in Ordnung. Aber es geht einfach nicht. Lisbeth bleibt stumm.
»Irgendwas brennt«, kreischt Jonas und zeigt auf die halboffene Küchentür, aus der Rauchwölkchen und scheußliche Gerüche in den Flur ziehen.
»Mein Gulasch«, schreit Mama, rast so schnell sie kann in die Küche.
Jonas und Lisbeth folgen ihr. Das Fleisch ist angebrannt und nicht mehr zu retten.
Mama trägt es mit Fassung. »Es gibt Schlimmeres«, sagt sie. »Wir haben ja noch Rotkohl und Kartoffeln.« Dann seufzt sie ergeben: »Wenn man alles auf einmal schaffen will, muß man ja auf die Nase fallen. Warum mache ich bloß immer den gleichen Mist?«
Lisbeth sagt schnell, daß sie die restliche Wäsche von

draußen holt, flüchtet aus Mamas Nähe.
Am Himmel braut sich etwas zusammen. Von wegen Regen, denkt Lisbeth, das wird ein dickes Gewitter. Es ist unangenehm schwül und verdächtig windstill. Lisbeth nimmt die Wäschestücke von der Leine, legt sie sorgfältig zusammen und schichtet sie in die Wanne. Anschließend sammelt sie noch alle Klammern in einen Beutel. Die Arbeit tut ihr gut!
Als sie alles in die Waschküche gebracht hat, zittern die ersten Blitze durch die Wolken. Einen Augenblick später grollt zaghaft ein Donner. Das Gewitter ist noch weit entfernt und überhaupt nicht bedrohlich. Furcht vor Blitz und Donner kennt Lisbeth sowieso nicht. Im Gegenteil. Sie schaut oft begeistert zu, wenn der Himmel tobt und zeigt, was er kann. Im Moment hat er die unterschiedlichsten Farbtöne; von Hellblau über Schmutziggrau bis Schwarzviolett. Dazwischen leuchten die Zickzacklinien der Blitze.
Lisbeth mochte den Himmel schon immer gern. Eine Zeitlang hat sie ihn wieder und wieder gemalt. Mit Schäfchenwolken und Gewitterbergen, mit Nebelschleiern und Sonnenstrahlen, und natürlich auch mit Mond und Sternen. Den Sternenhimmel hat sie am liebsten. Er ist geheimnisvoll und beruhigend zugleich und immer wieder anders.
Früher war sie traurig, wenn der Abendhimmel ganz leer aussah, weil sie befürchtete, daß er seine Sterne verloren hatte. Mama tröstete sie dann und bewies ihr am nächsten Abend, daß sie wieder leuchteten und glitzerten, und erklärte, daß sie immer und ewig da sind, mal sichtbar, mal unsichtbar. Damals gab es Jonas noch nicht. Mama und Lisbeth haben oft vor dem Schlafengehen auf der Veranda gesessen und den Großen Bären, den Kleinen Wagen und die Milchstraße gesucht. »Weißt du, wieviel Sternlein stehen«, haben sie gemeinsam gesungen, und

manchmal haben sie Sternschnuppen gesehen und sich etwas gewünscht.
Lisbeth hat ihre Wünsche immer verraten. Mama nie. Auch nicht wenn Lisbeth ihr Löcher in den Bauch gefragt hat.
Heute weiß sie, daß Mama abergläubisch ist. In jeder Beziehung – nicht nur bei Sternschnuppen. Fällt der Dreizehnte eines Monats auf einen Freitag, rechnet sie den ganzen Tag mit einer Katastrophe, und wenn ihr ein Schornsteinfeger über den Weg läuft, füllt sie prompt einen Lottoschein aus. Gewonnen hat sie aber noch nie etwas. Wenn Papa über diese Marotten spottet, lacht sie verlegen und sagt, daß sie nur ein Kinderspiel spielt. Aber Lisbeth weiß, daß diese Antwort eine Ausrede ist. Einmal hat Lisbeth nämlich unbeabsichtigt einen Spiegel zerdeppert, und Mama ist schrecklich stinkig geworden. Obwohl sie sich sonst über kaputte Sachen nicht aufregt. »Ein zerbrochener Spiegel bringt Unglück«, hat sie gejammert und die Scherben mühsam wieder zusammengesetzt.
Lisbeth glaubt nicht an solchen Unsinn. Ein kaputter Spiegel ist nicht mehr als ein kaputter Spiegel, und eine schöne Sternschnuppe ist eine schöne Sternschnuppe! Natürlich wünscht man sich etwas, wenn ein Stern vom Himmel fällt, und natürlich gehen auch manche Wünsche anschließend in Erfüllung. Doch Sternschnuppen und Schornsteinfeger garantieren noch gar nichts!
Das Gewitter kommt immer näher. Die dunklen Wolken plustern sich auf zu riesigen Monstern, verschlucken gierig das letzte Himmelsblau. Blitz und Donner wechseln sich ab. Lisbeth könnte stundenlang zuschauen.
Jonas ruft von drinnen. »Lissa! Liiissa!«
»Es donnert«, sagt er, als sie in die Küche kommt.

»Ach was!« sagt sie. »Ich dachte schon, unser Hamster baggert.«
Sie wirft ihm einen spöttischen Blick zu.
Jonas heult doch tatsächlich augenblicklich los. »Wir haben gar keinen Hamster«, schluchzt er. »Du lachst über mich, weil ich Angst habe, daß ein Blitz einschlägt. Du bist gemein.«
Bei jedem Blitz hält er sich die Augen zu.
Er tut Lisbeth leid. »Du brauchst keine Angst zu haben«, sagt sie und setzt sich neben ihn. »Bei uns schlägt es bestimmt nicht ein.«
»Das kann keiner wissen«, weint er. »Wo ist Mama?«
Lisbeth hört sie oben auf dem Dachboden. Wahrscheinlich überprüft sie alle Fenster und Luken. »Sie macht alle Ritzen zu«, sagt sie, »damit es gleich nicht ins Haus regnet.«
»Holst du eine Kerze?« fragt Jonas. »Mama sagt immer, daß eine Kerze hilft, wenn es donnert.«
»Wenn du mit deiner Heulerei aufhörst, zünde ich drei an.«
Seine Witze sind oft unerträglich blöd – seine Tränen sind noch schlimmer. Besonders heute!
Lisbeth nimmt drei Teelichter aus der Tischschublade und zündet sie an. »Das sieht schön aus«, sagt sie. »Aber gegen Gewitter können Kerzen nichts ausrichten. Dagegen haben wir einen Blitzableiter auf dem Dach. Und außerdem sind alle Nachbarhäuser höher als unser Haus. Wenn ein Blitz einschlägt, sucht er sich vorher den höchsten Punkt aus.«
»Wer sagt das?« fragt Jonas. »Wer weiß das?« »Einstein«, sagt Lisbeth und grinst. »Einstein hat das schon vor hundert Jahren festgestellt.« Sie lügt, ohne rot zu werden!
Jonas ist schwer beeindruckt. Einstein ist Heiners Schenii, dem kann man glauben. Er rückt noch näher zu Lisbeth und fragt, ob sie vor gar nix Angst hat.

Sie überlegt. Natürlich hat sie auch Angst, aber wie soll sie das diesem Zwerg erklären? Vorhin zum Beispiel hatte sie Angst vor ihrem eigenen Zorn. Er kam zu plötzlich und zu mächtig. Wie ein Überfall, bei dem man nicht weiß, was noch alles passiert. Und Mamas Geheimnisse machen ihr auch Angst. Überhaupt alles, was sie nicht versteht. Darum will sie ja später Forscherin werden. Wer alles erklären kann, braucht keine Angst mehr zu haben!

Mama erspart Lisbeth eine Antwort auf Jonas' Frage. »Meine Güte«, klagt sie. »Wie alt unser Haus ist, merkt man an den verklemmten Fenstern. Wir brauchen dringend neue.« Sie legt ihre Stirn in Falten, denkt offensichtlich an Geld und drohende Handwerkerrechnungen. »Zehntausend Mark müßten einem ins Haus flattern«, sagt sie. »Damit könnte man einiges machen.«

Sie seufzt, schiebt die Geldgedanken weg und guckt Lisbeth prüfend an.

Die guckt schnell zu Jonas. »Er hat Angst, daß ein Blitz einschlägt«, sagt sie, obwohl er gar nicht mehr ängstlich aussieht. Mister Einstein und die brennenden Teelichter haben ihn sehr beruhigt.

»Und du?« fragt Mama. »Was hast du?«

Lisbeth deckt den Tisch. »Nichts. Ich war wütend, sonst gar nichts.«

Mama hört nicht auf mit ihren Sorgenblicken und sagt, daß sie am Abend in Ruhe mit Lisbeth reden will. Heute nachmittag hat sie keine Zeit, weil sie einen wichtigen Termin in der Stadt hat.

Da explodiert Lisbeth schon wieder. »Was für einen verdammten Termin? Was machst du dauernd in der Stadt?« fragt sie patzig. »Soll ich etwa schon wieder auf Jonas aufpassen?«

»Ja, darum wollte ich dich bitten«, sagt Mama fast schüchtern. »Erklären werde ich es dir heute abend.«

»Ich bin mit Annelore verabredet«, sagt Lisbeth. »Ich habe heute keine Zeit.«
»Sie kann doch zu dir kommen«, sagt Mama. »Jonas soll nicht so lange allein bleiben. Bitte!«
Lisbeth sagt, daß Jonas kein Baby mehr ist, daß sie heute zum letztenmal auf ihn aufpaßt und überhaupt die Nase voll hat.
»Von was?« fragt Mama mit Dr.-Heckel-Augen.
»Von allem«, sagt Lisbeth, schiebt ihren Teller zurück. »Ich bin satt.«
»Darüber reden wir heute abend«, sagt Mama. »Okay?«
Lisbeth zuckt mit den Schultern. Wer weiß, was bis heute abend passiert. Vielleicht hat Christine bis dahin einen neuen Termin. Sie hat ja schon tagelang Wichtigeres zu tun, als sich um ihre Tochter zu kümmern!
»Lisbeth«, sagt Mama flehend. »Ist das in Ordnung?«
»Meinetwegen«, sagt Lisbeth. Aber in Ordnung ist gar nichts. In ihrem Kopf ist nur noch ein verknäultes Durcheinander. Sie blickt nicht mehr durch.
Lisbeth ist Mamas Geheimniskrämerei einfach leid, und sie kann Mama nicht ausstehen! Und sie kann Jonas nicht ausstehen und Jutta schon gar nicht! Bestimmt weiß diese Zimtzicke mehr über Mamas Termine!
Und Papa ahnt total nichts von diesen Geschichten. Deshalb mag sie ihn auch nicht mehr. Er verbringt viel zuviel Zeit in seiner Firma, macht sogar abends oder am Wochenende regelmäßig Überstunden. Wenn er zu Hause ist, fragt er nur nach seinem Sohnemann oder turtelt mit seiner Krischi. Er kriegt überhaupt nicht mit, was in seiner Familie los ist.
Väter sind wie Besucher, denkt Lisbeth. Sie können ganz nett sein, aber sie gehören nicht wirklich dazu. Oder nur selten.

Mama flitzt hin und her, räumt die Küche auf und sagt, daß sie sich beeilen muß.
Jonas hält seine Sitzung auf dem Klo. Heute verspätet und mit Blockflöte. Er ist wieder quietschvergnügt.
Das Gewitter ist weitergezogen, bevor es sich richtig ausgetobt hat. Kein einziger Regentropfen ist gefallen. Es ist genauso schwül wie vorher, der Himmel grau in grau.
Lisbeth geht in ihr Zimmer, blättert in ihrem Tagebuch und legt es dann in die Schreibtischschublade. Sie ist kein Genie und wird nie eines werden. Die Dinge sind zu kompliziert, und die Menschen erst recht. Besonders die, mit denen man zusammenwohnt!
»Bis später«, ruft Mama von unten. »In zwei Stunden bin ich zurück.« Die Haustür fällt ins Schloß, Mamas Stöckelschuhe klickern über die Steinplatten im Vorgarten.
Lisbeth beobachtet vom Fenster aus, wie sie eilig die Straße überquert, nach links abbiegt. Wahrscheinlich marschiert sie zur Bushaltestelle. Um halb drei fährt ein Bus in die Stadt. Sie trägt wieder ihre Beerdigungskluft und sieht aus wie eine fremde, erwachsene Frau, die Wichtiges vorhat.
Heute abend will sie alles erklären. Lisbeth glaubt nicht, daß sich dadurch viel ändern wird. Sie ist so sauer auf Mama wie noch nie. Können Erklärungen da helfen?
Und was soll sie bis dahin anfangen? Lisbeth setzt sich vor ihren Schreibtisch und packt widerwillig die Schulsachen aus.
Jonas stürzt herein. »Mach meine Hose zu«, sagt er. »Der Knopf ist viel zu groß für das Loch.«
»Mach es selbst«, knurrt Lisbeth ihn an. »Hör endlich auf, ein Baby zu sein!«
Das hätte sie besser nicht sagen sollen. Baby ist für Jonas das allerschlimmste Schimpfwort, so etwas

läßt er nicht auf sich sitzen. »Blöde Ziege, doofe Kuh«, keift er, spuckt Gift und Galle und geht wütend auf Lisbeth los. »Du bist überhaupt nicht hübsch«, sagt er. »Du bist . . . klopotthäßlich.«
Das reicht! Lisbeth springt hoch, schnappt ihn, wütend entschlossen, diesen Knirps über ihre Knie zu legen und ihm den Hintern zu versohlen. Das Klingeln des Telefons hält sie leider und glücklicherweise davon ab. Leider, weil sie große Lust auf eine handfeste Prügelei verspürt, und glücklicherweise, weil Lisbeth eigentlich niemanden verkloppen will, der kleiner und schwächer ist als sie selbst.
Sie läßt Jonas abrupt los und droht ihm, daß sie ihn später verprügeln wird; wenn er genauso stark ist wie sie. Aber dann richtig, und dann wird er sich wundern! »Und klopotthäßlich nimmst du zurück, sonst schließe ich dich heute nachmittag ein.«
Sie rennt die Treppe hinunter zum Telefon.
Es ist Annelore, die auf Lisbeth wartet und fragen will, wo sie denn, verflixt noch mal, bleibt.
»Ich kann nicht kommen«, faucht Lisbeth. »Mama ist nicht da, und Jonas braucht einen Babysitter.«
Annelore läßt sich von Lisbeths Faucherei nicht erschrecken. »Dann komme ich eben«, sagt sie. »Bin schon unterwegs.«
Bevor Lisbeth antworten kann, hat Annelore aufgelegt, ist schon unterwegs, wie angekündigt.
Na ja, vielleicht gar nicht das Schlechteste für diesen dämlichen Nachmittag. Mal sehn, was sie zusammen anstellen können.
Lisbeth geht in die Küche, steht unschlüssig herum, überlegt, was sie hier eigentlich will. Dann setzt sie Teewasser auf und sucht im Küchenschrank nach der Tüte mit ihrem Maracujatee.
Teetrinken ist eine neue Masche in ihrer Klasse. Alle trinken Tee, wenn sie sich treffen – Himbeertee und

Sahnetee und Aprikosentee und tausend andere Sorten. Anfangs hat Lisbeth die Nase gerümpft, aber dann bald festgestellt, daß Teetrinken ganz gemütlich sein kann und eine brauchbare Mode ist. Maracujatee ist Lisbeths Lieblingssorte geworden.
Annelore ist erstaunlich schnell da. Sie bringt sogar Schokoladenkekse mit.
Jonas, der sich immer noch mit seiner offenen Hose abmüht, sieht eine neue Chance. »Mach mal eben«, sagt er zu Annelore. »Meine Schwester kann das nicht.«
Annelore macht natürlich. Sie findet Jonas knuffig und hätte gerne auch einen kleinen Bruder!
Mit ihren großen Zwillingsschwestern hat sie nur Ärger, sagt sie immer. Die affen dauernd vorm Spiegel herum, malen sich eimerweise Farbe ins Gesicht und zanken sich um ihre Klamotten. »sie tauschen und tauschen«, erzählt Annelore beim Teetrinken, »und wissen nachher nicht mehr, welches Teil wem gehört.«
Lisbeth kennt die beiden. Marlene und Marion sind sechzehn und waren früher sehr hübsch. Seitdem sie sich anmalen und eine die andere übertrumpfen will, sehen sie aus wie Draculas Töchter. Zum Totlachen oder zum Weglaufen!
»Lissaaa«, sagt Jonas, so langgezogen und einschmeichelnd, daß sie sofort weiß, worauf er hinaus will.
»Läßt du mich nach Mertens? Die kriegen neue Dachpfannen für die Garage. Ich nehme auch alles von eben zurück.«
Lisbeth antwortet, daß er abzwitschern kann, und zwar möglichst zacki, und daß er um vier Uhr zurückkommen soll, und zwar möglichst mit sauberen Klamotten.
»Alles klar«, sagt er großspurig und zieht pfeifend ab. Vorher lächelt er für Annelore sein süßestes Lächeln

und stibitzt blitzschnell zwei Schokoladenkekse. Vom Flur aus steckt er noch einmal grinsend seinen Kopf durch die Tür. »Annelore ist etwas schöner als du.« Dann rast dieses Schlitzohr nach unten, als ob ihm die Polizei auf den Fersen sei.

»Ich glaub ihm kein Wort«, sagt Annelore. »Er will dich nur damit ärgern.« Aber ein bißchen freut sie sich doch. Lisbeth hat schließlich Augen im Kopf!

»Der kann mich nicht ärgern«, sagt sie. »So ein Zwerg, pöh!« Natürlich ärgert sie sich trotzdem. Annelore soll nicht besser aussehen als sie, Lisbeth will mindestens genauso schön sein.

»Du, ich weiß was«, sagte Annelore, »und ich weiß noch was . . .«

So beginnen viele Sachen, die sie erzählt und eigentlich nicht erzählen darf. »Du bist ja keine von diesen Tratschtanten, darum darfst du es wissen«, sagt sie.

Lisbeth ist heute gar nicht sehr scharf auf Neuigkeiten. Ihr Kopf ist sowieso schon randvoll. Bremsen möchte sie Annelore allerdings auch nicht, ein wenig Ablenkung kann nicht schaden!

»Erstens war ich nach der Schule bei Petra«, sagt Annelore, »um ihr die Hausaufgaben zu bringen . . .«

Es folgt eine kleine Pause, die Lisbeth auch nicht viel neugieriger macht. »Na und?« fragt sie lahm. Sie weiß, daß Annelore diese Zwischenfrage erwartet.

»Petra ist gar nicht krank«, kichert Annelore. »Sie hat zum erstenmal ihre Tage und heult deswegen.«

Lisbeth kann darüber nicht kichern. Arme Petra! »Hat ihre Mutter nicht mit ihr alles beredet?« fragt sie.

Annelore hört auf zu kichern und schüttelt den Kopf. »Die weiß es noch gar nicht. Sie kommt erst heute abend vom Büro nach Hause. Und reden tut sie fast nichts mehr, seitdem sie mit Petra allein ist.«

Petras Vater ist vor drei Monaten ausgezogen und

wohnt jetzt in Frankfurt. Bei einer anderen Frau. Petra hat es Lisbeth eine Woche später erzählt und so schrecklich geweint, daß Lisbeth mitweinen mußte. Danach haben sie nie mehr darüber gesprochen, und Petra hat bald wieder angefangen, ihre täglichen Witze zu reißen. Als ob sich nichts verändert hätte!
»Es ist schlimm, wenn einem keiner etwas erklärt«, sagt Lisbeth. »Und wenn man so oft allein ist wie Petra, ist es noch schlimmer.«
»Wußtest du über die Regel Bescheid, bevor es passierte?« fragt Annelore.
Lisbeth nickt. »Klar. Mama hat mit mir ausführlich darüber gesprochen.«
»Meine Mutter wollte den Arzt rufen«, erzählt Annelore und kichert schon wieder. »Wegen der Bauchschmerzen tippte sie auf Blinddarmentzündung. Sie hält mich immer noch für ein Baby, darum hat sie an gar nichts anderes gedacht. Aber Marlene hatte sofort den Durchblick. Sie hat meine Mutter angemotzt, daß sie mich endlich aufklären soll.«
Lisbeth grinst. »Ältere Schwestern können also auch nützlich sein.«
Für spezielle Themen sieht Annelore das auch so – ansonsten wäre sie gerne selbst die Älteste. Außerdem wäre sie sowieso lieber ein Junge, dann müßte sie sich nicht jeden Monat mit dieser lästigen Angelegenheit herumplagen.
»Aber dann könntest du später keine Kinder kriegen«, sagt Lisbeth und äfft Frau Sittig nach: »Schließlich ist die Menstruation ein positives Zeichen dafür, daß sich das Mädchen zu einer gesunden Frau entwickelt.« So hat es die Biolehrerin mit andächtiger Miene im Unterricht ausgedrückt und dann sehr schnell das Thema gewechselt. Kinder möchte Annelore später wohl haben, jedoch kann sie nicht einsehen, daß man dafür schon zehn Jahre vorher seine

Eisprünge machen soll. Jeden Monat wieder!
Lisbeth muß lachen. »Die machst du doch nicht, die geschehen von selbst. Mama sagt, der Körper trainiert jetzt, damit später alles gut funktioniert.«
»Stell dir mal vor«, kichert Annelore, »ich sage vor der nächsten Sportstunde zum Helmes: Ich kann heute nicht turnen, weil ich mein Frauentraining habe. Der springt im Dreieck!«
Alfons Helmes ist ein Sportlehrer, der oft im Dreieck springt und fast nie Entschuldigungen gelten läßt. Er regt sich gerne über *die Schlappheit der Jugend* auf. Mit Disziplin und aufrechter Haltung ist alles zu schaffen, predigt er oft und läuft selbst äußerst diszipliniert und stocksteif durch die Gegend. Dem kann man weder mit »Frauentraining« noch mit einem »verdorbenen Magen« kommen.
»Frauentraining«, murmelt Lisbeth und kriegt einen Lachanfall. Annelore bringt manchmal Klöpse!
»Marion sagt Menses, total affig, meine Mutter Periode«, zählt Annelore nun auf, »und meine Patentante flüstert, sie hat ihre *Schönen*.«
Lisbeth berichtet, was Tante Irene ihr einmal erzählte. Sie hat einige französische Vokabeln für die Regel aufgesagt und anschließend übersetzt: »Meine kleinen Kusinen sind zu Besuch gekommen.« Das sagen natürlich nicht alle Französinnen, aber solche wie Annelores Patentante mit ihren Schönen.
Vor lauter Lachen verschluckt sich Annelore am Maracujatee. »Das hätte ich Petra erzählen sollen«, sagt sie. »Die hätte sich gekringelt über die kleinen Kusinen.«
Das glaubt Lisbeth nicht. Beim erstenmal kann man keine Witze darüber vertragen. Schon gar nicht, wenn man Petra heißt und allein zu Hause ist. Arme Petra! Hoffentlich ist ihre Mutter heute abend gesprächiger als sonst!

Warum machen Erwachsene solche Sachen? Erst heiraten sie, und dann läuft der eine weg, und der Übriggebliebene redet nichts mehr. Kann das in jeder Familie passieren?
Bei uns nicht, denkt Lisbeth. Krischi und Paul gehören zusammen. Auch wenn kein Mensch weiß, was Mama jetzt gerade treibt – abhauen würde sie nie! Und Papa auch nicht.
»Du bist langweilig«, quengelt Annelore. »Du denkst und denkst und glotzt wie ein Fisch.«
»Und du quasselst und quakst wie ein Frosch«, sagt Lisbeth, »ohne zu denken.«
Annelore schnappt ein. »Wenn das so ist, hätte ich gar nicht zu kommen brauchen«, sagt sie beleidigt. »Ich kann ja wieder gehen.«
Aber das will Lisbeth nicht. Dann muß sie stundenlang über Mama nachdenken. Heute abend will sie mit ihr reden, und Lisbeth weiß nicht, worüber. Sie seufzt, möchte ihrem Kopf das Denken verbieten. Wie macht man das?
»Was hast du?« fragt Annelore. »Bist du über irgend etwas sauer?«
»Ja«, sagt Lisbeth heftig. »Ich bin sauer. Aber ich will nicht dran denken und nicht drüber reden.«
Annelore sieht sie unsicher an. »Soll ich gehen oder bleiben?«
»Bleiben natürlich. Frosch und Fisch passen doch gut zusammen!«
»Haha«, sagt Annelore. »Über deine Witze kann man sich kranklachen! Was machen wir jetzt?«
»Du hast gesagt, daß du was weißt und daß du noch was weißt . . . Petra war erstens. Und zweitens?«
Annelore braucht eine Denkpause, bis sie diese Frage kapiert. Dann klickt es offensichtlich. »Es war wirklich mein Vater«, sagt sie stolz. »Er hat den Baron gleich nach der Elternversammlung angerufen. Ist er

super?« »Dein Vater ist super«, antwortet Lisbeth. »Aber meiner hätte das auch getan.«
Diese Bemerkung kann sie sich nicht verkneifen. Annelore soll nicht glauben, daß ihr Vater etwas Einmaliges ist. »Wie hast du herausgekriegt, wer der Anrufer war?«
»Ganz einfach«, sagt Annelore. »Ich hab meinem Vater erzählt, daß der Baron einen neuen Aufkleber an seiner Ente hat. Erst wußte ich nicht mehr, was draufsteht. Zum Glück hatte ich es aufgeschrieben. Als mein Vater das las, hat er sich begeistert die Hände gerieben und meinte: »Damit haben wir die Oberschlauen aus der Schulpflegschaft abgehängt, euer Deutschlehrer ist ein cleveres Bürschchen.«« Und dann war Annelore auch clever. Erstaunlich clever, findet Lisbeth, ein Detektiv hätte es nicht besser machen können. Sie hat ihren Vater überrumpelt und gesagt, daß sie es toll findet, daß er »gesungen« hat.
»Er hat's sofort verstanden«, sagt Annelore, »und zugegeben.«
Kleinlaut fügt sie hinzu: »Ich mußte versprechen, daß ich es keinem erzähle.«
»Ich habe nichts gehört«, beruhigt Lisbeth sie. »Ich bin absolut taub.«
»Das paßt sich gut«, flüstert Annelore. »Ich kann nämlich nicht sprechen.« Sie preßt ihre Lippen zusammen und guckt Lisbeth mit todernstem Gesicht an.
Die ist gespannt, wie lange sie das aushält. Wahrscheinlich nicht mal eine Minute. Sie kennt doch Annelore, beobachtet genau deren Mimik. Erst kriegt sie Lachaugen, anschließend gnichelt sie vor sich hin, und schon ist es mit Annelores Sprachlosigkeit vorbei. »Ich weiß genau, daß du nie etwas weitererzählst«, sagt sie. »Das finde ich total gut.«
Lisbeth wird ein bißchen verlegen, weil Annelore sie

dabei richtig anhimmelt. So toll ist sie nun auch wieder nicht. Sie hat einfach keine Lust, über alles zu reden.
»Ich muß immer alles sagen, was ich weiß und was ich denke«, sagt Annelore. »Es zwickt und juckt mich so lange, bis es raus ist, und anschließend ärgere ich mich oft.«
»Damit mußt du leben«, sagt Lisbeth und grinst. »Entweder oder!«
»Entweder oder was?« wiederholt Annelore verständnislos.
»Entweder du läßt es jucken und sagst nur das, was du sagen willst, oder du erzählst alles und hast ab und zu Ärger.«
»Ich glaube, du bist schlauer als ich«, sagt Annelore. »Du redest oft wie ein Genie. Und du denkst so viel und kannst manchmal sogar Gedanken lesen. Aus dir wird bestimmt eine Professorin oder so was.«
»Quak, quak, quak«, sagt Lisbeth, obwohl sie sich sehr geschmeichelt fühlt.
Und jetzt will sie Annelore auch etwas erzählen! »Ich fahre eine Woche mit Tante Irene nach Sylt. Ich freu mich wahnsinnig!«
Das kann Annelore verstehen. Mit so einer Patentante! Und ausgerechnet nach Sylt . . . Annelore kennt fast alle Nordseeinseln. Ihre Eltern haben sie mit ihr und den Zwillingen viele Jahre abgeklappert. Jeden Sommer eine andere. Seit zwei Jahren fahren sie jedoch alle zusammen in den Süden, weil Marlene und Marion in den Nordseestreik getreten waren. »Die kriegen immer ihren Willen«, sagt Annelore böse. »Sie sind immer die Mehrzahl.«
Nicht schon wieder das Schwesternklagelied! Das erinnert Lisbeth an Jonas, der auch immer alle Leute herumkriegt. Sie will hören, wie es auf Sylt ist.
»Sehr windig«, sagt Annelore, »aber ganz toll.« Und

sie erzählt von Dünenrutschpartien, vom Wellenreiten und von Krabben, die man frühmorgens ganz frisch am Kutter kaufen kann, und vom Minigolfplatz in Westerland, auf dem sie jedes Spiel gegen Marlene und Marion gewonnen hat.
Lisbeth ist froh, daß Annelore da ist. Es macht Spaß, über Sylt zu reden! Das ist überhaupt das beste Thema des Tages. Nur noch zwei Wochen! Jippii!
Leider will sich Annelore nicht stundenlang über Sylt unterhalten. Weil sie ja nach Spanien fahren muß, wegen ihrer bekloppten Schwestern. Am liebsten möchte sie, daß Petra mitfährt. Ob sie mal mit ihren Eltern darüber reden sollte? Vielleicht geben sie schlicht und einfach ihre Zustimmung, ohne Heckmeck und lange Familiendiskussion. »In der spanischen Ferienwohnung sind genug Schlafgelegenheiten«, schließt Annelore.
»Petra ist so klein und dünn«, sagt Lisbeth, »sie würde notfalls auch in eine Schublade passen. Ich wünsche ihr, daß sie mitfahren kann. Deine Mutter kocht doch so gerne und sucht immer jemanden, der sich füttern läßt. Sie darf Petra aufpäppeln, und Petra kann sich von ihren Eltern erholen.«
Annelore hatte mit ihrer Idee bisher nur geliebäugelt. Nun will sie Ernst machen. Sie überlegt, ob Petras Mutter wohl einverstanden sein wird und was die Zwillinge sagen werden. »Es muß gehen«, sagt sie energisch. »Ich will auch einmal meinen Willen kriegen.«
Zunächst muß sie ihre Eltern überzeugen. Die können anschließend mit Petras Mutter reden, und Petra will sie dann selbst überraschen. Mensch, die wird radschlagen!
Marlene und Marion sollen es erst erfahren, wenn alles klar ist. Die würden vorher nur alles stoppen, mit ihren endlosen Diskussionen. »Sie wollen immer Fa-

milienkonferenzen abhalten und diskutieren und diskutieren, bis sie ihre Meinung durchgesetzt haben«, stöhnt Annelore. Diesmal will sie die beiden hereinlegen, alles einfädeln und festmachen, damit es nichts mehr zu diskutieren gibt.

Sie ist richtig besessen, will sofort nach Hause und loslegen. Lisbeth soll alle Daumen drücken.

Nachdem Annelore verschwunden ist – abzischte wie ein Rennfahrer mit Düsenantrieb –, bringt Lisbeth das Teegeschirr in die Küche. Eigentlich müßte sie jetzt spülen. Mama legt großen Wert darauf, daß die Küche nachmittags aufgeräumt bleibt.

Wie spät mag es inzwischen wohl sein? Sechzehn Uhr fünfzehn, stellt Lisbeth fest. Mama ist nicht in Sicht und Jonas natürlich auch noch nicht. Klarer Fall. Wie die Mutter, so der Sohn. Niemand in dieser Familie hält sich an Abmachungen. Grrr!

Zum Spülen hat Lisbeth keine Lust. Alle anderen amüsieren sich ja schließlich auch. Jonas mit Heiner Mertens und Dachpfannen und Mama mit irgendwas und irgendwo.

Sie holt ihren Krimi und sucht sich neben dem Haus einen gemütlichen Rasenfleck zwischen den Büschen. Von hier aus hat sie die Straße im Blick und kann selbst nicht gesehen werden.

Lesen ist eine wunderbare Erfindung! Besonders für Zustände, in denen man warten muß oder Kummer hat oder überhaupt nicht mehr weiß, was mit einem los ist. Man bleibt, wo man ist, und kann doch abhauen. Wenigstens inwendig. Papa sagt manchmal: »Wenn Lisbeth liest, ist sie weg von der Welt, nicht mal ein Erdbeben könnte sie stören.« Das ist natürlich stark übertrieben, doch ein bißchen wahr ist es auch.

Nur heute nicht. Lisbeth liest zwar Seite um Seite, aber sie ist weder außen noch innen bei Hitchcocks

Geschichte. Sie wartet auf das Stöckelschuhklickern von Mama, macht sich Sorgen und weiß nicht, warum und weshalb.
Mama hat gesagt, daß sie in zwei Stunden zurückkommt. Die sind längst überschritten! Unpünktlichkeit ist ihre neueste Masche und noch kein Grund für Sorgen. Sie wird schon kommen. Und dann will sie reden. Na und? Lisbeth braucht ja nur zuzuhören. Ich sage keinen Ton, denkt sie, aus mir kriegt Mama nichts raus. Schließlich hat sie die ganze Woche gelogen und sich nicht einen Fatz um mich gekümmert. Noch nicht mal für Sylt hat sie sich richtig interessiert, nur für ihre dämlichen Termine. Und natürlich für Jonas!
Hoffentlich ist der noch bei Mertens. Wenn er verschwunden ist, dreht Mama durch.
Lisbeth ist sehr unruhig, ihre Gedanken sind wie lästige Fliegen, die um einen herumschwirren und sich nicht verscheuchen lassen. Und sie hat seltsame Ahnungen im Bauch. Irgend etwas passiert heute noch! Solange Annelore da war, hat sie Mama und ihren Mistkram fast vergessen, aber jetzt muß sie denken und warten und kann nichts machen.
Als ein Auto vor Stratos Haus hält, späht Lisbeth durch die Büsche. Ein silbergrauer BMW? Sie kennt keinen, der solchen Schlitten besitzt. Daß sie die Autotypen überhaupt auseinanderhalten kann, verdankt sie Jonas. Der kennt alle Automarken.
Bis jemand aussteigt, vergehen einige Minuten.
Dann hält Lisbeth die Luft an. Es ist *Mama*! Und auf der Fahrerseite steigt ein Mann aus, geht um den Wagen herum und spricht noch mit ihr! Ein Ekelmann, mit Schlips und in einem Anzug, der die gleiche Farbe wie sein Protzauto hat.
Wer ist dieser Typ? Reich sieht er aus und ziemlich affig. Was hat Mama mit *dem* zu tun?

Jetzt lachen die beiden und verabschieden sich mit Händeschütteln. Lisbeth hört deutlich, daß der Mann »bis nächste Woche« sagt, bevor er in seinen Straßenkreuzer steigt und losbraust. Mama stolziert über den Bürgersteig und verschwindet im Vorgarten.
Lisbeth kriegt Bauchschmerzen, weiß nicht, was sie tun soll. Mama wird sie gleich suchen, erst im Haus, dann im Garten. Anschließend wird sie wahrscheinlich auf der Straße nach Jonas und Lisbeth rufen. Vor allem nach Jonas.
Lisbeth will Mama jetzt auf keinen Fall sehen, und schon gar nicht mit ihr reden. Erst mal muß sie gründlich nachdenken.
Dieser BMW und der Mann bedeuten etwas Wichtiges. Sie weiß nur noch nicht, was. Irgendwo hakt es in ihrem Kopf.
Nichts wie weg hier! Soll Mama sich ruhig um Jonas sorgen. Sie hat es nicht besser verdient. Und weit ist er ja nicht, sie wird ihn bei Mertens schon finden.
Lisbeth legt das Buch ins Gras, schleicht zu ihrem Rad vor der Garageneinfahrt. Sie trägt es geräuschlos auf den Bürgersteig und noch ein Stück weiter, bevor sie es aufschließt und losfährt.
Ohne zu überlegen, wohin sie denn will, saust sie in Richtung Mühlenbachtal. Bei Mertens guckt sie nicht mal zur Seite. Nur weg will sie, schnell weg – für alle unsichtbar sein.
So blind ist sie noch nie durch die Felder gefahren, und so schnell war sie noch nie am Mühlenbach.
Dort setzt sie sich ans Ufer, versucht, wieder gleichmäßig zu atmen und ihre Gedanken zu sortieren.
Wovor oder vor wem ist sie eigentlich abgehauen?
Sie hat ein Loch im Gehirn oder einen Knoten, kann nicht vernünftig überlegen, sondern sieht nur Mama und diesen fremden Mann vor sich. Lachend und händeschüttelnd. *Bis nächste Woche*, hämmert es in

Lisbeths Kopf, *bis nächste Woche . . . nächste . . .*
Plötzlich platzt der Knoten.
Mama trifft sich schon die ganze Woche mit einem anderen Mann!
Der geheimnisvolle Brief, die Termine, ihr »Programm«, die neue Frisur und die eleganten Klamotten – alles paßt plötzlich zusammen. Wie die Teile zu einem Puzzle.
Mama hat einen Freund, oder wie man das nennen soll. Wer weiß, wie lange schon. Vielleicht schon, seitdem sie verkündet hat, daß sie nicht nur Mama ist, sondern auch noch Christine.
*Ein Verhältnis,* sagen die Erwachsenen. *»Einen Kotzbrocken«,* sagt Lisbeth laut. »Verglichen mit Papa ist er ein Kotzbrocken!«
Und Jutta weiß Bescheid, hat Mama bei ihren Lügereien unterstützt und sie abgeholt, damit keiner etwas merkt. Sie hat auch schon den zweiten Mann, sie weiß ja, wie man so etwas macht.
Wie man *was* macht?
Was auch Petras Vater gemacht hat. Ausziehen, woanders einziehen und die Scheidung einreichen!
Lisbeth heult los bei diesen Gedanken. Sie weint nicht, sie heult – kann nichts dagegen tun.
Sie haßt Mama und diesen Ekelmann und Jutta und Petras Vater. Mit diesen Leuten will sie nie wieder etwas zu tun haben. Die sind gestorben für Lisbeth!
Sie heult Rotz und Spucke. Vor Zorn, Wut und Empörung.
Sie heult wie noch nie!
Am Mühlenbach hört sie ja keiner . . .
Anschließend fühlt sie sich kaputt, müde und traurig.
Und leer.
Was soll werden, wenn alles so ist?
Ist es überhaupt so, oder sieht sie Gespenster?
Mama wollte heute mit ihr reden, erklären, warum

sie dauernd unterwegs war. Wollte sie mitteilen, daß sie einen anderen Mann hat?
War sie mit der Sylt-Woche nicht einverstanden, weil sie bis dahin schon ausziehen will?
Lisbeth denkt an vorgestern, sieht ihre Eltern engumschlungen im Hausflur stehen. Das Bild vom Liebespaar Paul und Krischi paßt nicht ins Puzzle. Mama kann doch nicht gleichzeitig zwei Männer lieben!
Lisbeth will nie wieder eifersüchtig sein. Wenn es nur keinen anderen Mann gibt!
Wenn nur alles ein Spuk ist!
Sie phantasiert eben gerne, hat Mama früher entschuldigend gesagt, wenn die Erzieherin im Kindergarten sich beklagte, daß Lisbeth von Sachen erzählte, die es gar nicht gab. Vielleicht stimmt das ja immer noch, vielleicht phantasiert sie jetzt auch.
Mama kann doch nicht einfach abhauen! Sie gehört zu Papa und zu Jonas. Und auch zu Lisbeth. Sie will tot umfallen, wenn sie nicht alle zusammenbleiben!
Aber das hat sich Petra vor drei Monaten auch gewünscht. Und sie lebt immer noch, spielt schon lange wieder den Klassenclown.
Lisbeth fühlt sich elendig. Kotzmiserabel. Wenn Papa doch da wäre! Sogar Jonas wäre jetzt besser als keiner. O Jonas! Er ist noch so klein, daß nur Dummheiten in seinen Kopf passen, und Witze und Rätsel und ein bißchen Angst vor harmlosen Blitzen. Er ahnt nicht, was einer Familie alles passieren kann.
Für Jonas ist immer alles in Ordnung. Er himmelt die Erwachsenen an und glaubt noch, daß Mama und Papa alles können und alles wissen – daß immer alles so bleibt, wie es ist.
Früher hat Lisbeth das auch geglaubt. Aber das ist mindestens zwanzig Jahre her. *Nichts* ist sicher! Man weiß nie genau, was gerade oder im nächsten Augenblick geschieht.

Sie muß sofort wissen, was wirklich mit Mama los ist. Sonst wird sie verrückt. vielleicht ist sie das schon. Woran merkt man, daß einer verrückt ist? Sie hat keine Ahnung. Sie hat auch keine Ahnung, wie lange sie schon hier unten hockt, keine Ahnung, wie lange es die Familie Strato noch gibt, keine Ahnung, was sie tun soll, um nicht verrückt zu werden. Keine Ahnung, keine Ahnung!
Kann sie nicht einfach nach Hause fahren und Mama fragen, was Sache ist?
Unmöglich! Wenn alles stimmt, wird sie vielleicht sterben. Sterben will sie nicht. Auf keinen Fall!
Und wenn alles nicht stimmt? Dann – dann wäre nie wieder etwas richtig schlimm. Dann dürfte Jonas auch bleiben, wie er ist, dann will sie auf ihn aufpassen bis an ihr Lebensende. Das schwört sie! Wenn nur Mama nicht . . . Lisbeth zuckt erschrocken zusammen.
Weit oben vom Feldweg her hört sie Gehupe und undeutliches Gekreische.
Ein Blick nach hinten genügt. Gleich kriegt sie Krämpfe! Heiner Mertens mit seinem Rennrad und ihrem Bruder vorne auf der Stange!
Jonas hupt und schreit Lisbeths Namen.
Sie springt hoch, geht noch näher zum Wasser, beugt sich hinunter und bearbeitet mit beiden Händen und Mühlenbachwasser ihr Gesicht. Sie muß ja grauenvoll aussehen! So will sie Heiner nicht unter die Augen kommen, und Jonas auch nicht.
Pfui Teufel, was für ein versautes Wasser. Aber lieber verdreckt aussehen als verheult und verrückt!
»Lisbeth«, schreit Jonas, »du sollst sofort nach Hause kommen! Mama sucht dich!«
Er und Heiner sind schon fast auf der Wiese. Die beiden steigen nicht einmal ab, fahren laut hupend durch das hohe Gras weiter.

Lisbeth wünscht sich weit weg – am besten bis nach Australien. Unsichtbar sein oder ohnmächtig werden würde auch schon genügen. Warum muß Jonas diesen verflixten Heiner mitbringen?
Mist, Mist, Mist!
Und dann verliert sie das Gleichgewicht, platscht kopfüber in den Mühlenbach, so lang wie sie ist. Ein unbeabsichtigter Kopfsprung, der zum lächerlichsten aller Bauchklatscher ausartet. So ein saublöder Mist! Und die beiden hinter ihr lachen sich krank! Vor allem Jonas.
Lisbeth rappelt sich hoch und möchte am liebsten schon wieder losflennen. Was soll heute eigentlich noch alles passieren? Ist nicht alles schon schlimm genug?
»Mama hat eine Stelle«, kreischt Jonas ihr jetzt zu. »Wir wollen heute abend griechisch essen gehen. Du sollst sofort kommen.«
Lisbeth bleibt stehen, kann sich nicht von der Stelle rühren. So muß man sich fühlen, bevor einen der Schlag trifft! *Was* sagt er?
Jonas ist total aus dem Häuschen. »Wir feiern heute. Und ich kriege von Mamas erstem Lohn ein Fahrrad. Weil du ja schon eins hast. Ätschi, bätschi!«
»Von Mamas erstem *Lohn*?« fragt Lisbeth ziemlich blöd. Entweder ist Jonas verrückt oder sie!
Sie steigt ans Ufer, geht drohend auf Jonas zu. »Sag sofort, was los ist. Sonst schmeiße ich dich in den Mühlenbach.«
Heiner Mertens glotzt sie an. Aber das ist ihr piepegal. Sie muß sofort wissen, was Sache ist.
»Du bist schwerhörig«, wiehert Jonas, »und plitschenaß und saudreckig.«
Haha. Das muß ja witzig sein! Lisbeth könnte ihm den Hals umdrehen – statt dessen versucht sie, ihn zu hypnotisieren.

Er hört auch tatsächlich mit seinem schadenfrohen Gelächter auf. »Mama hat einen Job im Gymnasium im Büro«, sagt er. »Ich glaube, von Jutta. Kannst sie selber fragen.«
Diesmal versteht Lisbeth wirklich, was er gesagt hat. Auch Heiners Kommentar geht sofort in ihren Kopf.
»Sir Henry hat sie heute nachmittag nach Hause gebracht«, sagt er. »Als sie bei uns vorbeifuhren, ist meinem Vater eine Dachpfanne aus der Hand gefallen, weil deine Mutter in diesem Silberschlitten saß. Er ist ganz heiß auf teure Autos.«
Mertens Fritz interessiert Lisbeth nicht die Bohne, aber . . . »Wer ist Sir Henry?«
»Herr Henrichs«, antwortet Heiner, »unser Schulleiter. Sir Henry ist unser Kosename für ihn, weil er nur in Edelfetzen herumläuft. Er ist ein kolossaler Dandy, aber ansonsten ganz brauchbar.«
O Mann! Dieser Igelkopf!
Lisbeth mochte ihn noch nie so gerne wie in diesem Augenblick. Nicht nur wegen seiner Ausdrücke, sondern weil sie jetzt alles versteht. *Alles!*
Was war sie doch für eine blöde Kuh. Diese ganze verflixte Woche war ein Alptraum, ein Spuk. Mehr nicht! Lisbeth war total auf dem Holzweg.
Mama hat keinen anderen Mann und auch sonst nichts zu verbergen. Sie hat einen Job und einen Chef. Mehr nicht!
Warum zum Kuckuck hat Mama nichts davon gesagt? Sie hat eine Meise oder einen Specht, aber sie ist keine schreckliche Mutter und auch keine, die abhauen will. O Mama!
Lisbeth reißt sich zusammen.
Vor Heiner Mertens kann sie doch nicht Jippii schreien und radschlagen oder so was. Der würde sie ja für übergeschnappt halten.
Und wie sie aussieht! Mama kriegt sicher gleich einen

Anfall. »Worauf wartet ihr noch?« fragt Lisbeth, während sie ihr Fahrrad schnappt und an Jonas und Heiner vorbeistapft. Bei jedem Schritt quatscht Mühlenbachbrühe aus ihren Schuhen. Igitt – wie schön! Sie kann nicht verhindern, daß sie loskichert und einen Schluckauf kriegt. Wenn die beiden wüßten!

Was sie sich alles zusammenphantasiert hat, wird sie keinem Menschen erzählen. Niemals! Es ist einfach zu blöd.

Sie ist kein Genie, und sie will ab sofort jede Art von Spurensicherung gescheiteren Leuten überlassen. Den Einsteins und Zweisteins und ähnlichen klugen Köpfen.

Sie kichert und kämpft mit ihrem Schluckauf und rast den Feldweg hoch, als ob er bergab führe. Nach Heiner und Jonas schaut sie sich nicht ein einziges Mal um. Die sind ihr schnuppe!

Mama steht in der Haustür, in ihrer »Sir-Henry-Kluft« und mit Sorgenfalten. Als sie Lisbeth entdeckt, kommt sie eilig zur Straße. »Endlich«, sagt sie aufatmend. »Ich habe mir schreckliche Sorgen gemacht.«

Lisbeth kann sie beruhigen. »Jonas kommt gleich. Mit Heiner«, sagt sie.

Das interessiert Mama gar nicht. Aber wo *Lisbeth* so lange gewesen ist, will sie wissen, und warum sie keinen Zettel geschrieben hat, und warum um Himmels willen sie denn *so* aussieht. Jonas hätte sie ja vom Auto aus bei Mertens gesehen, sagt sie, doch nach Lisbeth habe sie lange gesucht. Weil kein Zettel dalag, und weil weder Annelore noch Petra etwas wußten, und weil das Fahrrad verschwunden war und das Buch im Gras lag, obwohl Lisbeth doch nie ein Buch draußen herumliegen läßt . . . Und heute mittag dieser Wutanfall und und und . . .

Mama redet sehr wirr, Lisbeth kann ihr kaum folgen. Klar ist jedenfalls und gleichzeitig sehr erstaunlich, daß sie sich schrecklich um Lisbeth gesorgt hat und daß sie überhaupt nicht sauer ist. Ganz im Gegenteil. Sie freut sich wahnsinnig, sagt sie, daß Lisbeth endlich auftaucht.

Nachdem sie sich ein wenig beruhigt hat, mustert sie ihre Tochter von oben bis unten und fragt kopfschüttelnd: »Mühlenbachschmier?«

Lisbeth nickt, guckt grinsend auf ihre verdreckten Klamotten und fühlt sich sauwohl.

»Egal, was dahintersteckt«, sagt Mama. »Hauptsache, dir ist nichts passiert. Raus aus dem nassen Kram und ab unter die warme Dusche.« Sie wird sehr energisch, will auf keinen Fall, daß Lisbeth morgen mit einer Lungenentzündung im Bett liegt. Und reden können sie gleich stundenlang, meint sie, schließlich habe sie auch einiges zu berichten.

»Ich weiß schon das Wichtigste«, sagt Lisbeth. »Und daß wir gleich essen gehen, finde ich grandios. Wo ist Papa eigentlich?«

»Er läuft«, antwortet Mama mit komisch verdrehten Augen. »Ich habe ihn mit meinen Neuigkeiten und meinen Sorgen um dich verrückt gemacht, behauptete er und meinte, er müsse sich dringend abreagieren. Er kommt sicher gleich, und wenn Jonas auch aufkreuzt, können wir bald starten.«

Wenn man vom Teufel spricht, ist er ganz in der Nähe. Heiners Hupe ist nicht zu überhören.

Lisbeth kratzt die Kurve. Die beiden haben genug über sie gelacht. Obwohl – Heiner war ja noch ganz anständig. Die größte Schadenfreude hat Jonas vom Stapel gelassen. Dieser Zwerg! Wie oft lag der schon im Dreck!

Unter der Dusche summt Lisbeth vor sich hin. Eine Melodie, die sie eigentlich nicht kennt, irgendwelche Notenfetzen, die Jonas immer auf seiner Blockflöte spielt. Das warme Wasser ist himmlisch.

Überhaupt, alles ist kolossal himmlisch, zum Radschlagen!
Letzteres geht leider unter der Dusche nicht, aber Rumsummen hilft auch, wenn man vor Freude platzen könnte.
Lisbeth zieht ihre beste Jeans an und ihr Lieblings-Sweatshirt. Ins linke Ohr kommt der größte und schönste Ohrring, den sie besitzt, ein Mitbringsel aus Paris von Tante Irene.
Papa, eben eingetroffen, will das Badezimmer sofort für sich allein. Dieser eitle Mensch setzt Lisbeth einfach vor die Tür. Nebenbei staunt er, wie schnell sich doch ein häßliches Mühlenbachentlein in einen schönen Schwan verwandeln kann.
Daraus schließt Lisbeth, daß Mama gepetzt, vielleicht sogar ihre versauten Klamotten hergezeigt hat. Und wenn schon! Heute kann Lisbeth nichts mehr erschüttern.
Er wird sich beeilen, verspricht Papa, damit sie endlich die Neuigkeiten begießen können.
Eine Viertelstunde später sind alle Stratos piekfein.
Mama ist die Schönste. Die Lady-Garderobe konnte sie nicht mehr ertragen, die hat sie vertauscht mit weißer Baumwollhose, buntgestreiftem Pulli und flachen, roten Sandalen. Einen Teil ihrer Locken hat sie mit zwei roten Kämmchen irgendwie witzig am Hinterkopf befestigt. So sieht sie zehn Jahre jünger aus und eher poppig als kitschengelig.
Wie ein Mensch fühlt sie sich jetzt wieder, sagt sie, und so sieht sie auch aus.
Jonas duftet nach Baby. Mama hat ihn unter der Gästedusche abgeschrubbt, in saubere Sachen gesteckt und anscheinend vorher in einem Pfund Creme gewälzt.
Papa hat seinen Anzug an und ein weißes Oberhemd mit Krawatte. Er sieht tipptopp aus, also ob er nie et-

was anderes trägt. Wie Sir Henry, denkt Lisbeth, nur viel besser, und er ist kein Sir, sondern ein *Misjö*. Wieso weiß sie nicht, auf jeden Fall paßt das Sir nicht zu ihrem Pa, der im Anzug immer einen leicht tänzelnden Gang kriegt. *Misjö* Belmondo, grinst Lisbeth inwendig und überlegt, wie man das schreibt. Monsieur oder so ähnlich . . . Zum letzten Hochzeitstag von Mama und Papa hatte Tante Irene eine Karte aus Frankreich geschickt: »Monsieur und Madame Strato noch viele glückliche gemeinsame Jahre.«
Lisbeth weiß noch genau, daß diese Karte in einen dicken Samstagmittagfamilienkrach platzte. Papa wollte nachmittags einem Arbeitskollegen beim Tapezieren helfen, und Mama warf ihm sämtliche Sachen an den Kopf, die er statt dessen lieber zu Hause erledigen sollte. Als der Briefträger Tante Irenes Karte brachte, waren sie beide geschockt. An ihren Hochzeitstag hatten Madame und Monsieur nämlich nicht gedacht! Papa sagte sofort seinem Kollegen ab, besorgte Blumen und Sekt, und Mama vergaß natürlich alle unerledigten Reparaturen. Das Wochenende war gerettet, und Paul und Krischi waren mal wieder ein Turtelpaar.
So sehen sie auch heute abend beim Griechen aus, und noch nie war Lisbeth so froh darüber! Nie und niemals will sie einen von ihnen hergeben. Sie sind zwar beide ein bißchen verrückt, aber die einzigen Eltern, die sie haben möchte.
Wenn Lisbeth daran denkt, was für einen Haufen von Blödsinn sie heute nachmittag zusammenphantasierte, kriegt sie noch nachträglich Gänsehaut. Wie konnte sie nur so blöd sein! Nur, weil Mama Geheimnisse hatte!
Von denen will sie nun endlich erzählen. Nur in Stichworten für Lisbeth und Jonas, wie sie sagt. Einen Vortrag hat sie ja schon für Papa gehalten!

Also: Juttas Schwägerin arbeitet seit ewigen Zeiten im Schulsekretariat des Gymnasiums. Normalerweise würde sie in zwei Jahren Rentnerin. Nun soll sie aber möglichst bald in eine Herzklinik wegen einer größeren Operation. Sie hat Jutta gesagt, daß sie danach den vorzeitigen Ruhestand beantragen wird und ihre Stelle schnell neu besetzt werden muß. Und ob das denn nichts für Jutta sei, hat sie gefragt. Die war sofort begeistert, hat Mama informiert und mit ihr einen gemeinsamen Schlachtplan entworfen. Jutta suchte nämlich, genau wie Mama, schon länger eine Halbtagsstelle. Also haben sie sich zu zweit um eine Ganztagsstelle beworben und haben gekämpft und gekämpft und gewonnen.

»Und jetzt bist du mit Jutta verkracht, weil du gewonnen hast?« fragt Jonas. Er hat überhaupt nichts kapiert. Sein Gehirn muß noch wachsen, alles muß man ihm haarklein erklären.

Lisbeth tut es für Mama. »Sie haben beide gewonnen. Mama arbeitet zum Beispiel vormittags, Jutta nachmittags. Zwei halbe Sekretärinnen sind zusammen eine ganze Sekretärin.«

»Genauso ist es«, lacht Mama. »Aber das konnten die Herren im Schulamt, im Rathaus und der Schulleiter Herr Henrichs zunächst auch nicht kapieren. Sie wollten eine, nicht zwei.«

»Und dann habt ihr mit denen gekämpft?« fragt Jonas ungläubig.

O Mann! Was für Kämpfe stellt der sich wohl vor? Daß Mama und Jutta mit Pfeil und Bogen ins Rathaus gezogen sind? Oder mit Herrn Henrichs Boxkämpfe veranstaltet haben?

Lisbeth kichert und erntet dafür einen bösen Bruderblick. So dumm ist er nun auch wieder nicht. Wenn er ausgelacht wird, ist er ein Schnellmerker.

Mama erklärt ihm geduldig, wie sie gekämpft haben.

Mit Briefen und Reden und Diskutieren.
»Und Beerdigungsklamotten«, fügt Lisbeth frotzelnd hinzu. Weil Jonas so stur bleibt, sagt sie es für ihn noch deutlicher. »Statt Boxhandschuhe mitzunehmen, haben Jutta und Mama sich so angezogen, wie alle in den Büros herumlaufen. Verstehst du?«
Er nickt, aber er sieht nicht so aus, als ob er irgend etwas von diesen Dingen begreift. Eher so, als ob er gleich einschlafen wird. Offensichtlich hat er genug über dieses Thema gehört, solche Kämpfe interessieren ihn nicht.
Papa inzwischen auch nicht mehr. Er spricht von einem Loch in seinem Bauch und schielt nach der netten Griechin, ob sie noch nicht das bestellte Essen holt.
Lisbeth weiß auch erst mal genug, den Rest kann sie sich selbst zusammenreimen. Der Brief am Montag, die neue Frisur, die Höhle des Löwen, alles, fast alles ist klar. Nur eine Sache beschäftigt sie noch, obwohl sie auch dafür die Lösung schon ahnt.
*Warum* hat Mama alles so geheimgehalten?
Bei dieser Frage wird Mama verlegen. Papa schmunzelt mit ein wenig Spott in den Mundwinkeln.
Aha! Mamas Marotten!
Lisbeth hat richtig vermutet. Mama hat doch tatsächlich geglaubt, daß sie die Stelle eher bekommt, wenn sie nicht drüber redet. Wie bei den Sternschnuppen-Wünschen.
Für die früheren Bewerbungen haben alle die Daumen gehalten, sagte sie, immer vergeblich. Diesmal hat sie sich den Job gewünscht und gewünscht, keinem etwas verraten, und diesmal hat es geklappt!
»Weil es ja einmal klappen mußte«, sagt Papa, »nach so vielen Versuchen.«
»Weil ihr gekämpft habt«, sagt Lisbeth. »Ist doch ganz klar, kämpfen hilft. Sonst nichts.«

Mama widerspricht beiden nicht, macht ein Werweiß-das-schon-Gesicht.
Und Jonas sagt: »Pottegal, warum es geklappt hat. Hauptsache, ich kriege endlich ein Fahrrad.«
Recht hat er, obwohl sein Fahrrad natürlich nicht die Hauptsache ist. Aber das behält Lisbeth für sich. Er ist noch zu klein und ahnungslos, um Haupt- und Nebensachen zu unterscheiden!
Beim Essen sitzt Jonas wie eine Eins, plagt sich mit Messer und Gabel und achtet angestrengt darauf, daß er nichts über den Tellerrand schiebt. Einen Kinderteller wollte er auf keinen Fall, Mama durfte nicht einmal sein Fleisch zerkleinern. Sogar Oliven und Peperoni schiebt er tapfer in sich hinein, er verzieht keine Miene dabei.
So übel ist er gar nicht, denkt Lisbeth, vielleicht wird doch noch etwas aus ihm. Sie ißt absichtlich langsam, damit er nicht eine Stunde nachessen muß.
Paul und Krischi sind nämlich schon fertig, obwohl sie die größten Portionen hatten. Sie sind ziemlich albern und mit Turteln beschäftigt. Und mit Rotweintrinken und der schwierigen Frage, wer denn auf Mineralwasser umsteigt und das Auto nach Hause fährt.
Mama darf weitertrinken, weil sie heute die Hauptperson ist und weil Papa sie »so süß findet«, wenn sie ein bißchen beschwipst ist.
Lisbeth hat sicher auch einen Schwips. Sie fühlt sich himmlisch, aber nicht vom Rotwein, sondern von zwei Gläsern Cola und anderen Dingen.
»Unser Vater ist albern«, sagt sie leise zu Jonas, »unsere Mutter ist abergläubisch, und beide zusammen sind kolossal grandios.«
Jonas nickt nur, kaut an seinem letzten Happen und plumpst dann erleichtert zurück auf die Sitzbank. Er hat es geschafft, er war ein tapferer Junge. Nun kann er sich wieder auf etwas anderes konzentrieren.

»Lisbeth, weißt du, was heute das Allerbeste war?«
»Das Essen?«
»Nee«, sagt er. »Das war Arbeit. Aber am Mühlenbach war es superwitzig. Als du ins Wasser gefallen bist.« Er fängt an zu lachen, als ob es gerade jetzt erst passierte. Dieser Giftzwerg!
Richtig ärgern kann er Lisbeth jetzt trotzdem nicht. Er soll ihr nur erklären, *was*heute nachmittag so superwitzig gewesen ist. Immerhin war Heiner ja auch dabei. Was der wohl gedacht hat?
»Dein Bauchklatscher sah zu blöd aus«, grinst Jonas, »aber am schönsten war es hinterher, weil du so dreckig warst wie noch nie. Dabei sagt Mama immer, ich soll mir ein Beispiel an dir nehmen.« Er lacht lauthals los.
Lisbeth hat eine Erleuchtung und versteht plötzlich, warum er solch einen Heidenspaß hat: Immer ist *er* das Ferkel gewesen, immer verzapft *er* den Unsinn, nie seine große Schwester! Und Mama sagt, daß er sich *ein Beispiel nehmen* soll? In Lisbeths Anwesenheit hat sie das noch nie gesagt, aber Jonas hat's bestimmt nicht erfunden. Solche Sachen sind schrecklich. Pfui Teufel! Warum reden Erwachsene so einen Stuß?
Armer, kleiner Ömmes, denkt Lisbeth und freut sich, daß der arme kleine Ömmes vergnügt und schadenfroh aussieht.
Mama und Papa wollen wissen, warum Jonas so lacht und Lisbeth so grinst. Sehr erstaunlich, daß sie ihre Kinder noch bemerken. Eben hat Lisbeth noch gesehen, wie sie sich küßten. In einem öffentlichen Lokal! Ein Glück, daß jeder Tisch in einer Nische versteckt ist. Nicht, daß Lisbeth küssende Eltern nicht mag, aber es müssen ja nicht unbedingt hundert Leute dabei zuschauen!
Sie hypnotisiert Jonas und kneift ihn gleichzeitig un-

ter dem Tisch ins Knie. Er soll jetzt auf keinen Fall etwas von der Mühlenbachgeschichte sagen!
»Ich hab einen Witz erzählt«, schwindelt sie schnell und hofft auf die Hilfe ihres Bruders.
Der ist auf Draht, hat sofort Lisbeths Befehl verstanden und nickt grinsend.
Papa und Mama wollen mitlachen, Lisbeth soll den Witz noch einmal erzählen.
Heilige Peperoni – woher soll sie so schnell einen Witz nehmen? Sie kennt doch überhaupt keinen . . .
Jonas ist ein Blitzmerker. Er legt schon los: »Sie hat gefragt, ob ich weiß, warum die Hühner ihre Eier *legen.*« Er kichert, weil Mama und Papa die Antwort nicht kennen und Lisbeth ihm unter dem Tisch dankbar das Knie krault.
»Ihr wißt auch gar nichts! Wenn sie die Eier werfen, gehen sie doch alle kaputt.«
Alle Stratos lachen. Lisbeth am meisten von allen. Das ist wirklich ein guter Witz, und Jonas ist ein echter Kumpel! Es stört sie überhaupt nicht, daß er nun richtig in Fahrt kommt und alle Witze erzählt, die ihm einfallen. Er könnte als Alleinunterhalter losziehen. Oder als unwiderstehliche Nervensäge. Das ist so ziemlich dasselbe.
Richtig schade, daß Mama nie die Uhrzeit vergißt. Da hilft kein dreistimmiger Protest und kein Rotweinschwips. Es ist zehn Uhr vorbei, sagt sie, und wenn es am schönsten ist, soll man jede Feier beenden. Und von zwei Morgenmuffeln spricht sie, die morgens nie aus dem Bett kommen, und daß sich sowieso einiges ändern muß, wenn sie demnächst morgens auch pünktlich zur Arbeit gehen wird. Oje – das sind Aussichten!
Aber sie betreffen wohl in erster Linie Papa. Nach dem Essen hat Lisbeth zwischendurch gehört, daß er versprochen hat, öfter zu Hause zu sein und sich

mehr als bisher um seine Kinder und Haushaltskram zu kümmern. Keine Überstunden mehr, keine Wochenendaufträge und weniger Seniorensportveranstaltungen! Papa soll nicht nur zu Besuch aufkreuzen, hat Mama gesagt, sondern mitdenken und sich zuständig fühlen.
Das hört sich gut an! Lisbeth findet schon länger, daß die meisten Väter ihre Kinder gar nicht richtig kennen, weil sie mit anderen Angelegenheiten beschäftigt sind; mit Geldverdienen und Kollegen und Vereinen und Anbauen und Umbauen. Wenn sie später Kinder kriegt, muß ihr Mann sich von Anfang an mit um die Kinder kümmern, und auch kochen, putzen und waschen und all diesen Krimskram muß er mit erledigen. Geldverdienen können schließlich alle beide, vielleicht einer vormittags und der andere nachmittags. So wie Jutta und Mama.
Lisbeth ist neugierig, ob Papa seine Versprechen halten wird. Er hat schon viel versprochen! Ab nächsten Montag sollen Mama und Jutta schon eingearbeitet werden. Dann wird es ernst!

## FREITAG

oder: Bei Stratos ist der Bär los,
Lissa kriegt rote Ohren,
und Jonas ist ein verflixt kluges Kerlchen

Lisbeth zieht sich an, summt dabei die Notenfetzen von gestern. Sie ist selbst überrascht, wie musikalisch sie sein kann. Wer noch einmal behauptet, daß sie ein Morgenmuffel ist, muß fünfzig Kniebeugen machen, bevor er gefrühstückt hat! Schließlich ist sie heute die allererste, kein anderer wacher Mensch ist zu sehen oder zu hören. Nur die Spatzen

draußen sind munter, bekakeln schon die neuesten Neuigkeiten. Vielleicht erzählen sie auch einander ihre Träume, wer weiß . . .
Lisbeth erinnert sich nicht, wovon sie geträumt hat, sie weiß nur, daß sie letzte Nacht so leicht und glücklich war wie ein dreifacher Salto.
Es ist erst zwanzig vor sieben. Sie will schon den Frühstückstisch decken und anschließend den Rest der Familie wecken. Diese Schlafmützen werden sich wundern!
Einige Minuten später weiß sie nicht, ob sie wirklich schon wach ist. Papa und Jonas sitzen bereits am gedeckten Küchentisch, mit frischen Brötchen und guter Laune!
»Wie spät ist es?« fragt Lisbeth verblüfft. »Und wo ist Mama?« Etwas anderes fällt ihr zu diesem ungewöhnlichen Anblick nicht ein.
»Genau achtzehn Minuten vor sieben«, antwortet Papa.
»Mama liegt krank im Bett«, meldet Jonas, »hat Kater.«
Au – das tut weh: hat Kater! Von wem lernt der bloß diese schlampige Sprache?
»Wieso hat sie *einen Kater?*« fragt Lisbeth. »Und wer hat dann das Frühstück gemacht?«
»Du hast auch einen Vater«, sagt Papa entrüstet.
»Und einen Bruder«, sagt Jonas, wirft sich stolz in seine Hühnerbrust. »Ich habe Brötchen geholt.«
Die gibt es normalerweise bei Stratos nur samstags, und normalerweise ist Mama die erste, die aufsteht und selbstverständlich auch immer für das Frühstück sorgt. Die beiden Männer sollen doch nicht so tun, als ob sie alle Tage so mütterlich wären!
»Ich mach das jetzt täglich«, prahlt Papa, scheint selbst zu glauben, was er verkündet.
Und dann erklärt er, daß Mama nicht so gut drauf ist,

weil sie gestern abend mit ihm noch eine Flasche Sekt getrunken hat – auf die neue Hausordnung, die sie zusammen erstellt haben, als Jonas und Lisbeth schon schliefen.
Aha, soso . . . und heute ist sie nicht gut drauf. Das sind ganz neue Sitten. Stehen die auch in der neuen Hausordnung?
Lisbeth kennt ihre Eltern seit zwölf Jahren. Katerzustände gab's bisher nur bei Papa. Mama ist – oder besser war – für solche Sachen viel zu vernünftig.
Was wird sich hier noch alles ändern?
Lisbeth mustert ihren Vater neugierig, weiß nicht, was sie von seiner neuen Morgenenergie halten soll.
Der löffelt sein Ei aus und sagt zufrieden: »Das Eiweiß fest, der Dotter schön schlabberig, endlich genau richtig.«
»Willst du damit sagen, daß meine Eier immer falsch waren?« fragt Mama. Sie kommt auf Socken hereingeschlichen, im Nachthemd und in Papas Bademantel, und versucht, eine beleidigte Miene zu machen.
Lisbeth lächelt, weil ihr das nicht gelingt und weil sie so blaß und zart aussieht und viel zu verschlafen ist, um einen Eierkrach zu veranstalten.
»Guten Morgen, Schulsekretärin«, sagt Papa. »Ich wollte damit sagen, daß ich Lob brauche, wenn ich ein guter Hausmann werden soll. Du warst ja nicht da. Also muß ich mir selbst erzählen, daß ich ein tolles Frühstück gezaubert habe.«
»Hmm«, murmelt Mama, »gezaubert . . . Ganz toll ist dein Frühstück, aber ich brauche nur schwarzen Kaffee.«
Jetzt ist Jonas beleidigt. Wo er doch Brötchen geholt hat!
Die will sie später essen, sagt sie, wenn es ihr besser geht. Papa ist sehr besorgt. Nicht nur um seine verkaterte Krischi, auch um seine Kinder. Denen will er

Pausenbrote schmieren, für Schule und Kindergarten.
»Kommt nicht in Frage«, sagt Mama. »Das machen die lieben Kleinen ab heute selber.«
Aha – so läuft das also bei berufstätigen Müttern. das kann ja noch heiter werden!
»Ich kriege die Brote geschmiert«, kräht Jonas. »Ich bin noch klein.«
Es ist zum Brüllen. Keiner darf sagen, daß er noch klein ist, doch wenn das ein Vorteil sein könnte, sagt er es selbst. Dieser Schlaumeier kann Lisbeth noch etwas beibringen!
»Du lernst das schon«, sagt Papa und boxt ihn in die Seite. »Ich hab's ja auch gelernt.« Jonas boxt zurück, gibt den Auftakt zu einem längeren Sitzboxkampf.
Mama stöhnt. Lisbeth verdreht die Augen. Dann lächeln sie sich an, sind wortlos einer Meinung: Männer sind kindische Menschen. Egal, ob sie klein oder groß sind; am liebsten machen sie Blödsinn. Sogar am frühen Morgen, über Brötchen und Marmelade hinweg!
Der Tisch wackelt gefährlich. Lisbeth steht auf und will flüchten. Lieber zu früh in der Schule sein, als mit diesen zwei albernen Männern am Frühstückstisch sitzen.
Da verwandelt sich Papa sofort in einen entschlossenen Vater. »Keiner verläßt dieses Haus, bevor unsere Küche aufgeräumt ist«, sagt er.
Hilfe! Die neue Hausordnung schlägt zu.
Lisbeth läßt sich auf den nächsten Stuhl fallen. »Bevor ich zur Schule gehe, soll ich schon arbeiten?«
Jonas behauptet ernsthaft, daß er bestimmt alles kaputtschmeißt und gar nicht weiß, wo die Sachen hingehören.
Mama lacht sich eins, und Papa läßt sich nicht beirren. »Heute wird geübt«, sagt er. »Ab Montag gehen

wir alle vier zur gleichen Zeit aus dem Haus. Also muß jeder mit anfassen.«
Lisbeth fühlt sich überrumpelt, stapelt jedoch ergeben Teller und Tassen aufeinander. Sie muß erst verdauen, was Papas Ankündigung wirklich bedeutet.
Dann erklärt sie, daß sie nachher die neue Hausordnung hören und mitbestimmen will. »Die haben uns reingelegt«, sagt sie zu Jonas. »Wir müssen erst mal über alles abstimmen.«
»Jawohl«, sagt der, »Lisbeth hat recht. Abstimmen muß man und machen, was die Mehrzahl will.«
Es ist kaum zu glauben, die scheinen im Kindergarten neben schrecklichen Liedern auch etwas Vernünftiges zu lernen! Lisbeth drückt ihm die Bestecke in die Hand. »Los, tu was. Jetzt ist keine Zeit zum Diskutieren. Ich muß weg.«
Er zieht eine Schnute, setzt sich aber brav in Bewegung.
Mama und Papa versprechen, daß sie heute abend zu viert alles besprechen werden. »Und dann stimmen wir ab«, sagt Jonas. »Zwei gegen zwei. Ganz einfach, ne, Lissa?«
Lisbeth muß lachen. Er ist ein unwiderstehlicher Kindskopf. So einfach wird das nicht laufen. Egal, wie lange und worüber sie diskutieren werden, die bequemen Zeiten sind vorbei. Das wird Lisbeth verspätet und unangenehm klar.
Mal sehn, was sich heute abend noch retten läßt. Auf jeden Fall muß sie sich mit Jonas verbünden. Er hat ganz recht: zwei gegen zwei . . . Die Aussichten sind gar nicht so schlecht!
In der großen Pause fragt sie Petra und Annelore auf dem Schulhof, ob bei ihnen zu Hause geregelt ist, wer wann und was tut.
In Annelores Familie existiert eine genaue Einteilung, die aber von den Zwillingen nie eingehalten

wird. Annelore nutzt die Gelegenheit, um mal wieder auf Marlene und Marion zu schimpfen. Zum tausendstenmal Schwestern-Hick-Hack! Grrr!
Bei Petra läuft es zur Zeit darauf hinaus, daß sie für fast alles zuständig ist, weil ihre Mutter den ganzen Tag arbeitet und abends erledigt ist. Wie man das aushalten kann, weiß Lisbeth nicht. Petra stöhnt nie, macht ihre Witze, und keiner merkt, wie schwer sie es hat. Hoffentlich darf sie nach Spanien mitfahren. Sie hat es wirklich verdient, ahnt aber noch gar nichts.
Annelore hatte Lisbeth in der ersten Stunde einen Zettel zugeschoben: »Bei uns sind alle mit Spanien und Petra einverstanden! Mein Vater ruft heute nachmittag ihre Mutter im Büro an. Pssst!!«
Es fällt Annelore offensichtlich sehr schwer, das Geheimnis bis dahin vor Petra zu hüten. Sie guckt Lisbeth bis zum Schulschluß immer wieder bedeutungsvoll an, kratzt und juckt sich und seufzt vor sich hin.
»Statt jucken öfter mal duschen«, lästert Norbert vom Nebentisch, zieht jedoch schnell den Kopf ein, weil Annelores Radiergummi in seine Richtung fliegt. Das bringt Annelore eine Zusatzaufgabe für Mathe ein und schadenfrohes Grinsen von den Fieslingen der Klasse.
Aber Norbert ist in Ordnung, er übernimmt nach der Mathestunde Annelores Strafarbeit. Die himmelt ihn verdächtig lange an und schenkt ihm doch tatsächlich ihren Radiergummi!
Lisbeth grient heimlich und macht sich Gedanken. Was sich neckt, das liebt sich auch, sonst will sie Petersilie heißen!
Um vier ruft Annelore an, dröhnt Lisbeth ins Ohr: »Alles in Butter. Petras Mutter hat ja gesagt. Petra ist fast ausgetickt vor lauter Juhu.«
»Super«, sagt Lisbeth, »supergrandios!«

Dann hört sie ein Knacken in der Leitung, Gerangel und Geschubse und Annelores wütende Stimme: »Du angematschte Sumpfeule!« Anschließend flötet eine von den Zwillingen in den Hörer: »Alle Kindergartenkinder sofort auflegen. Ich erwarte einen wichtigen Anruf.«

Grrr! So eine Unverschämtheit. Kindergartenkinder! Die schnappt wohl über!

Lisbeth knallt den Hörer auf die Gabel. »Ältere Schwestern müßten verboten werden.«

»Bloß nicht«, murmelt Jonas, »dann hab ich ja keine Lissa mehr.«

Soviel Bruderliebe haut Lisbeth um. Sie setzt sich zu ihm

Er liegt total k. o. auf dem Wohnzimmersofa. Nach dramatischen Stunden mit Brechen und Durchfall ist er so matt und blaß, daß man Angst kriegen könnte.

Mama meint aber, daß es nichts Schlimmes ist. Sie weiß von seiner Gruppenleiterin, daß ein Magen- und Darminfekt durch den Kindergarten geistert. Jeden Tag in dieser Woche hat ein anderes Kind gefehlt. Außerdem hat Mama Erfahrung mit seinen plötzlichen Krankheiten. Sie sagt immer, Jonas ist ein Stehaufmännchen, weil er sich schnell etwas einfängt und genauso schnell wieder gesund wird.

Er trinkt gehorsam Mamas Reisschleim und läßt sich von Lisbeth Geschichten erzählen; die sieben Abenteuer vom kleinen Baggerfahrer Ferdinand. Die hat Lisbeth irgendwann mal für Jonas erfunden, seitdem sind das seine Lieblingsgeschichten.

Mit schläfrig verklärtem Blick kuschelt er sich an seine Schwester. Es ist richtig gemütlich.

Mama hat viel zu erledigen. In den letzten Tagen ist eine Menge Hausarbeit liegengeblieben, sagt sie, und ab Montag soll doch ein anderes Tempo beginnen.

Jede Viertelstunde guckt sie um die Ecke, bringt fri-

schen Reisschleim und erklärt beiläufig, daß sie froh ist, daß Lisbeth sich so lieb um Jonas kümmert, daß der neue Job sie beflügelt und daß sie überhaupt rundherum glücklich ist.
Ihr Kater ist spurlos verschwunden. Sie schwebt summend durch die Räume, bügelt und putzt und schafft Ordnung, als ob Hausarbeit Spielerei wäre.
Eine glückliche Mutter ist mindestens so schön wie Weihnachten, denkt Lisbeth, so müßte es immer sein.
Jonas klappten schon seit der vierten Geschichte dauernd die Augen zu. Nun schläft er richtig, mit zwei Fingern im Mund und einer Hand zwischen Lisbeths Knien.
Unglaublich, daß derselbe Jonas auch eine Nervensäge und ein wildes Trampeltier sein kann. Jetzt sieht er eher aus wie ein krankes, süßes Löwenbaby, das sich gesundschläft.
Lisbeth steht vorsichtig auf, schiebt seine Hände unter die Wolldecke und schleicht auf Zehenspitzen in die Küche zu Mama.
»Der Patient pennt«, sagt sie. »Ich fahre noch zu Annelore.«
»Um sieben gibt's Abendbrot«, sagt Mama. »Und anschließend wird über die neue Hausordnung abgestimmt.«
Die hat Lisbeth total vergessen. Der kleine Baggerfahrer Ferdinand und der kranke Jonas waren viel wichtiger. Und ohne Jonas will sie auch nichts von der neuen Hausordnung hören.
»Wenn der ausgeschlafen hat, ist er wieder topfit«, meint Mama und bedankt sich für Lisbeths Hilfe. »Du bist ein Genie«, sagt sie noch. »Deine Ferdinandgeschichten sind voll Witz und Phantasie. Vielleicht solltest du sie einmal aufschreiben.«
Ein Genie ist Lisbeth nun wirklich nicht, aber Ge-

schichten erfinden kann sie verflixt gut. Das weiß sie seit gestern nur allzu genau! Vielleicht wird sie Mama später irgendwann von ihren schlimmen Vermutungen und den damit verwickelten Sorgen erzählen. Vielleicht auch nicht. Gespenstergeschichten und Alpträume sind zum Weitererzählen nicht sehr geeignet. Man weiß hinterher gar nicht mehr, wie sie anfingen und wie alles passierte. Man erinnert sich nur, daß es sehr schlimm war, so schrecklich und fürchterlich, daß man es selbst nicht mehr glauben kann.
Mama versteht Lisbeths leisen Seufzer ganz falsch. Sie kann ja auch keine Gedanken lesen! »War Jonas so anstrengend?« fragt sie, und ohne eine Antwort abzuwarten, singt sie ein neues Lisbeth-Loblied, teilt mit, wie beruhigend es doch ist, daß Lisbeth schon so groß und vernünftig ist. Bei zwei Kindern wie Jonas hätte sie die Stelle im Gymnasium nicht angenommen.
Meine Güte! Ob sie das morgen auch noch denkt?
Solche Loblieder können nur glückliche Mütter singen. Man müßte sie aufschreiben und in schlechteren Zeiten als Beweismaterial auf den Tisch legen.
Lisbeth lacht übermütig. »So schlimm ist Jonas gar nicht. Manchmal ist Christine viel schlimmer.«
»Stichelhexe!« sagt Mama.
»Lockenengel, Flunkerhexe!« lacht Lisbeth.
»Liebe Lissa«, lächelt Mama. »Ich werde mich bessern.«
»Liebe Krischi«, zirpt Lisbeth, »das will ich schwer hoffen.«
Sie muß jetzt sofort verschwinden und sich endlich bewegen, aber vor allem von hier verschwinden. Sonst wird es zu feierlich!
Freihändig radelt sie los, in einem mittleren Schnekkentempo, damit sie nicht das Gleichgewicht verliert. Unvernünftig ist das trotz aller Vorsicht, aber

wie kann man vernünftig bleiben, wenn man sich am 3. Juni wie am 24. Dezember fühlt?
Außerdem will Lisbeth nicht ständig vernünftig sein. Das ist eine Angelegenheit für Erwachsene, und die schaffen es auch nicht immer. Das ist auch gut so, sonst wären sie noch schlimmer!
Als ein Auto hupt und der Fahrer drohend mit seinem Zeigefinger wedelt, legt Lisbeth brav die Hände auf den Lenker. Sie ist Krischis vernünftige Tochter, keiner soll Mama etwas anderes erzählen können!
Annelore ist leider nicht zu Hause.
»Ein Milchbubi aus ihrer Klasse ist aufgekreuzt«, spöttelt Marion, »mit dem ist sie durchgebrannt.«
Marion ist wirklich eine Sumpfeule! Und Marlene nicht weniger. Die hat sich heute grüne Augenlider gemalt und die Lippen lila gepinselt. Jonas ist, verglichen mit solchen Schwestern, ein Goldstück! Wenigstens meistens.
Mit dem Milchbubi kann natürlich nur Norbert gemeint sein. Lisbeth hat heute mittag also richtig vermutet, ab und zu ist sie also doch etwas Genieähnliches!
Sie schlenkert kleine Kurven über den Radweg, überlegt, was sie noch anstellen kann.
Petra müßte beim Sport sein, sie geht jeden Freitag zur Leichtathletik. Lisbeth kurvt durch die Eichenallee zum Sportplatz.
Sie kann Petra nirgends entdecken, aber Heiner Mertens steht an der Laufbahn. Richtiger gesagt: Er sitzt auf seinem Fahrrad-Gepäckträger und guckt zu, wie sich die Laufgruppe bei der 400-Meter-Runde abstrampelt.
»Salü!« sagt er, drückt zweimal auf seine Hupe.
Lisbeth ist so geschockt, daß sie »salü« zurückmurmelt, ihre Klingel antickt und weiterfährt. Mit heißen Ohren. Und gesenktem Blick.

Ist sie eigentlich nicht richtig im Kopf? Seit wann grüßt sie mit salü? Französisch-Unterricht hat Heiner, nicht sie. Der Igelkopf muß sie ja für übergeschnappt halten!
Wahrscheinlich hat sie sich schrecklich blamiert. Sie weiß doch von Tante Irene, wie verflixt kompliziert die französische Aussprache ist.
»Salü« klingt immerhin besser als »na, Kurze«, denkt sie schließlich, und seine Huperei ist eigentlich ganz witzig. Ob er alle Leute so anhupt, einmal kurz, einmal lang?
»Deine Klingel ist nicht sehr brauchbar«, sagt jemand neben ihr, grinst sie frech von links an.
Lisbeth hat nicht gemerkt, daß Heiner ihr nachgefahren ist. Sie wird verlegen.
»Du brauchst eine Hupe«, sagt Heiner.
»Wer sagt das?« fragt Lisbeth.
»Albert Einstein natürlich«, grinst Heiner.
»Kenn ich nicht«, sagt sie. »Seid ihr verwandt?«
»Noch nicht«, antwortet er doch tatsächlich!
Lisbeth klingelt, laut und lange. »Dein Einstein irrt sich. An diesem Fahrrad ist alles in Ordnung.«
»Nur eine Hupe fehlt«, sagt Heiner, ohne Grinsen. »Ich könnte dir eine besorgen, kolossal billig. Mein Onkel hat ein Fahrradgeschäft.«
Er scheint das wirklich ernst zu meinen! *Wieso* will er ihr unbedingt eine Hupe aufquatschen? Irgendwie ist er ein komischer Vogel.
Lisbeths Blick bleibt an seinem Bürstenschnitt hängen. Und an seinen Ohren, die nach Sonnenbrand aussehen.
Ganz plötzlich kriegt sie Lust auf einen dreifachen Salto. Mit roten Ohren kennt sie sich schließlich aus, dafür muß man kein Genie sein!
Aber eine Hupe will sie trotzdem nicht.
Wieso sie eigentlich *Lisbeth* heißt, will Heiner nun

von ihr wissen.
Sie könnte sich kringeln, ahnt, wo diese Frage enden wird.
Er sagt mit verlegenem Gesicht, daß es schönere Namen gibt und daß seine Tante Lisbeth die schrecklichste Frau in der Mertens-Sippe ist.
Aha! Das steckt also dahinter.
Jetzt grinst er wieder. »Ich würde lieber Lissa sagen. Wie Jonas.«
Lisbeth grinst zurück. »Mach doch einfach.«
»Abgemacht«, sagt er, hupt einmal kurz, einmal lang, überholt Lisbeth, fährt mit Schlenkerkurven voraus, redet bis vor Stratos Haus kein einziges Wort mehr.
Lisbeth fährt unvernünftig freihändig hinter ihm her und überlegt, wie das nun mit der Hupe ist. Will sie eine, oder will sie keine? Mal sehn. Es muß ja nicht sofort sein . . .
Dieser Heiner ist tatsächlich ziemlich nett, viel netter, als sie gedacht hat, oder noch genauso nett, wie er früher war. Auch wenn er mit seinem Einstein einen kleinen Specht hat . . . Sie wird heute abend erst mal im Lexikon nach Albert Einstein forschen, über dieses Genie möchte sie gerne Genaueres wissen!
»Tschau, Lissa!« sagt Heiner über die Schulter, grinst, hupt einmal kurz, einmal lang und düst schnell weiter.
»Tschau Igel-Einstein«, sagt Lissa ganz leise, lächelt und klingelt, einmal kurz, einmal lang.
In Stratos Wohnzimmer wird diskutiert. Mama und Papa fallen sich gegenseitig ins Wort. Dazwischen quakt Jonas, schon wieder mächtig gesund, der Lautstärke nach zu urteilen.
Um was es geht, kann Lisbeth nicht raushören. Die neue Hausordnung scheint es nicht zu sein.
Diese Familie ist wie eine Wundertüte, denkt Lisbeth. Nachmittags verbreitet sich mitten im Sommer

Weihnachtsstimmung, zwei Stunden später ist der Teufel los. Irgendeine Überraschung erwartet einen immer, wenn man von irgendwo zurückkommt.
Die Stimmen hören sich nicht nach Streit an, aber nach Eltern-Meinungsverschiedenheiten. Wo die enden, weiß man nie ganz genau.
Lissa wird demnächst mal Heiner fragen, was bei Mertens alles passiert. Vielleicht kann sie mit ihm über Eltern und ähnliche Merkwürdigkeiten reden, statt dauernd Selbstgespräche zu führen. Sie steht im Flur vor dem Spiegel und betrachtet sich intensiv von allen Seiten. Es ist so, als ob das Wohnzimmerstimmengetöse sie gar nichts angeht. Das ist sehr eigenartig und gleichzeitig sehr angenehm. Ihr Spiegelbild ist ihr im Augenblick wichtiger als jede Familiendebatte.
Ob sie hübsch ist, weiß sie immer noch nicht. »Ich glaube, ja«, sagt sie und grinst sich verschmitzt an. Jedenfalls hat sie keinen einzigen Pickel und schöne Augen!
Papa reißt die Wohnzimmertür auf. Er hat eben die Haustür gehört, sagt er und gehofft, daß Lisbeth endlich zurück ist.
»Wieso endlich?« fragt Lisbeth erstaunt. »Bin ich zu spät?«
»Viel zu spät«, sagt Papa.
Er spinnt wohl – es ist gerade drei oder vier Minuten nach sieben!
»Hier ist der Bär los«, sagt Papa. »Wir brauchen dringend deine Meinung.«
Irgend jemand hat das Wohnzimmer in ein Reisebüro verwandelt, überall liegen bunte Prospekte verstreut herum und Landkarten und anderer Papierkram.
Jonas sitzt in der Sofaecke, noch ein bißchen käsig, aber ganz munter. Er kräht Lisbeth den Grund für dieses Durcheinander entgegen. »Wir fahren in Ur-

laub. Nach Dänemark. An die Nordsee und an die Ostsee.«
»Oder«, lacht Mama aufgedreht. »Nicht und.«
Dann reden alle auf Lisbeth ein: Daß Mama doch demnächst regelmäßig Geld verdient, und gar nicht so schlecht, und daß sie doch noch nie in Urlaub waren, und daß Mama schon länger Dänemarkprospekte im Haus hat und heute im Reisebüro gefragt hat, ob man so kurzfristig noch ein Ferienhaus mieten kann, und daß sie seit einer Stunde weiß, daß Stratos sich zwischen zwei Häusern entscheiden können und das heute noch müssen, weil natürlich noch andere Interessenten da sind . . .
Lisbeth hat in diesem Wirbelsturm von Informationen kaum geatmet. Sie holt ein paarmal tief Luft, setzt sich mißtrauisch auf die Tischkante und guckt von einem zum anderen. Ist das nun alles Ernst oder Spinnerei?
Mama macht Urlaubspläne, obwohl sie am Montag erst anfängt zu arbeiten?
»Schulsekretärinnen haben während der Schulferien die meiste Zeit frei«, sagt sie. »Ich arbeite jetzt bis zum Anfang der Sommerferien und dann erst wieder eine Woche vor Schulbeginn.«
»Ehrenwort, Töchterchen, wir fahren in Urlaub«, sagt Papa mit einem komischen Seufzer, »falls wir uns einigen können. Mama will an die Ostsee, ich an die Nordsee. Jonas will beides. Du hast nun also das Sagen.«
Papa sieht richtig erledigt aus, Diskussionen kann er nie lange aushalten. Meistens gibt er bei irgendwelchem hickhack schnell nach, damit wieder Ruhe einkehrt.
Mama hat Ausdauer und das größere Mundwerk.
Lisbeth muß jetzt ganz ruhig bleiben, sonst verliert sie den Durchblick! »Was ist mit Sylt und Tante

Irene?« fragt sie vorsichtig.
»Du fährst auf jeden Fall«, sagt Mama. »Zeitlich kommt das gut hin. Wir holen dich ab, bleiben alle noch zwei Tage auf Sylt und fahren dann am 25. Juni weiter.«
Das hört sich grandios an. Jipiii!
Lisbeth will nicht austicken. Noch nicht. Erst müssen alle Fragen geklärt sein. »Die Prospekte . . . waren die in der abgeschlossenen Schublade oben in der Kommode?«
Mama nickt ungeduldig. »Das spielt doch jetzt keine Rolle. Wir müssen uns entscheiden!«
Sie zeigt Lisbeth ein Haus in Havneby und ein Haus in Ärosund. Beide Häuser sehen himmlisch aus, auch das dänische Drumherum. Lisbeth hat keine Ahnung, wie man sich zwischen zwei himmlischen Sachen entscheiden kann. »Wie wär's mit Auslosen?« fragt sie.
Das will Mama nicht, sie will nach Ärosund an die Ostseeküste. Weil Jutta dort im letzten Jahr war und ihr Fotos gezeigt hat.
»Dann liegt Havneby also an der Nordsee?« fragt Lisbeth und bemüht sich um klare Gedanken. Mama macht sie total rappelig, und diese himmlischen dänischen Namen sind auch nicht gerade einfach.
»Havneby liegt auf Rømø. Das ist eine kleine Insel über Sylt«, erklärt Papa.
Blitzartig weiß Lisbeth *die* Lösung. »Ich stimme für Havneby auf Rømø. Erst Sylt, dann Rømø. Inselhüpfen bedeutet optimales Ausspannen!«
Jonas zeigt Lisbeth einen Vogel, und Mama und Papa sehen sie entgeistert an.
Lisbeth prustet los, erzählt dann vom Baron und seinem griechischen Inselhüpfen.
Was der kann, können Stratos auch! Mama wird eindeutig überstimmt. Jonas ist nämlich nun ganz klar

für die Nordsee. Er will auch Inselhüpfen, will von Sylt nach Rømø springen, Anlauf nehmen und wieder nach Sylt. Immer hin und her, jeden Tag eine andere Insel.

Glaubt er wirklich, daß man von Insel zu Insel springen kann? Oder stellt er sich dümmer, als er ist? Lisbeth ist sich nicht sicher. Jedenfalls wird er alle Strände umgraben, denkt sie, erst ein Stück deutschen Strand auf Sylt und dann den ganzen dänischen auf Rømø.

»Ich muß unbedingt meinen Bagger mitnehmen«, verkündet Jonas, »und meine Schüppe.«

Lisbeth könnte sich totlachen, kann nicht mehr länger stillsitzen. »Ich muß noch mal raus«, sagt sie. »Sonst platze ich.«

»Was willst du jetzt noch draußen?« fragt Mama. »Die neue Hausordnung ist das nächste Thema!«

Mama muß ihren Verstand verloren haben, sonst wüßte sie Bescheid. Wen interessiert denn heute noch ein solcher Kiddelfitz wie neue Hausordnungen?

»Radschlagen will sie natürlich«, sagt Jonas. »Was sonst?«

Natürlich! Was sonst?

Er ist ein verflixt kluges Kerlchen. Kein Wunder – schließlich ist er ja Lissas Bruder.

Vermutlich wird doch noch etwas aus ihm!

# Sternenhimmel
# Fliegendreck

◆

„Wir können lachen und weinen,
und zuweilen weinen wir, als könnten wir
nie wieder lachen, oder wir lachen so
herzlich, als hätten wir nie vorher geweint."

Erich Kästner

# 1

»Charlotte, was machst du?« fragt Mama.
»Oooch – nichts«, sagt Charlotte und guckt weiter aus dem Fenster.
»Träumst du?« fragt Mama.
»Hmmm«, murmelt Charlotte, »manchmal träume ich.«
Im Moment träumt sie nicht.
»Mach irgendwas«, sagt Mama. »Geh spielen. Oder tu etwas für die Schule. Oder räum dein Zimmer auf.«
Charlotte schüttelt den Kopf. »Stör mich nicht.«
»Stör mich nicht«, wiederholt Mama. »Wobei denn? Was gibt's denn da draußen?« Sie guckt auch aus dem Fenster.
Nichts ist zu sehen. Nur das Alltägliche. Nicht mehr und nicht weniger. Ein paar Meter Straße, die Nachbarhäuser, einige Birken und ein Stück Himmel.
»Man kann doch nicht eine halbe Stunde nur aus dem Fenster schauen«, sagt Mama.
»Stör mich nicht«, sagt Charlotte. »Ich denke neue Wörter.«
Mama lacht amüsiert. »Fenter-Lotte!«
Das sagt sie öfter. Charlotte ist daran gewöhnt. »Na und?« sagt sie. »Fentern ist doch nichts Schlimmes. Oder?«
»Nein, es ist natürlich nichts Schlimmes«, sagt Mama. »Aber es führt zu nichts. *Neue Wörter denken!* Wozu soll das gut sein?«
Darauf weiß Charlotte keine Antwort. Wenigstens keine, die Mama überzeugen könnte.
Mama weiß immer genau, was sie tut, und warum sie etwas tut. Sie hat immer viel zu tun. Träumen oder in

den Himmel gucken oder neue Wörter denken ist nichts für sie. Das ist Fentern und führt zu nichts! Es macht nur Spaß. Sonst nichts.

»Du weißt gar nicht, wie schön das ist«, sagt Charlotte leise.

»Was?«

»Träumen«, sagt Charlotte, »oder denken oder fentern. Aber jetzt stör mich nicht länger!«

»Ich habe sowieso keine Zeit«, sagt Mama. »Die Bügelwäsche ist schon tagelang fällig.«

Sie geht endlich.

Charlotte guckt den Himmel an und rückt gleichzeitig im Kopf neue Wörter hin und her.

Sie sammelt Wörter, seitdem sie lesen kann. Es gibt so viele verschiedene – schöne und traurige, ernste und komische, neue und bekannte. Die neuen hat Charlotte irgendwo zufällig gehört oder selbst erfunden. Manche Wörter reimen sich und passen wunderbar zusammen. Andere sind langweilig und zu nichts zu gebrauchen.

Aus den brauchbaren Wörtern reimt Charlotte neuerdings Abzählreime oder kleine Geschichten. Die besonders schönen Reime schreibt sie auf.

Heute dauert es lange, bis alle Wörter in Charlottes Kopf am richtigen Platz sind. Das Ergebnis murmelt sie leise vor sich hin:

Brösel dösel
Nasebohren
Finger ab
und Hut verloren
Katzenwäsche
rirarutsch
Mickymaus
nun bist du futsch!

Ja – so ist es gut! Die Wörter sind zufrieden, und Charlotte ist auch zufrieden. Eine neue Nummer für

ihre Kladde! Sieben andere Sachen stehen schon in dem lila Notizbuch. Der Brösel-dösel-Abzählreim ist die Nummer acht.
Charlotte schreibt langsam und sorgfältig die Zeilen untereinander, liest sie noch einmal und noch einmal . . .
»Charlotte, was machst du?« fragt Mama aus dem Nebenzimmer.
»Ich? Ich lese«, antwortet Charlotte.
»Prima«, sagt Mama. »Lesen ist immer gut.«
»Was machst du denn?« fragt Charlotte. »Ich höre nichts. Fenterst du vielleicht?«
»Natürlich nicht«, sagt Mama mit einem kleinen Seufzer. »Ich bügele!«
»Macht's Spaß?« fragt Charlotte und malt Strichmännchen neben den Abzählreim Nummer fünf.
»Es geht«, sagt Mama. »Bügeln ist eher langweilig als spaßig. Du könntest mir ja etwas vorlesen.«
Charlotte überlegt zwei, drei Augenblicke. Dann nimmt sie die lila Kladde und geht zu Mama.
Sie liest ihre Nummer eins vor:

> Sonne Mond und Sterne
> Kekse eß ich gerne.
> Geisterstunde Fledermaus
> eins zwei drei und du bist raus!

Mama bügelt.
Charlotte liest:

> Plitsche platsche große Pfütze
> Regenwurm mit Schal und Mütze.
> Glitsche glatsche Krötenkuß
> Rattenschwanz und Hasenfuß.
> Maus und Igel backen Kuchen
> Klitsche klatsche du mußt suchen.

Mama lacht.
Charlotte macht eine Pause.
»Weiter«, sagt Mama, »lies weiter!«

Alles Käse sagt die Hanna.
Schöner Mist sagt Tante Anna.
Sie suchen einen Mann
und du bist dran!

»Lauter neue Abzählreime«, sagt Mama und schmunzelt. »So ähnliche hatten wir früher auch.«
Nummer vier ist kein Abzählreim.

Rosa ist kein Kater
und wird auch
niemals Vater.
Das macht doch nichts.
Na und? Miau –
sie ist 'ne Superkatzenfrau!

»Sehr schön!« sagt Mama lachend. »Wer hat das geschrieben?«
»Lottchen Meinberg«, sagt Charlotte.
Mama stellt das Bügeleisen hin. »Duuu hast das geschrieben? Das alles?«
Charlotte nickt.
»O Lotte-Motte!« sagt Mama. »Du kannst ja dichten!«
»Dichten oder fentern?« fragt Charlotte und denkt die beiden Wörter hin und her. Sie passen zusammen! Man muß sie nur ein wenig verändern. *Fentergedichte!*Das ist genau der richtige Name für die lila Kladde!
Charlotte nimmt ihren Füller und schreibt auf die erste Seite:

LOTTCHENS FENTERGEDICHTE!

## 2

Ich möchte mir alles, was du gedichtet hast, in Ruhe ansehen«, sagt Mama. »Darf ich?«
»Später«, sagt Charlotte. »Jetzt gehe ich zu Berti.«
»Um sechs gibt's Abendbrot. Sei pünktlich!«
Charlotte nickt. Das ist sie doch immer. Fast immer.
»Vielleicht bringe ich Berti mit«, sagt sie im Rausgehen, bleibt einen Moment stehen, um eine Antwort zu hören.
Mama murmelt nur irgend etwas vor sich hin. Also ist sie nicht dafür und nicht dagegen. Das genügt!
Charlotte weiß immer noch nicht genau, was Mama von Berti hält. Mal behandelt sie ihn wie einen Freund, wenn Charlotte ihn mitbringt, mal wie einen lästigen Besucher.
Mama arbeitet mit ihm zusammen bei der Arbeiterwohlfahrt. Das heißt, sie ist eigentlich seine Chefin, weil sie die Familienberatungsstelle leitet. Berti gehört zum sogenannten Team. Außer ihm und Mama gehören noch Ute und Georg dazu. Jede Woche einmal kreuzen sie alle bei Mama zu Hause zur Dienstbesprechung auf und wälzen dicke Probleme. Dabei trinken sie kannenweise Kaffee, qualmen das Wohnzimmer voll und reden chinesisch. Charlotte kriegt Ohrensausen, wenn sie länger als fünf Minuten mit ihnen im gleichen Raum ist! So viele Fremdwörter hört sie sonst nirgendwo. Wörter wie *psychologisch* und *pädagogisch* zum Beispiel und tausend andere, die noch komplizierter sind. Berti sagt, das sei Fach-Chinesisch. Ihm sausen davon auch manchmal die Ohren, hat er Charlotte verraten.
Er gehört noch nicht lange zum Team, ist aber auf je-

den Fall viel, viel netter und lustiger als Ute und Georg. Als Charlotte ihn das erstemal gesehen hat, machte es PLOPP in ihr. Sie mochte ihn auf den allerersten Blick!

Daß es Berti genauso ging, hat sie sofort gemerkt. Und – sie hat auch sofort gemerkt, daß er sich sehr für Mama interessiert!

Seitdem hat sie ihn oft beobachtet und oft über ihn nachgedacht. Warum guckt er Mama immer so an?

Er ist garantiert in Mama verliebt!

Er hat keine Frau, und er ist meistens vergnügt. Er paßt hundertprozentig zu Mama . . . Am besten wäre es, wenn er sie heiraten würde. Das wäre Charlotte sehr recht! Das wäre überhaupt das Allerbeste. Dann könnte Berti Charlotte adoptieren . . .

Leider merkt Mama nichts. Oder sie will nichts merken. Sie hat nur ihre Arbeit im Kopf. Und Charlotte natürlich. Daß Berti verliebt ist, kriegt sie einfach nicht mit! Dabei hat er von Anfang an so geguckt . . .

Vor drei Monaten kreuzte er mit den anderen zum Teamtreffen auf. Es war sein erster Arbeitstag in der Beratungsstelle. Charlotte saß vor ihren Hausaufgaben. Wie immer stand ihre Zimmertür offen. Eine alte Gewohnheit, die sich auch heute noch bewährt! Wenn die Tür offensteht, kann Charlotte hören, daß Mama da ist, und hat doch ihre Ruhe.

Ute und Georg begrüßten sie nur kurz und eilten sofort weiter in die Küche. Sie sagten, daß sie unbedingt und sofort und äußerst dringend einen Kaffee wollten. Typisch!

Mama blieb mit Berti in Charlottes Tür stehen. Er guckte Mama an, guckte Charlotte an, guckte und guckte . . .

Alle Leute fallen automatisch in einen Begeisterungsrausch, wenn sie Mama und Charlotte zum erstenmal nebeneinander sehen. »Nein, diese Ähnlichkeit!«

»Wie aus dem Gesicht geschnitten« – »Man könnte euch glatt verwechseln!« – Lauter solchen und anderen überflüssigen Blödsinn reden sie dann. Als ob es nichts Interessanteres an Charlotte gäbe als ihre Ähnlichkeit mit Mama!
Berti sagte nichts dergleichen.
Er guckte nur. Aber *wie* er guckte! Und – Mama sah er tief in die Augen! Ohne ein Wort zu sagen.
Mama sagte auch nichts. Obwohl sie ihren neuen Kollegen doch eigentlich hätte vorstellen müssen. Erzählt hatte sie schon von ihm.
Charlotte sagte natürlich erst recht nichts. Charlotte wartete. Sie ist immer gespannt darauf, was einer als allererstes von sich gibt . . .
Berti ließ sich Zeit.
Nachdem er lange genug die Gesichter von Mama und Charlotte studiert hatte, schaute er sich genauso schweigend und gründlich in Charlottes Zimmer um. Dann grinste er die Mickymaus-Tapete an und sagte: »Hier wohnt also Mickymaus.«
Anschließend machte er eine Verbeugung in Charlottes Richtung und sagte noch: »Ich bin der Neue. Singen kann ich nicht.«
*Ich auch nicht,* wollte Charlotte eigentlich antworten. Aber da war er schon auf dem Weg ins Wohnzimmer. So hatte es angefangen.
Inzwischen hat sie ihn oft besucht. Und inzwischen weiß sie, daß Berti wirklich nicht singen kann, jedoch ganz verrückt nach Musik ist. Leider nach jazziger Musik! Er besitzt Berge von Schallplatten und kauft dauernd noch neue dazu. Er ist süchtig nach Jazzmusik! Aber das ist sein einziger Fehler. Von Charlotte aus dürfte Mama ihn *sofort* heiraten. Er ist in Ordnung! Er ist mehr als in Ordnung, er ist . . . Sie sucht nach dem richtigen Wort. Knuffig ist er – jawohl, richtig knuffig. Und er fentert fast so gerne wie Charlotte!

Jetzt steht sie vor Bertis Wohnung, will gerade den Klingelknopf drücken – da reißt er schon von innen die Tür auf. Er hat sie durchs Küchenfenster gesehen. »Dich schickt die Lerche«, sagt er. »Ich koche grad den ersten Milchreis meines Lebens. Wann schmeißt man den Reis in die Milch?«
Charlotte hört aus seiner Küche verdächtige Geräusche. Sie schnüffelt und grinst. »*Bevor* die Milch überkocht!«
Er springt mit einem Satz in die Küche, schiebt so heftig den Topf von der Herdplatte, daß noch mehr Milch überläuft. Auf der heißen Platte tanzen die Milchpfützen ein, zwei Sekunden hin und her, zischen erschrocken und verkohlen zu scheußlichen Flecken. Und riechen wie – naja, wie angebrannte Milch eben riecht. Berti zerrt das Fenster auf. »Scheibenkleister Fliegendreck! So blöd kann nur Bertram Böddeker sein! Nicht mal Milchreis kochen kann dieser Trollo!«
Charlotte schaltet die Herdplatte ab und läßt ihn weiterschimpfen.
Wenn er vorher gewußt hätte, was ihm heute alles passieren würde, wäre er heute morgen überhaupt nicht aufgestanden, jammert er, und daß er ein Hornochse ist, und daß Charlotte sagen soll, daß er der größte Trollo ist, den sie kennt.
»Du bist der größte Trollo, den ich kenne. Du bist ein Hornochse. Du kannst keinen Milchreis kochen. So blöd kann nur Bertram Böddeker sein.« Charlotte schüttet die übriggebliebene Milch in die Spüle und läßt heißes Wasser in den Topf laufen.
»Hast du kein bißchen Mitleid?« fragt Berti. »Sag mir etwas Nettes, Mickymaus!«
»Dein Nudelauflauf ist Spitzenklasse. Mama meint, er schmeckt besser als unserer. Mach deinen Topf sauber. Jetzt geht das leichter als später.«

Mit dem Milchtopf will Berti nichts mehr zu tun haben, den will er im Stadtpark verbuddeln oder Weihnachten sauberkratzen. Aber sein Nudelauflauf ist Spitzenklasse? Das gefällt ihm! »Er schmeckt besser als eurer, hat meine Chefin gesagt?«
»Hmmm«, sagt Charlotte, »und nachher soll ich dich zum Abendbrot mitbringen.«
Berti guckt Charlotte scharf an. »Schau mir in die Augen, Mickymaus. Du *sollst* mich zum Abendbrot mitbringen?«
»Mama hat nichts dagegen.«
»Aha«, grinst Berti, »du möchtest, daß ich mitkomme, und deine Mutter hat nichts dagegen.«
»Also kommst du mit«, bestimmt Charlotte. »Und was machen wir bis dahin? Pfeifenstunde?«
Berti nickt. Er ist schon wieder vergnügt, will aber nicht länger in der immer noch verpesteten Küchenluft bleiben.
In seinem Wohn-Schlaf-Zimmer setzt er sich im Schneidersitz auf den Fußboden und bröselt Tabakfetzen in seine Pfeife. Beim Pfeifenrauchen kann Berti am besten zuhören und Charlotte am besten reden. Manchmal ist es auch umgekehrt, dann redet er ganz viel, und Charlotte hört zu. Auf jeden Fall sind Pfeifenstunden gemütlich . . .
Charlotte mustert enttäuscht die beiden Bonbongläser im Bücherregal. Sie braucht noch etwas zum Naschen.
»Hinter meiner Matratze liegt, was du suchst«, sagt Berti. »Und dann hock dich.«
Tatsächlich liegt hinter seinem Matratzenlager, zwischen Zeitschriften, Socken und Kassetten, eine angebrochene Tüte mit roten Gummibärchen. Typisch Berti! Er hält keine Ordnung! Aber das ist ja nichts Schlimmes. Das stört nur Mama.
Als Charlotte und Mama ihn zum erstenmal besuch-

ten, lebte er noch aus dem Koffer, besaß nur seine Matratze, einen Flickenteppich, die riesige Stereoanlage und mehrere Gebirgszüge von Schallplatten, Kassetten und Büchern. Die Kücheneinrichtung gehört seiner Vermieterin, Frau Peckelsen. Ein paar Wochen später hat Berti einfache Regale gebaut und seinen Koffer mit einer Truhe vom Trödler vertauscht. Geändert hat sich trotzdem nur wenig. Meistens liegen mehr Sachen auf dem Fußboden verstreut als in den Regalen. Seine Siebensachen müssen in Bewegung bleiben, sagt er, sonst langweilen sie sich zu Tode.

Charlotte hockt sich ihm gegenüber – wie er im Schneidersitz – und wartet. Erst, wenn seine Pfeife dampft, darf man ihn wieder ansprechen.

Sie lutscht ein Gummibärchen, angelt ein zweites aus der Tüte. Gum-mi-bär-chen . . . Charlotte denkt das Wort in die Länge. Ein schönes Wort! Sie betrachtet das Bärchen in ihrer Hand. Irgendwie sieht es traurig aus . . . armes Kerlchen . . .

Berti pafft blaugraue, angenehm duftende Tabakwolken in ihre Gedanken. »Na, Mickymaus, redest du mit dem roten Wicht oder redet er mit dir?«

»Er sieht traurig aus«, sagt Charlotte. »Traurig und einsam.«

»Hmmm«, sagt Berti, »wenn man ganz genau hinguckt, sieht er so aus.«

»Sag mal ein Wort, das zu Gummibärchen paßt.«

Berti überlegt und zieht an seiner Pfeife. »Märchen. Bärchen und Märchen, das reimt sich perfekt!«

»Märchen– Bärchen«, murmelt Charlotte . . . »Gibt es nichts Besseres? Gum-mi-bär-chen . . .«

»Tante Klärchen«, grinst Berti.

»Genau«, sagt Charlotte begeistert, »ein rotes Gummibärchen klopft bei Tante Klärchen . . . Tante Klärchen . . .«

»Wundert sich«, sagt Berti.
»Was will dieser kleine Wicht?« ergänzt Charlotte. Das paßt wunderbar und ist schon ein halbes Gedicht oder eine halbe Reimgeschichte. Aber wie – wie könnte es weitergehen?
Berti und Charlotte schweigen, bis er eine Tabakwolke zu Charlotte rüberpafft und anschließend behauptet, daß ihr Kopf qualmt.
»Du störst mich«, brummt Charlotte, »gerade wußte ich etwas . . . ach ja . . . Da sagt das Gummibärchen, liebes, liebes Klärchen, laß mich doch herein . . .«
»Ich bin sooo allein«, sagt Berti und versucht, ein trauriges Bärengesicht zu machen.
»Jaaa«, sagt Charlotte und wiederholt alles zusammen:

Ein rotes Gummibärchen
klopft bei Tante Klärchen.
Tante Klärchen wundert sich:
Was will dieser kleine Wicht?
Da sagt das Gummibärchen:
Liebes, liebes Klärchen,
laß mich doch herein,
ich bin sooo allein!

»Knuffig«, sagt Berti. »Aus dir wird noch mal was.«
»Ich bin schon was«, sagt Charlotte, »oder?«
»Pardon! Natürlich bist du schon was. *So* war das nicht gemeint.« »Wie denn?«
»Vielleicht wirst du einmal eine Schriftstellerin . . .« Berti blinzelt ihr zu. »Vielleicht schreibst du später ein Buch oder zwei oder . . «
Charlotte unterbricht ihn. Das glaubt sie nicht. Ihre Deutschnoten sind nicht besonders. In Lesen und Rechtschreibung steht sie auf Zwei, aber für ihre Aufsätze bekommt sie nie etwas Besseres als eine Drei. Sogar eine Vier kam schon vor!
»Das hat nichts zu bedeuten«, meint Berti. »Aufsätze

fallen unter Kunst. Wie Musik und Malerei. Und Kunst ist Geschmackssache!«

Unter seinen Aufsätzen stand meistens eine Eins, grinst er, trotzdem ist er nicht Schriftsteller geworden, sondern Sozialpädagoge.

»Was Soziales werde ich nie«, sagt Charlotte, »nie! Dann schon lieber Schriftstellerin.«

»Hoppla!« sagt Berti. »Sind Sozialpädagogen so schreckliche Leute?«

»Schrecklich nicht . . .« sagt Charlotte gedehnt, »aber sie reden immer nur über Probleme. Eure Arbeit ist nicht sehr lustig.«

»Arbeit ist Arbeit«, seufzt Berti. »Glaubst du, die Schriftstellerei ist immer lustig?«

»Vielleicht nicht immer. Aber meistens!«

Berti ist anderer Meinung. Er zeigt auf seine Bücher. »Es gibt mehr traurige Geschichten als lustige«, sagt er. »Die Schriftsteller wälzen genauso viele Probleme wie die Sozialpädagogen.«

Charlotte lächelt verschmitzt. »Wenn ich Schriftstellerin wäre, würde ich andere Bücher schreiben!« Sie überlegt einige Augenblicke, sucht nach den richtigen Worten. »Ich würde immer ein glückliches Ende erfinden«, sagt sie entschlossen, »immer und immer.«

»Immer und immer?« Berti schmunzelt. »Mickymaus, ich werde alle deine Bücher kaufen. Großes Ehrenwort!«

»Ich hab gesagt, *wenn* ich Schriftstellerin wäre«, sagt Charlotte. »Wenn . . . Wie spät ist es?«

»Ach du Schreck!« Berti knotet seine Beine auseinander. »Viertel vor sechs. Die Chefin liebt pünktliche Leute.«

Charlotte wird ärgerlich. Berti soll nicht dauernd Chefin sagen. Mama ist Mama oder Renate!

»Ich tu's nie wieder«, verspricht er.

»Also, auf zu Renate und anderen Herrlichkeiten. Avanti, avanti!«

## 3

Mama hat fürs Abendbrot Bratkartoffeln geplant, mit Schinkenröllchen und Gurkensalat. Allerdings ist sie noch nicht so weit. Sie hat schon Pellkartoffeln gekocht, steht aber noch am Bügelbrett. Es hat sie gepackt. »Sämtliche Bügelwäsche ist gleich erledigt«, sagt sie zufrieden.

»Bügelwäsche . . .« frotzelt Berti und lächelt Mama mit blitzenden Augen an. »Wolltest du heute nicht Überstunden *abfeiern?*«

»Würden Sie das bitte mir überlassen, Herr Böddeker?« entgegnet sie kühl. »Es muß ja nicht jeder so chaotisch leben wie du«, fügt sie hinzu.

Das fängt nicht gut an! Wenn Charlotte nicht eingreift, wird das alles andere als ein gemütlicher Abend.

»Berti und ich wollten sowieso das Abendbrot machen«, sagt sie. »Bis wir fertig sind, kannst du bügeln und dich amüsieren.«

Sie zieht Berti schnell mit in die Küche, drückt ihm ein Schälmesser in die Hand, nimmt sich selbst auch eins und fängt an, die Kartoffeln zu pellen. Dabei summt sie leise vor sich hin. Summen beruhigt und verbreitet gute Laune!

Plötzlich fällt ihr ein Lied ein, das sie schon lange nicht mehr gesungen hat. »Eierkuchen ist mein Bestes, mit viel Zucker und Gelee. Doch darauf verzicht ich gerne, wenn ich dich bloß wiederseeeh . . .«

Charlotte singt gerne, nur leider meistens ein bißchen schief. Es fällt ihr sehr schwer, in der gleichen Tonlage zu bleiben.

Berti ist trotzdem ganz hingerissen. »Was ist das für ein Ohrwurm? Marke Eigenbau?«
Charlotte schüttelt den Kopf. »Das Lied haben wir bei Frau Hasse gelernt, im zweiten Schuljahr. Frau Hasse war nur ein halbes Jahr an unserer Schule. Sie war noch keine richtige Lehrerin.«
»Eine Referendarin?« fragt Berti.
»Kann sein«, sagt Charlotte. »Sie konnte auf jeden Fall tolle Lieder. Jetzt lernen wir nur noch Noten. Oder machen pling-plong auf den Orffschen Instrumenten.« Sie seufzt. »Noten lerne ich nie. Die sehen alle gleich aus.«
Berti will wissen, ob das Eierkuchenlied noch mehr Strophen hat. Charlotte weiß nur noch eine, die anderen hat sie vergessen. »Wunderkerzen sprühen Funken und verlöschen kurz darauf; doch wenn's zwischen uns mal zündet, hört die Freundschaft nie mehr auf . . .«
Berti summt die Melodie mit. Besser gesagt, er brummt wie die Musiker auf seinen Jazzplatten, wenn sie zwischen ihrer Musik einmal singen.
»Brummbär«, sagt Charlotte, »Jazzbrummbär!«
»Freche Singmaus«, sagt Berti, »freche, liebe Mickymaus!«
Er sagt das so nett, daß Charlotte verlegen wird und merkwürdigerweise ganz plötzlich ihr Herz klopfen hört. Sie guckt Berti nicht an, lauscht nach innen und staunt, daß man manchmal sein Herz hört. Schließlich schlägt es doch immerzu, nicht nur manchmal . . .
»Nicht träumen«, sagt Berti. »Mach mal henna! Ich hab ein großes, schwarzes Loch im Bauch.«
Charlotte muß lachen. Das Herzklopfen verschwindet so schnell wie es kam. Berti gebraucht Redewendungen, die sie noch nie gehört hat. *Mach mal henna* statt »tempo« oder »beeil dich!«

Er hat zwei Jahre in einem Haus der Offenen Tür in Bremen gearbeitet. Die Jugendlichen dort haben seinen Sprachschatz erweitert, sagt er, manche Ausdrücke wird er nie wieder loswerden.
Charlotte soll ihm Dill hinstellen, Sahne, Zitronensaft, Joghurt, Zucker, Salz und Pfeffer. Er will die Soße für den Gurkensalat anrühren, schneidet schon eine Zwiebel in kleine Würfel.
Sie kramt alles her, was er braucht, und deckt anschließend den Tisch. Von Mama ist kein Pieps zu hören. Ob sie überhaupt noch da ist?
»Mama«, ruft Charlotte über den Flur. »Was machst du? Ich höre nichts!«
Die Antwort kommt aus dem Badezimmer. »Ich bin in der Badewanne!«
»Mach mal henna«, sagt Charlotte. »Wir sind gleich fertig.«
Es dauert und dauert. Charlotte wird ungeduldig. Berti redet von Milchreis mit Zucker und Zimt, von Pommes und Currywurst, von Tsatsiki und griechischem Bauernsalat. Er stellt eine internationale Speisekarte zusammen, schielt zwischendurch immer wieder zum fertigen Abendbrottisch.
»Wir haben gesagt, daß sie sich amüsieren soll«, seufzt Charlotte, »das tut sie jetzt auch. Vielleicht ist sie eingeschlafen.«
Berti grinst hungrig und wendet die brutzelnden Kartoffeln in der Pfanne. Nebenbei nascht er schnell ein paar Gurkenscheiben aus der Salatschüssel. »Nur zur Vorspeise«, sagt er, als Charlotte ihn vorwurfsvoll ansieht. »Zum nächsten Gang esse ich meine Turnschuhe.«
Die bleiben zu Charlottes Bedauern an seinen Füßen – denn einen Moment später erscheint Mama. Mit frischgewaschenen Haaren, glänzender Nase und ... hmmm ...

Berti und Charlotte schnuppern. »Du duftest wie eine Sommerwiese«, sagt er und guckt Mama wieder so an. Charlotte lächelt zufrieden.
»Es war schön in der Wanne«, sagt Mama. »Entschuldigung. Ich hoffe, es hat nicht zu lange gedauert.«
»Keine Minute«, flunkert Berti. »Setz dich. Ich übernehme den Service.« Blitzschnell verteilt er die Bratkartoffeln, gießt Orangensaft ein und versorgt Mama und Charlotte mit Schinkenröllchen und Salat. Dann läßt er sich im Korbsessel nieder, ordnet seine langen Beine unter den Tisch und schaufelt seelenruhig seinen eigenen Teller voll.
Charlotte beobachtet ihn verstohlen weiter. Er ißt mit so viel Vergnügen, daß es Spaß macht, ihm zuzuschauen. Wenn sie sehr hungrig ist, stopft sie das Essen ganz schnell in sich hinein. Besonders, wenn sie mittags nach der Schule allein essen muß. Hinterher weiß sie oft nicht, wie es geschmeckt hat. Der hungrige Berti ißt langsam und aufmerksam. Bei jedem Bissen kneift er genüßlich die Augen zusammen.
Seine Ruhe steckt an. Mama ißt auch nicht so hastig wie sonst. Und überhaupt – sie sieht ausgeruht und vergnügt aus.
Keiner sagt etwas.
Charlotte genießt die gemütliche Stille. Sie fühlt sich so wohl wie schon ewig nicht mehr. Man müßte einen Zauberspruch erfinden, überlegt sie, und damit die Welt verhexen. Die Zeit müßte stehenbleiben. Dann könnte es immer und überall so gemütlich sein wie hier und jetzt!
Nach einer Weile beginnt Berti zu flüstern: »Der Wasserhahn tropft leise in die gefräßige Stille. Der Kühlschrank lauscht ihm mit knurrendem Magen.«
Mama und Charlotte lachen.
»Pssst«, flüstert Berti, »nicht lachen. Sonst ist der Kühlschrank beleidigt.«

Kaum hat er zu Ende geflüstert, hört das Kühlschrankgeknurre auf, woraufhin Mama und Charlotte noch mehr lachen müssen.
»Ja ja«, sagt Berti, »nachts ist es kälter als draußen.«
Charlotte verschluckt sich an einer Bratkartoffel. Husten, Luftholen und Weiterlachen! Sie guckt Berti begeistert an. Er fentert wirklich genauso gerne wie sie! Weiß er noch mehr Unsinnsätze?
»Am zweiten Ostertag ließ sich der Pfingstochse wieder nicht melken!«
Mama schüttelt den Kopf.
Charlotte kichert.
Berti zwinkert ihr zu. »Du bist dran, Mickymaus!«
Charlotte überlegt. Einen Unsinnsatz zu erfinden ist schwerer als Reimen. »Sonntags kräht kein Huhn mit der Maus um die Wette«, sagt sie kichernd.
Berti lacht.
Mama auch – aber noch mehr Unsinnsätze will sie nicht hören. »Genug geblödelt«, sagt sie. »Ich weiß etwas Besseres.« Sie hat gestern gesehen, daß die italienische Eisdiele wieder geöffnet ist. »Wir machen einen Bummel durch die Fußgängerzone«, schlägt sie vor, »essen ein Eis, und dann ist Feierabend für Charlotte.«
»Und für euch?« fragt Charlotte.
»Was Berti anschließend vorhat, weiß ich nicht«, sagt Mama. »Ich jedenfalls will nachher noch arbeiten. Ich habe gestern eine komplizierte Akte mit nach Hause genommen. War heute eigentlich etwas Besonderes in der Sprechstunde?« fragt sie Berti gleich anschließend.
»Nur Frust«, sagt Berti. »Das Gespräch, das Ute an mich abgegeben hatte, war völlig überflüssig. Es war ja schon alles telefonisch geklärt. Und ansonsten? Kein Mensch war da!«
Hachch . . . Charlotte kriegt Ohrensausen. Mama

und Berti sollen aufhören, über ihre Arbeit zu reden! Wenn sie bei diesem Thema bleiben, ist die gute Stimmung gleich vorbei. Und Charlotte vergessen sie sowieso bei solchen Gesprächen . . .
»Genug Chinesisch«, sagt sie. »Ich bin auch noch da! Wollten wir nicht Eis essen gehen?«

## 4

Bis zur Fußgängerzone sind es nicht mehr als fünfhundert Meter. Charlotte und Mama wohnen im Zentrum der Kreisstadt.
Obwohl das Wetter für einen Märzabend sehr mild ist, wirken die Straßen wie ausgestorben. Nur einzelne Fußgänger schlendern durch die verkehrsberuhigte Zone.
»Total tote Socke«, lästert Berti. »Um sieben klappen alle ihre Bürgersteige hoch und fallen in den Dornröschenschlaf.«
Charlotte kichert. *Total tote Socke!*
Mama wird stachelig. Wie jedesmal, wenn Berti über die kleine Stadt spottet. »Tote Socken gibt's überall«, sagt sie spitz. »In den Großstädten fallen sie nur weniger auf . . . Wieso bist du nicht in Bremen geblieben?«
Berti gibt keine Antwort, zuckt mit den Schultern und macht eine beleidigte Miene.
»Wieviele Einwohner hat Bremen?« fragt Charlotte.
Keiner antwortet.
»Berti, wieviele Einwohner hat Bremen?« Charlotte zupft ihn am Ärmel seiner Jeansjacke.
Er weiß es nicht genau. Ungefähr sechshunderttausend, schätzt er.
»Poooh«, sagt Charlotte, »wir haben nur sechs-

unddreißigtausendvierhundertzweiundvierzig.« Ihr Blick fällt auf eine hochschwangere Frau vor dem gegenüberliegenden Kinderladen TUMMETOTT. »Aber morgend vielleicht sechsunddreißigtausendvierhundertdreiundvierzig!«
Berti und Mama lachen.
Die Frau dreht sich um, lächelt auch. Sie ist wirklich *hoch*schwanger! Vielleicht kriegt sie Zwillinge, denkt Charlotte, dann haben wir noch einen Einwohner mehr ... Sie erwidert das Lächeln der werdenden Zwillingsmutter und fragt Mama beiläufig, wieviel Kugeln Eis heute erlaubt sind.
»Wieviel möchtest du denn? Zwei?«
»Mindestens drei! Schokolade, Nuß und Kiwi.«
Berti will zweimal Stracciatella nehmen, Mama einmal Mocca und einmal Vanille.
Stefano, der Inhaber der Eisdiele, begrüßt sie sehr herzlich. Er lebt in zwei Ländern. Während der Frühlings- und Sommermonate in Deutschland, und von Oktober bis März in Italien. Mama und Charlotte kennt er schon viele Jahre.
Er guckt jetzt fragend von Mama zu Berti, blinzelt vergnügt mit seinen schönen italienischen Augen und lächelt. Man sieht ihm an, was er denkt: Natürlich, daß Mama und Berti ein Liebespaar sind! Was sonst?
Mama sieht für einen kurzen Moment unsicher aus.
Berti leckt genießerisch an seinem Stracciatella-Eis.
»Ein Arbeitskollege«, erklärt Mama schnell. »Bertram Böddeker.«
»Berti genügt«, sagt der und zwinkert Stefano zu.
Charlotte knabbert an dem knusprigen Rand der Waffeltüte. Sie holt mit der Zungenspitze einen Klecks von der Kiwikugel und vermischt im Mund Waffelstückchen, Kiwieis und Spucke zu einer köstlichen Pampe.

Das erste Eis aus der Eisdiele hat eine ganz besondere Bedeutung. Man weiß dann endgültig, daß es Frühling wird, denkt Charlotte, auch wenn man sich noch nicht auf die Sonne verlassen kann. Heute nachmittag wehte noch ein scheußlicher Wind. Die Sonne guckte nur ab und zu um eine Wolkenecke. Jetzt ist es windstill und über der Stadt keine Wolke zu sehen. Charlotte schlendert langsam hinter Mama und Berti her. Der dämmrige Abendhimmel sieht schön aus, verspricht Frühlingswetter für morgen. Es frühlingt, sinniert Charlotte, es frühlingt . . . es frühlingt. Neue Wörter muß man ein paarmal denken, sonst vergißt man sie wieder!

Mama und Berti bleiben am Rathausplatz stehen. Von hier aus sind es nur wenige Minuten bis zu Bertis Wohnung. Er berührt Mama kurz an der Schulter. »Bis morgen, Renate. Tu nicht mehr soviel!«

Ein Lächeln, ein Augenzwinkern für Charlotte. »Addios, Mickymaus. Bis die Tage!« Und schon sieht sie ihn nur noch von hinten.

Nach einigen Metern dreht er sich noch einmal um, ruft: »Danke fürs Abendbrot!«

»Danke gleichfalls«, ruft Charlotte. »Dein Gurkensalat war super. Vergiß nicht, deinen Milchtopf sauberzukratzen!«

Er droht lachend mit hocherhobener Hand und verschwindet in der Marktstraße.

Zu Hause angekommen räumen Mama und Charlotte schnell die Küche auf und stellen das Frühstücksgeschirr für den nächsten Morgen bereit. Das gehört zur Tagesordnung, an deren Einhaltung Mama unerbittlich festhält. Anders geht's nicht, meint sie. Wenn rumgeschlampt wird, bricht das große Chaos aus, und sie kriegt nichts mehr geregelt.

Sie fängt morgens früh an zu arbeiten, geht mit Charlotte zusammen aus dem Haus. Spätestens um acht

Uhr sitzt sie an ihrem Schreibtisch in der Beratungsstelle und teilt ihre Zeit möglichst so ein, daß sie um drei wieder gehen kann. Damit Charlotte nicht zu oft allein ist. Zweimal in der Woche hat sie am frühen Abend zusätzliche Termine und jede Woche einmal das Teamtreffen zu Hause. Die Küchenarbeit ist schnell erledigt.
»Wir sind doch ein gutes Team«, sagt Charlotte. »Stimmt's?«
»Doch, doch«, sagt Mama. »Wir sind gut aufeinander eingespielt.«
»Sag ich doch«, sagt Charlotte. »Willst du jetzt meine Fentergedichte lesen?«
»Gleich«, sagt Mama. »Ausziehen, Waschen, Zähneputzen! Dann komme ich zu dir.«
Eine Viertelstunde später kuschelt Charlotte sich ins Bett. Die Fentergedichte liegen neben ihr auf dem Kopfkissen.
»Lies du vor«, sagt sie, als Mama hereinkommt. »Ab Zicke Zacke auf Seite fünf.«
Mama blättert erst noch einmal zurück, liest schmunzelnd die Gedichte, die sie schon kennt. Dann liest sie laut:

Zicke Zacke
meine Macke
ist nicht deine
ist nur meine.
Deine Macke
meine Macke
Mensch au Backe!
Macke Macke
meck meck meck
Zicke Zacke
du bist weg!

Mama lacht leise, blättert gespannt weiter.
»Jetzt kommen sozusagen zwei Briefe«, erklärt Char-

lotte. Sie hört genau hin, ob Mama alles richtig betont.

Lieber Tausendfüßler!
Gute Wünsche
viele Grüße!
Wäschst Du täglich
Deine Füße?

Mama liest gut. »Der arme Wurm«, sagt sie mitleidig und liest die Nummer sieben.

Bester Schatz!
Ist mein Haus
auch eng und klein
Du paßt immer noch herein.
Keine Sorge
bester Schatz!
Ich hab immer
für Dich Platz!
Deine Schnecke

Mama lächelt Charlotte zärtlich an.
»Ich werde nie wieder sagen, daß du fenterst, liebe Motte!«
»Darfst du aber ruhig«, sagt Charlotte. »Ich hab nix dagegen. Du darfst mich nur nicht beim Dichten stören . . .«
»Ehrensache!« sagt Mama. »Ich werde ab sofort nur noch in Notfällen stören. Gute Nacht, kleine Dichterin!«
Charlotte will nicht, daß Mama schon geht. »Berti und ich haben heute zusammen gedichtet«, erzählt sie und sagt die Reime vom Gummibärchen und Tante Klärchen auf.
Mama hat nachdenklich zugehört. »Solche Sachen machst du mit Berti?« fragt sie ein bißchen abwesend.
»Hmmm. Ich finde ihn sehr, sehr nett . . . Und du? Findest du ihn auch nett?«

»Ich?« Mama zögert. »Ja, doch – ich finde ihn manchmal auch nett.«
»Nur manchmal?« versucht Charlotte zu forschen, obwohl Mama nicht so aussieht, als ob sie noch mehr dazu sagen will.
Sie tippt auf Charlottes Nasenspitze. »Ende der Sprechstunde! Jetzt wird geschlafen!«
»Oooch, ich bin noch quietschwach.«
»Nicht mehr lange! Deine Augen sind schon quietschmüde.« Mama gibt ihr einen Kuß und steht auf. Sie will arbeiten, steht in ihrem Gesicht geschrieben. Da ist nichts mehr zu machen!
»Laß die Tür auf«, bittet Charlotte, »und schmeiß Justus herüber. Er sitzt auf der Schreibtischlampe.«
Justus ist der einzige, der noch mit Charlotte zusammen schlafen darf. Alle anderen Bettgefährten – einen Haufen Kuscheltiere und zwei Puppen – hat sie Weihnachten ins Bücherregal verbannt. Sie sind nicht mehr wichtig. Aber Justus, der lustige Stoffclown mit lila Haaren und langen Schlenkerarmen und Schlabberbeinen hat Sonderrechte. Charlotte hatte ihn im letzten Sommer bei TUMMETOTT entdeckt und sich sofort in ihn verliebt. Weihnachten lag er dann bei der zweiten Bescherung unter dem Tannenbaum. Bei Mamas Eltern, Oma Luise und Opa Kurt. Sie erfüllen Charlotte fast jeden Wunsch, sie merken sofort, wenn ihr etwas wichtig ist. Justus war ziemlich teuer, sie haben ihn trotzdem gekauft.
Charlotte ist ihr einziges Enkelkind hier in der Gegend. Früher, als sie noch nicht zur Schule ging, war sie täglich bei ihnen. Sie wohnen am Stadtrand, wo gleich nebenan die Kornfelder und Wiesen anfangen. Wie alle dort draußen haben sie ein eigenes Haus und einen großen Garten. Damals war Charlotte an zwei Orten zu Hause, in der Detmolder Straße bei Mama und im Hollental bei Oma Luise und Opa Kurt.

Bessere Großeltern gibt's nicht, sagt Charlotte, auch wenn Opa ein Knöterich sein kann und Oma Luise viel zu fleißig ist. Sie ist noch fleißiger als Mama! Aber sie ließ immer alle Arbeit stehen und liegen, wenn Charlotte eine Geschichte hören wollte. Oder getröstet werden mußte, weil sie Reibereien mit Opa hatte. Zu ihm paßte der Name Knöterich haargenau, meint Charlotte, besser als zu dem rankenden Gewächs an seiner Gartenmauer. Er ist ein strenger Mann, regt sich schnell auf, schimpft laut polternd auf den Bürgermeister oder aufs Wetter. Je nachdem. Schlimmstenfalls auf Oma Luise oder auf Mama. Und ab und zu auch auf Charlotte. Man muß Opa einigermaßen kennen, um ihn richtig gern zu haben.
Seit Sonntag hat Charlotte weder ihn noch Oma Luise gesehen. Morgen ist Freitag, Charlotte weiß hundertprozentig, daß sie morgen auftauchen werden. Eine ganze Woche ohne Großelternbesuch kommt nicht vor. Dafür sind sie immer viel zu besorgt um Charlotte und Mama!

## 5

Am nächsten Tag, Punkt zwei, steht Oma Luise in der Tür.
»Du tust mir in der Seele leid«, sagt sie, »immer bist du allein.« Seufzend stellt sie zwei große Taschen ab. »Wenn es nach uns ginge, würdest du mittags im Hollental essen. Du könntest anschließend in Ruhe deine Schulaufgaben erledigen und bleiben, bis deine Mutter wieder zu Hause ist.«
»Warum?« fragt Charlotte. Mehr aus Gewohnheit als aus Neugierde. Sie weiß ja, was kommt. Die alte Leier!

»Warum wohl?« sagt Oma auch prompt und seufzt schon wieder. »Jedes Kind braucht ein warmes Nest.«
»Ich friere nicht«, sagt Charlotte, »und allein bin ich auch nicht zu oft. Mama kommt schon um drei, das weißt du doch. Außerdem bin ich sowieso nicht dauernd zu Hause. Ich hab schließlich auch Freunde.«
»Ja, ich weiß«, sagt Oma Luise nicht sehr überzeugt. Sie guckt Charlotte mitleidig an. »Trotzdem – ihr seid beide arm dran, so ganz ohne Mann.«
Charlotte denkt an Berti und grinst heimlich. Oma weiß ja noch nichts von ihm, und vorläufig wird Charlotte auch nichts verraten. Sie sagt nur: »Oooch, besser arm dran als Arm ab!« Das sagt Opa Kurt immer, wenn jemand stöhnt oder jammert. Er tut dann sehr ruppig. Aber Charlotte kann er nichts vormachen. Vor lauter Mitleid wird er innen so weich wie Sahnecreme!
Einmal hatte sie zwei Finger in seiner Garagentür eingeklemmt. Da wußte er nichts Besseres, als in Ohnmacht zu fallen, und Oma Luise hatte gleich zwei Patienten zu versorgen . . .
»Wo ist Opa eigentlich? Kommt er gleich noch?«
»Er liegt auf dem Sofa und schimpft auf die Ärzte und Apotheker.« Oma zuckt mit den Schultern. »Es hat ihn erwischt. Grippe mit Fieber und Schnupfen.«
Sie räumt ihre Taschen aus und stapelt das übliche auf den Küchenschrank; saure Gurken, Schnippelbohnen, Marmelade, Rote Bete und Birnen. Alles aus eigener Herstellung, Eingemachtes aus dem letzten oder vorletzten Jahr!
Sie könnte ein ganzes Kinderheim aus ihrem Vorratskeller beliefern. Der Garten ist viel zu groß für zwei alte Leute, sagt Mama und predigt ihren Eltern jeden Sommer wieder, daß sie Rasen aussäen und sich zwei Liegestühle anschaffen sollen. Sie hat schon gedroht, keinen einzigen Salatkopf und nichts Eingemachtes

mehr anzunehmen. Doch gegen Oma und Opa kommt sie nicht an. Wenn die Zeiten mal schlechter werden, behaupten sie eigensinnig, werden Obst und Gemüse aus eigenem Anbau wieder mehr wert sein als alles andere. Sie haben schließlich schon die Inflation und einen Krieg erlebt, sagen sie, sie wissen, wie es den kleinen Leuten dabei ergeht. Solange sie leben, soll der Garten ein Garten bleiben. Eine Liegewiese brauchen sie nicht!

Mama ereifert sich dann ganz fürchterlich, Opa kommt richtig in Rage, und Oma Luise rackert sich für den Frieden ab. Sie gibt Mama recht und gibt Opa recht, sie will beide beschwichtigen. In Wirklichkeit feuert sie das Palaver damit noch an ...

Charlotte hört bei diesen und ähnlichen Diskussionen gar nicht mehr hin. Das sind Erwachsenenfaxen, die sie niemals verstehen wird. Anstatt daß einer den anderen tun läßt, was er will, verkomplizieren sie die einfachsten Dinge.

»Lottchen, träumst du schon wieder?« fragt Oma Luise in Charlottes Gedanken, stupst sie zärtlich mit einem Finger in die Rippen.

Das kitzelt angenehm unangenehm. Charlotte quietscht ein bißchen und brummt dann, daß sie nicht träumt, sondern denkt, und daß sie sich langsam verfolgt fühlt.

»Wieso das?« Oma Luise bekommt einen sorgenvollen Blick.

»Weil *alle* denken, daß ich träume, wenn ich denke.«

»Wer träumt das?« fragt Oma verwirrt.

Als Charlotte laut loslacht, merkt sie ihren Versprecher, verbessert sich schnell. »Wer denkt das?«

»Alle! Mama, du, Opa Kurt, die Lehrer. Einfach alle!«

Oma Luise wird hellhörig. »Die Lehrer? Hattest du Ärger in der Schule?«

Charlotte schüttelt den Kopf. »Keinen Ärger – nur die

Strohmeier hat mich heute dreimal gefragt, ob ich mit offenen Augen träume. Dauernd wird man beim Denken gestört!«

Oma Luise schmunzelt. »Soweit ich mich erinnere, soll man in der Schule öfter aufzeigen als denken. Könnte Frau Strohmeier das so gemeint haben?«

»Ich zeige erst auf, wenn ich genug gedacht habe«, sagt Charlotte und seufzt. »Die anderen denken weniger, darum sind sie im Aufzeigen schneller als ich.«

»Tja«, sagt Oma Luise, »das ist ein Dilemma. Aber solange deine Noten so bleiben, wie sie bisher immer waren, kannst du auf keinen Fall sitzenbleiben«, fügt sie tröstend hinzu und: »Das ist die Hauptsache!«

Charlotte wendet sich ärgerlich ab. Oma versteht nicht, um was es ihr geht! »Die Hauptsache ist, daß ich bessere Noten will und nicht kriege!«

»Dann mußt du weniger denken oder nur noch so denken, daß keiner sieht, daß du träu ... tr ... Quatsch – daß keiner sieht, daß du denkst.« Oma ist ganz konfus vor lauter Denken über das Denken.

Charlotte kichert. »Ich denke. Du denkst. Er, sie, es denkt. Wir denken!« Sie schüttelt sich. »Davon kriegt man ja Ohrensausen ... Hast du überhaupt nichts Leckeres mitgebracht? Nur Querdurchdengarten?«

Auf diese Frage hat Oma Luise schon gewartet, sagt sie. Natürlich hat sie wie immer etwas Süßes parat. Ein Streifen Bienenstich – selbstverständlich aus eigener Herstellung – liegt noch im Auto.

Während sie den Kuchen holt, stellt Charlotte die Kaffeemaschine an. Für Oma, und für Mama gleich mit.

Am Kaffeetisch fällt ihr Kurt Knöterich ein, der krank auf dem Sofa liegt und wettert und schimpft. »Solange er schimpft, ist er noch ziemlich gesund. Stimmt's?«

Oma Luise gibt keine Antwort. Sie rührt mit dem Löf-

fel in ihrer Kaffeetasse herum, rührt und rührt und starrt gedankenversunken auf einen Fliegendreckklecks auf der Tischdecke.
Charlotte läßt sie eine Weile in Ruhe. Dann fragt sie streng: »Luise, was tust du jetzt gerade? Hat das Lottchen dich etwa angesteckt?«
Oma Luise lacht. »Ja, du Schlaumeierin! Ich denke und denke!«
»Sag ich doch«, sagt Charlotte und nimmt ein Kuchenstück in beide Hände. Wenn man hineinbeißt und die Puddingsahnecreme an den Seiten so dick und schmierig herausquillt, daß man mit der Zunge ganz schnell die Reste auffangen muß, schmeckt Omas Bienenstich am allerbesten. Mit der Kuchengabel ist das Vergnügen nur halb so groß!
»Bei uns gab's heute mittag Blumenkohlauflauf«, erzählt Oma Luise beiläufig. Die Einleitung für eine immer wiederkehrende wichtige Frage ... Richtig! »Was gab's bei dir?«
Charlotte hat ein Stück Pizza im Backofen aufgewärmt. Das hatte Mama heute morgen schon aus dem Gefrierfach genommen und bereitgestellt. Eine einfache Sache!
Um nicht weitere Essensauskünfte geben zu müssen, zeigt Charlotte auf die Pinnwand. »Da hängt unser Wochenplan. Für jeden Tag eine warme Mahlzeit!«
Oma hat dauernd Angst, daß Mama und Charlotte verhungern könnten. Darum interessiert sie sich sehr für alle Einzelheiten, die mit Kochen und Küche zu tun haben. Essen hält Leib und Seele zusammen, sagt sie immer. Und: Eine warme Mahlzeit löst alle Probleme.
Sie kontrolliert Mamas Speisezettel. »Bratkartoffeln und Gurkensalat, das geht ja«, murmelt sie. »Aber dann: Pizza, Nasi Goreng, Spaghetti Bolognese!« Sie schnauft laut und ein bißchen verächtlich. »Italie-

nisch! Chinesisch! Lauter Fentereien!«
»Nasi Goreng ist indonesisch«, verbessert Charlotte.
»Das ist dasselbe«, brummt Oma. »Es geht nichts über deutsche Küche.«
»Ja ja, nachts ist es kälter als draußen«, flüstert Charlotte ganz leise und leckt Bienenstichcreme von ihren Fingern. Laut sagt sie: »Achtung! Mama kommt!«
Sie grinst, weil Oma Luise sich sofort brav an den Tisch setzt und ein ganz harmloses Gesicht macht. Speisezettelkommentare gibt sie nur, wenn sie mit Charlotte allein ist. Mama gegenüber ist sie viel vorsichtiger mit ihrer Meinung!
Die Erwachsenen sind wirklich sehr kompliziert, denkt Charlotte. Sie weiß genau, daß Oma und Mama sich gernhaben, aber um solchen Pipifax kriegen sie sich in die Haare!
Mama sieht ziemlich erledigt aus. Sie freut sich auf das freie Wochenende, sagt sie, im Büro ist im Moment der Teufel los.
»So viel zu tun?« fragt Oma Luise besorgt.
»Viel zu tun und gleichzeitig Ärger im Team«, erwidert Mama. »Es kommt wie so oft alles auf einmal.«
Sie will keinen Kuchen, nur Kaffee und eine Zigarette. Charlotte kräuselt die Nase. Wenn Mama raucht, hat sie Probleme . . . Normalerweise faßt sie keine Zigarette mehr an!
»Ein Stück Bienenstich ist besser als eine Zigarette«, sagt Oma Luise vorsichtig. »Essen hält Leib und Seele zusammen.«
»Und eine warme Mahlzeit löst alle Probleme«, sagt Mama ironisch und seufzt gleich darauf. »Ach Mutter, wenn alles so einfach wäre, brauchte es keine Familienberatungsstelle zu geben.«
»Iß wenigstens ein bißchen, Renate!« Oma schiebt Mama beharrlich den Kuchenteller hin. »Du machst dich kaputt für andere Leute.«

Mama zieht die Augenbrauen hoch, schiebt den Kuchenteller zurück.
O je! Gewitterstimmung!
Charlotte ist mit Julia verabredet – besser, sie verschwindet sofort. Bevor es donnert und blitzt.
»Tschüß Mama, ich geh zu Julia! Tschüß Oma, sag Opa gute Besserung von mir!«
Mama blickt Oma fragend an. »Vater ist krank?«, und zu Charlotte gewandt sagt sie: »Komm bitte nicht so spät. Ich muß zwischen sieben und acht noch mal weg.«

## 6

Julia Finkeldei ist die einzige in der Klasse 4 a, mit der Charlotte richtig befreundet ist. Gelegentlich treffen sich beide auch mit Nalle und Sanne und Judith und Miriam. Aber wirklich nur gelegentlich. Zu zweit ist alles einfacher als im Rudel!
Mit Julia kann Charlotte über alles Wichtige reden. Zumindest über fast alles! Es gibt auch Privatsachen, die sie für sich ganz allein haben will. Trotz aller Freundschaft!
Ihre lila Kladde zum Beispiel hat sie bisher Julia noch nicht gezeigt. Außer Berti, und seit gestern auch Mama, weiß niemand, daß Charlotte dichtet und reimt. Das Reden über solche Dinge kann sehr gefährlich sein! Es ist wie mit einem schönen Traum: Wenn man ihn zu oft erzählt, bleibt nichts von seinem Zauber übrig. Er platzt wie eine Seifenblase.
Das zweite Geheimnis, das Charlotte vor Julia hütet, ist die Sache mit Berti. Darüber will sie erst reden, wenn alles klar ist. Manchmal stellt sie sich vor, wie es sein wird, wenn sie demnächst zu Julia sagt:

»Duuu, weißt du schon das Allerneueste?«
»Nee«, wird Julia erwidern. »Erzähl schon!«
»Mama und Berti heiraten nächsten Monat. Wir machen zu dritt eine Hochzeitsreise in den Süden.«
Julia wird total aus dem Häuschen sein! Sie kennt Berti nämlich, Charlotte war einmal mit ihr zusammen bei ihm. Eine Stunde nur, aber die hat gereicht. Julia war sehr beeindruckt. »Der ist richtig schnukkelig«, hat sie gesagt, »zum Verlieben!«
Für Charlotte war das eine große Versuchung. Beinahe hätte sie alles verraten. Im allerletzten Moment konnte sie sich Gott sei Dank bremsen.
Manchmal muß man sehr aufpassen, grübelt sie, daß einem die Wörter nicht einfach aus dem Mund purzeln. Wörter können vorwitziger sein als eine Horde frecher Spatzen.
Irgendein Gefühl sagt ihr, daß es besser ist, vorläufig über Mama und Berti zu schweigen. Auch wenn das, gerade Julia gegenüber, nicht leicht ist.
Bei Finkeldeis platzt Charlotte in den reinsten Familienauflauf. Julias Vater ist eben aus Spanien zurückgekommen. Er fährt den Ferntouristik-Bus eines Reiseunternehmens. Wenn er nach tagelanger Abwesenheit zu Hause aufkreuzt, stürzen sich alle auf ihn.
Julia sitzt ganz nah neben ihm auf der Küchenbank, ihre drei kleinen Geschwister quetschen sich zwischen seine Beine. Seine Frau bestürmt ihn mit Fragen.
Er scheint das alles sehr zu genießen, redet mit Händen und Füßen und zwickt und krault abwechselnd seine Kinder.Sitzt da wie ein Riesenbär, der in seine Höhle heimgekehrt ist.
Frau Finkeldei macht einen Stuhl frei, packt das daraufliegende Spielzeug schnell auf den Fußboden.
Charlotte setzt sich, obwohl sie viel lieber sofort wieder gehen würde. Sie fühlt sich unbehaglich und

überflüssig. Oma fällt ihr ein mit ihrem: Ihr seid beide arm dran, so ganz ohne Mann! Vorhin war das eine harmlose Oma-Luise-Leier. Hier bei den sechs Finkeldeis kriegen die Wörter ganz plötzlich Gewicht, fallen steinschwer in Charlottes Bauch. Warum bloß? Sie denkt schnell an Berti – an Mama und Berti ... Das tut ihr gut! Vielleicht sollte sie doch mit Julia reden? Vielleicht hat Julia eine brauchbare Idee, wie man die Sache ein wenig beschleunigen könnte ... Die Erwachsenen sind zu langsam, zu kompliziert, zu schwer von Begriff! Vielleicht muß man Mama ein bißchen schubsen. Zu ihrem Glück schubsen ... Es ist schon so viel Zeit vergangen, und Mama merkt einfach nichts.
»Wir können uns ruhig verkrümeln«, sagt Julia. »Mein Papa läuft mir nicht weg. Er geht erst am Dienstag wieder auf Tour.« Sie gibt ihm einen zärtlichen Klaps, streckt ihren Geschwistern die Zunge heraus, hangelt sich unter dem Tisch durch zu Charlotte. »Woll'n wir raus oder nach oben?«
»Raus«, sagt Charlotte. »Es ist so schön draußen.«
Sie bummeln zum sogenannten Stadtpark. Die kleine Grünanlage liegt zwischen der Post und dem Bahnhof. Der Himmel zeigt weiße Wattewölkchen, die Sonne wirft Licht- und Schattenstreifen auf den Bürgersteig. Viele Fußgänger gehen mit offenen Mänteln, einige mutige Autofahrer haben ihre Fenster heruntergekurbelt und die Schiebedächer geöffnet.
»Es frühlingt«, sagt Charlotte. »Jeden Tag ein bißchen mehr.«
Julia tippt sich an die Stirn. »Es ist ganz schön kühl«, sagt sie, »und es baggert!« Mit dem Kinn zeigt sie auf die große Baustelle vor der Post. »Im Winter war wenigstens Ruhe. Jetzt fangen sie wieder an mit ihrem Spektakel!«
Julia ist viel praktischer als Charlotte. Ob es frühlingt

oder sommert, ist ihr ziemlich egal. Sie guckt in den Himmel, damit sie weiß, was sie anziehen muß. Sie hat keine Ahnung, was einem alles einfallen kann, wenn man die Wolken betrachtet! Julia weiß über andere Dinge Bescheid – über Dinge, von denen Charlotte keinen blassen Schimmer hat . . .

Julia weiß, wie man Babys füttert und wickelt, und sie weiß, wie es ist, wenn Eltern sich streiten und wieder versöhnen.

Julia weiß über die Liebe Bescheid!

Bei diesen Gedanken rutscht Charlottes Herz ein Stück tiefer. Soll sie über Mama und Berti reden? Oder soll das eine Privatsache bleiben?

Julia hakt sich in Charlottes Arm. »Was hast du heute bloß? Ist irgendwas los?«

»Das reimt sich«, sagt Charlotte gedankenverloren. Dann gibt sie sich einen inneren Schubs. »Berti will Mama heiraten!«

Julia bleibt stehen und guckt sie verdattert an. »Spinnst du jetzt, Chlotte? Oder spinne ich?«

Chlotte sagt sie nur selten. Nur dann, wenn sie total aus dem Häuschen oder total durcheinander ist. Jetzt trifft wohl beides zu; ihr Gesichtsausdruck ist nicht zu beschreiben. Doch schnell ist sie wieder die praktische Julia, die so leicht nichts erschüttern kann. Sie nimmt Frau Strohmeiers Tonfall an. »Charlotte!« sagt sie drohend. »Du träumst mit offenen Augen!«

»Hör sofort mit der Strohmeier auf«, sagt Charlotte, »und hör mir zu! Die Sache ist ernst!«

Sie erzählt, daß Berti sich in Mama verliebt hat, und daß sie, Charlotte, gleich von Anfang an so eine Ahnung hatte. Inzwischen glaubt sie hundertprozentig, sagt sie, daß es Liebe auf den ersten Blick war, und daß Berti garantiert Mama heiraten und Charlotte adoptieren will. Sie erzählt, wie oft sie ihn in den letzten Wochen besucht hat, und wie nett er immer zu ihr ist, und wie seine Augen blitzen, wenn er Mama anguckt. Daß alles ganz klar ist, sagt Charlotte, daß nur Mama nichts merkt, und es deshalb nicht vorangeht mit den beiden. Ob Julia keine Idee hat, fragt sie abschließend.

Julia hat ihr aufmerksam zugehört, aber sehr überzeugt sieht sie nicht aus. »Vielleicht träumst du dir doch etwas zusammen«, sagt sie vorsichtig. »Ich weiß nicht, ob Berti überhaupt zu deiner Mutter paßt. Er ist doch viel jünger als sie!«

»Nicht viel«, sagt Charlotte. »Nur drei Jahre, er ist dreiunddreißig.«

»Und er hat keine Freundin? Das weißt du genau?«

Charlotte zögert einen Moment. Ganz genau kann sie das natürlich nicht wissen. Sie denkt kurz an Bremen – übers Wochenende war Berti schon zweimal dort –, schiebt jedoch den Gedanken schnell an die Seite. »Wenn er eine Freundin hätte, würde er Mama nicht so angucken!«

»Das ist kein Beweis«, meint Julia. »Mein Vater guckt auch öfter andere Frauen an. Ich meine, er guckt sie so an, daß meine Mutter ganz fuchtig wird. Aber er sagt, das hat nichts zu bedeuten.«

Dazu fällt Charlotte nichts ein. Sie hat wohl wirklich keine Ahnung von Eltern!

»Küssen sie sich?« fragt Julia.

»Wer? Deine Eltern?«

Julia lacht. »Die sowieso!« Ob Berti und Mama sich küssen, will sie wissen.

»Nee, eigentlich nicht.«

Julia ist enttäuscht. »Das ist das mindeste!« sagt sie. »Wenn du niemals siehst, daß sie sich küssen, sind sie auch nicht verliebt!«

Zum Glück hat Charlotte doch etwas gesehen. Seinen Arm hat Berti schon zweimal um Mama gelegt!

»Mehr nicht?« Julia will jetzt alles wissen.
»Sie waren schon einmal zusammen im Kino und einmal in einer Kneipe. Berti war schon ein paarmal bei uns zum Essen, und zweimal hat er uns in seine Wohnung zum Nudelauflauf eingeladen. Das alles zusammen ist ganz schön viel! Mama macht solche Sachen sonst gar nicht!«
»Sie geht nie mit einem Mann in die Kneipe oder ins Kino?« fragt Julia ungläubig. »Verliebt sie sich nie?«
Charlotte zuckt die Achseln, kräuselt die Nase. »Vor ein paar Jahren ist sie noch öfter ausgegangen . . . Es gab einen Werner und danach noch einen Ullrich. Aber in die war sie bestimmt nicht verliebt!« Sie schüttelt energisch den Kopf. »Nee, ganz bestimmt nicht! Die waren beide zu blöd zum Verlieben. Werner war viel zu alt für meine Mama, und Ullrich hat mit mir geredet, als ob ich ein Baby wäre!«
Charlotte erinnert sich genau . . . Sie war sehr froh, daß dieser Ullrich irgendwann nicht mehr kam und sie Mama wieder für sich allein hatte. »Richtig verliebt«, murmelt Charlotte, »*richtig* verliebt war Mama früher – in meinen Vater, bevor sie bei ihm ausgezogen ist . . .«
Julia kennt die Geschichte natürlich: Mama hat vor ungefähr zwölf Jahren während ihrer Studienzeit in München einen Psychologiestudenten kennengelernt. Andreas hieß er, Andreas Nübel. Sie haben sich heftig ineinander verliebt und sind ziemlich schnell zusammen in eine Wohnung gezogen. Mama machte zügig ihr Examen und fand anschließend sofort eine Arbeitsstelle beim Münchener Caritasverband. Der Andreas wollte die Welt verbessern, aber nichts dafür tun. Er kümmerte sich um überhaupt nichts. Weder um die gemeinsame Wohnung, noch um seine Prüfungstermine. Er wollte die Welt verbessern – aber möglichst von einer Hängematte aus. So hat es Mama

Charlotte erklärt. Es gab immer öfter Streit und immer seltener Liebe. Sie waren zu verschieden, sagt Mama. Als sie eines Tages noch zufällig entdeckte, daß er neben ihr noch andere Freundinnen hatte, glaubte sie ihm gar nichts mehr und zog aus. Drei Wochen später merkte sie, daß sie schwanger war. Erst war sie geschockt, dann hat sie sehr gründlich nachgedacht. Sie hat sich dafür entschieden, ihr Kind allein großzuziehen, hat dem Andreas kein Sterbenswörtchen gesagt und ist in ihre Heimatstadt zurückgegangen.

Eltern, die sich nicht lieben, sind schlimmer für ein Kind als eine alleinerziehende Mutter, sagt Mama, und für eine Frau ist es besser, keinen Mann zu haben als einen unzuverlässigen!

Daß es nicht immer leicht für sie war, sagt sie auch, aber ihre Entscheidung hat sie keine Sekunde bereut. Sie ist sehr froh, daß es Charlotte gibt . . .

Julia kneift Charlotte in den Arm. »Heee, hast du die Sprache verloren? Du läufst wie ein Geist neben mir her!«

Charlotte seufzt. Ja, sie war ganz weit weg. Wieso, weiß sie auch nicht . . . »Wenn ich nur wüßte, was man tun kann«, sagt sie trübsinnig.

Sie setzen sich auf die verwitterten Steine, die teilweise den Stadtpark einfrieden; die letzten Reste der Stadtmauer aus uralten Zeiten.

»Vielleicht ist Berti ja wirklich verliebt«, überlegt Julia, »aber du mußt herauskriegen, wie es um deine Mutter steht. Warum sollen wir uns die Gehirne zerquetschen, wenn sie ihn gar nicht will . . . Wie ist sie denn, wenn er zu euch kommt?«

»Manchmal ist sie nett zu ihm und wird richtig vergnügt – manchmal wird sie ganz stachelig und fängt fast Streit mit ihm an!«

»Bei meinen Eltern ist das auch mal so und mal so.«

»Sie sehen so aus, als ob sie sich immer lieben!«
»Alles Tarnung«, lacht Julia. »Vor Besuchern reißen sie sich meistens zusammen. Und wenn Papa gerade erst wieder aufgetaucht ist, so wie heute, lieben sie sich, na klar, wie verrückt. Zwei Tage später werden sie wieder normal. Um irgendwas fauchen sie plötzlich los. Und wenn ich anfange, mir Sorgen zu machen, fangen sie mit der Versöhnerei an, und alles beginnt wieder von vorne. Die Liebe ist bei den Erwachsenen eine sehr komplizierte Sache! – Frag deine Mutter doch einfach, wie sie Berti findet.«
»Ich glaube, sie will nicht über ihn reden. Du kennst sie doch! Was sie nicht will, das tut sie auch nicht!«
Charlotte seufzt leise. »Jetzt hat sie auch noch Probleme in der Beratungsstelle und Ärger mit dem Team. Heute mittag war sie ganz matschig, und geraucht hat sie auch.«
»Dann mußt du warten, bis sie besser gelaunt ist. Für schwere Fragen ist der richtige Zeitpunkt das Wichtigste! – Sollen wir mal bei Berti vorbeigucken?«
»Jetzt? Wir beide zusammen? Einfach so?«
Charlotte weiß nicht . . . Vielleicht war es doch falsch, mit Julia zu sprechen. Vielleicht verplappert sie sich . . . Das wäre eine schreckliche Blamage!
Julia springt von der Mauer und hält ihr eine Hand hin. »Sei kein Frosch, Chlotte! Ich sag schon nix Falsches. Ich will Berti nur kurz unter die Lupe nehmen. Sack und Asche über mich, wenn ich irgendwem auch nur eine Silbe verrate! Ich weiß von überhaupt nichts!«
Charlottes Sorgen verschwinden. Auf Julias Wort kann sie sich verlassen.

# 7

Berti ist anscheinend nicht in seiner Wohnung. Nach mehrmaligem Klingeln geben sie es auf.
»Das war vorauszusehen«, meint Julia. »Für Liebesgeschichten braucht man Geduld und Spucke! – Was stellen wir nun an?«
Charlotte will eigentlich heute noch in der Stadtbücherei nachsehen, ob endlich die neuen, schon lange angekündigten Bücher eingetroffen sind. Sie könnten ja jetzt zusammen hingehen . . .
Julia ist sofort einverstanden. Sie kann Kassetten für die Krabatzen gebrauchen, sagt sie, damit die ihr am Wochenende nicht dauernd auf die Pelle rücken.
Wenn sie von den *Krabatzen* spricht, ist das die reinste Liebeserklärung. Mindestens genauso oft will sie Sack und Asche über sie stülpen und lieber ein Einzelkind sein.
Julia weiß nicht, wie gut sie es hat! Charlotte beneidet sie um ihre kleinen Geschwister. Richtig süß sind die drei!
Jeder will das, was er nicht hat, sagt Oma Luise immer. Erst, wenn alle das wollen, was sie haben, fängt der Himmel auf Erden an. Und damit könnte sie ausnahmsweise mal recht haben.
Die neuen Bücher sind tatsächlich da und bereits für die Ausleihe einsortiert. Charlotte ist begeistert! Drei Meter neue Kinderbücher und dazwischen zwei Erich-Kästner-Titel, die sie noch nicht kennt! Julia will zum Glück keinen davon. Sie ist aus dem Alter heraus, grinst sie, und überhaupt – sie hat zur Zeit keine Lust auf Bücher.
Charlotte nimmt beide mit. Nachdem sie von Mama

*Das doppelte Lottchen* geschenkt bekam, hat sie alle Kästner-Bücher gelesen, die in der Kinderabteilung der Bücherei stehen. Er war ein toller Schriftsteller! Er fand immer ein glückliches Ende für seine Geschichten!
Julia will von der Bücherei aus zu ihrem Pa und zur Freitag-Vorabendserie im Fernsehen. Charlotte begleitet sie noch ein Stück.
Vor ihnen marschiert Frau Peckelsen, mit ihrem Enkelkind an der Hand. Die *resolute* Frau Peckelsen, sagt Berti, wenn er von seiner Vermieterin spricht. Er hat recht! Sie geht viel zu schnell für den Kleinen. Wie ein Hund an einer zu kurzen Leine dackelt er neben ihr her, sieht aber erstaunlich vergnügt dabei aus. Sein Kopf wackelt von links nach rechts, von vorne nach hinten. Überall scheint er aufregende Dinge zu sehen. Hoppla! Jetzt reißt er sich von der resoluten Omahand los, stolpert und knallt auf seine Knie. Er bleibt platt auf dem Bürgersteig liegen und guckt mit offenem Mund erschrocken nach oben. Gleich wird er losschreien!
Charlotte und Julia beobachten, halb besorgt, halb neugierig gespannt, wie dieser kleine Unfall ausgehen wird.
»Mund zu, aufstehen, weitergehen!« kommandiert die Peckelsen-Oma.
»Die spinnt wohl!« sagt Charlotte böse. »Er hat sich doch weh getan!« Berti hat noch untertrieben; seine Vermieterin ist nicht nur resolut, die ist rabiat!
»Guck dir das an«, sagt Julia. »Guck dir das an! Es funktioniert! Das muß ich mir für meine Krabatzen merken!«
Der Kleine tut genau das, was seine Oma gesagt hat: macht seinen Mund zu, steht auf und geht weiter! Frau Peckelsen nimmt ihn energisch an ihre Hand und marschiert doch tatsächlich im gleichen Tempo

weiter. »Sie ist keine Oma, sondern ein Drachen!« sagt Charlotte empört. »Sie hat keine Ahnung von Psychologie!«
»Psy-cho-lo-gie! Blödes Wort«, sagt Julia. »Hat deine Oma etwa Ahnung davon?«
»Oma Luise hat's mit der Seele«, sagt Charlotte. »Ihr tut immer alles in der Seele leid. Das ist so ähnlich wie Psychologie. Sie hätte den Kurzen auf jeden Fall erst mal getröstet. Die Peckelsen marschiert einfach weiter! Der Kleine ist arm dran!«
Julia glaubt nur das, was sie sieht.
»Er kennt seine Oma besser als du«, sagt sie. »Guck doch, er sieht ganz zufrieden aus. Zu Hause kriegt er vielleicht zwei schöne Pflaster auf die kaputten Knie gepinnt und obendrein einen Lutscher, weil er nicht geplärrt hat.«
Charlotte widerspricht Julia nicht. Was sie sagt, stimmt ja vielleicht. Vielleicht aber auch nicht.
Vielleicht weint er innen, denkt Charlotte, das kann keiner wissen. Außen und innen – das paßt manchmal überhaupt nicht zusammen. Was in einem tief drinnen, in den seelischen Abteilungen, geschieht, kann schlimmer sein als das, was außen passiert. Weil es ja für innen kein Pflaster gibt . . . und kein Taschentuch, mit dem man die Tränen tief drinnen abwischen könnte. Um solche und andere Probleme kümmern sich die Psychologen, die Sozialpädagogen und andere Sozialmenschen . . .
»Hör auf zu brüten!« knurrt Julia neben Charlotte. »Ich habe schon zweimal gefragt, was du morgen machst! Und was machst du am Sonntag? Hast du Zeit oder habt ihr etwas vor?«
Charlotte überlegt. Hat Mama irgend etwas fürs Wochenende geplant oder angekündigt? Charlotte fällt nichts ein. Nur ein leiser Gedanke an Berti. Vielleicht können sie am Sonntag etwas zu dritt unterneh-

men ... Zum Beispiel bei schönem Wetter die zehn Kilometer zum Stausee rausfahren und dort um den See laufen. Vielleicht sogar Tretbootfahren ...
»Morgen habe ich eher Zeit als Sonntag«, sagt sie schließlich. »Ich rufe dich aber vorsichtshalber morgen früh an.«
»Okay«, sagt Julia, »und sag es mir sofort, wenn du was Neues weißt. Quetsch deine Mutter aus. Vielleicht ist sie nachher in Stimmung!«
Charlotte trödelt in Richtung Detmolder Straße. Sie braucht sich nicht zu beeilen. Mama erwartet sie erst um sieben.
Um sie herum lärmt der beginnende Feierabendverkehr. Charlotte betrachtet nachdenklich das Gewusel. Autoschlangen und verstopfte Straßen gibt es nicht nur in den Großstädten. Während der Hauptverkehrszeiten platzt die kleine Stadt aus den Nähten. Von toter Socke ist jetzt nichts zu sehen. Gibt es hier mehr Autos als Einwohner?
Berti behauptet, in der Großstadt komme man eher ohne Auto zurecht als hier auf dem Land. Die U-Bahnen und S-Bahnen fahren alle zehn Minuten und sind genauso schnell wie die Autos oder sogar noch schneller. Charlotte war noch nie in einer richtigen Großstadt. Wolkenkratzer und U-Bahnen kennt sie nur vom Hörensagen und aus dem Fernsehen.
Wo Berti heute wohl ist? Sein Auto war vorhin auch nicht da ... Zumindest stand es nicht auf dem üblichen Platz.
Charlotte nimmt sich vor, Mama gleich nach ihren Sonntagsplänen zu fragen. Vielleicht können sie ja wirklich mit Berti einen Ausflug machen.
Mama sitzt in der Küche in einem der Korbsessel.
Ohne irgend etwas zu tun!
Die verqualmte Luft und der halbvolle Aschenbecher zeigen, daß sie schon länger hier sitzt.

»Hallo Ma! Was machst du?«
»Ich denke nach.«
»Über mich?«
Mama schüttelt den Kopf.
»Über Oma Luise oder über Opa Kurt?«
Mama schüttelt wieder nur ihren Kopf.
»Über Berti?«
Mama guckt Charlotte abwehrend an. Dann seufzt sie leise und sagt: »Ja, über ihn und über das Team.«
»Hat er Krach mit den anderen?« forscht Charlotte ganz vorsichtig.
»Im Moment hat fast jeder mit jedem Krach.« Mama zuckt mit den Schultern und lächelt gequält. »Sei ein Engel, Charlotte. Laß mich in Ruhe. Ich habe gleich den Termin im Büro. Kurz nach acht komme ich zurück. Dann machen wir es uns gemütlich.«
Charlotte ist kein Engel! Sie ist neugierig und beunruhigt. Wenn Mama sagt, daß fast jeder mit jedem Krach hat, ist *sie* vielleicht auch mit Berti verkracht. Das wäre zu blöd!
Charlotte studiert Mamas Gesicht. Wenn sie jetzt weiterfragt, bekommt sie sowieso keine Antwort.
Mama nimmt in Gedanken versunken eine neue Zigarette.
»Du arbeitest zuviel«, sagt Charlotte. »Du siehst ganz kaputt aus.«
»Mir geht es gut«, antwortet Mama. »Mach dir keine Sorgen.«
Charlotte schaltet im Wohnzimmer alle Fernsehprogramme durch – bis sie auf einem Sender einen Zeichentrickfilm findet.
Etwas Lustiges kann sie gebrauchen!
Drei fette, kleine Schweine jagen einer winzigen Maus nach. Die saust in einen Hochhauseingang, wieselt die Kellertreppe hinunter und verschwindet in ihrem Mauseloch. Die fetten Schweine suchen in ent-

gegengesetzter Richtung, keuchen eine Treppe nach der anderen hoch. Die wilde Jagd durch das Treppenhaus nimmt kein Ende. Blöde Geschichte, denkt Charlotte, wieso müssen drei arme Schweine in einem Wolkenkratzer nach einer Maus suchen?
»Ich gehe«, ruft Mama vom Flur. »Bis gleich!«
Charlotte schaltet den Fernseher aus, fläzt sich auf den Teppich, läßt ihre Gedanken schwimmen, den Kopf in beide Hände gestützt.
Wörter, Satzfetzen, die scheinbar nichts miteinander zu tun haben, fließen durch ihren Kopf, kommen und gehen. Die Wörter setzen sich immer wieder neu zusammen. Charlotte braucht nicht einmal zu denken. Es passiert ganz von selbst.
Plötzlich springt sie wie elektrisiert hoch. Sie braucht sofort Zettel und Bleistift!
Blitzschnell, ohne einmal anzuhalten, kritzelt sie aufs Papier:

Wolkenkratzer
Mauseloch.
Warte nur
ich krieg dich noch.
Sternenhimmel
Fliegendreck
eins zwei drei
und du bist weg!

So schnell ist noch keiner ihrer Abzählreime entstanden!
Charlotte liest ihn noch einmal. »Er ist knuffig«, sagt sie laut, »er ist richtig gut!«
Sie legt den Zettel in das lila Notizbuch, streicht einmal über den Einband, bevor sie es in ihren Schreibtisch zurücklegt. »Lottchens Fentergedichte! Vielleicht wird aus mir noch mal was!«
»Oder bin ich schon was?« fragt sie Justus, um ihm gleich anschließend zu versichern: »Natürlich bin

ich schon was. Sag ich doch!«
Justus behält sein breites, immer gleiches Lachen im Gesicht, macht drei, vier übermütige Luftsprünge, als Charlotte ihn hoch unter die Decke wirbelt. Als sie ihn nicht mehr auffängt, stolpert er ein paar Schritte, bleibt dann – platsch – liegen.
Wie wird man ein Clown, überlegt Charlotte, ist das ein Beruf, den man lernen kann? Oder kommt ein Clown schon als Clown auf die Welt? Ist ein Clown einer, der nur Unsinn für die Bühne erfindet, oder ist er einer, der sowieso immer, von morgens bis abends, Unsinn verzapft? Egal – auf jeden Fall muß es schön sein, wenn man alle zum Lachen bringen kann . . .
Charlotte ist dafür nicht sehr geeignet. Sie kann noch nicht einmal einen Witz so erzählen, daß alle lachen. Mama kann das auch nicht. Aber Berti – der weiß, wie man Spaß macht!
»Ich finde Berti ganz toll«, sagt Charlotte. »Ich weiß genau, daß er in Mama verliebt ist. Aber ist Mama in ihn verliebt? Was meinst du denn dazu, alter Justus?«
Justus meint gar nichts. Er ist ein Clown. Ein Clown hat keine Meinung!
Charlotte nimmt ihn mit in die Küche. Mama hat gar nichts von Abendbrot gesagt. Vielleicht freut sie sich nachher, wenn etwas Eßbares auf dem Tisch steht . . .

## 8

Mama freut sich nicht besonders, doch immerhin lobt sie Charlotte ein bißchen. Müde plumpst sie dabei ins Sofa.
Charlotte hat Käsebrote geschmiert, ins Wohnzimmer getragen, Gurken, Tomaten und Obst dazu ge-

stellt und eine Kerze angezündet. Gemütlich wollte sie es machen, damit Mamas Laune sich bessert. Wie soll sonst der richtige Zeitpunkt für schwere Fragen eintreten? Wenigstens den Berti-Sonntagsausflug will sie gleich vorschlagen. Wenn Mama ja dazu sagt ... wer weiß, was dann am Sonntag geschieht ...

Sie muß ganz vorsichtig anfangen.

»Bist du müde?« fragt sie und fügt sofort tröstend hinzu: »Morgen können wir ausschlafen!«

»Ja, das werden wir auch. Die beiden schulfreien Samstage im Monat sind eine gute Sache!«

»Was machen wir morgen? Ich meine – nach dem Ausschlafen?«

»Oooch«, Mama gähnt und entspannt ihr Gesicht. »Lange schlafen, lange frühstücken, einkaufen und so weiter und so weiter.« Sie streckt ihre Beine aus. »Vielleicht nachmittags ins Hollental fahren, gucken, was Opa macht.«

»Und Sonntag?«

»Sonntag?« Mama zuckt mit den Achseln. »Keine Ahnung. Mal sehn.«

»Darf ich bestimmen, was wir Sonntagnachmittag machen?« Charlotte guckt Mama erwartungsvoll an. Bevor sie eine Antwort bekommt, klingelt das Telefon, platzt einfach in Charlottes Pläne. Es lief doch wie geschmiert – Misttelefon!

»Ich gehe schon«, sagt Charlotte. »Bleib sitzen.«

Es ist Oma Luise, und sie will Mama sprechen. Wegen Opa. Es geht ihm nicht gut.

Weil ihre Stimme so aufgeregt war, bleibt Charlotte neben Mama im Flur stehen. Er hat doch nur Grippe, hat Oma heute mittag gesagt, Grippe mit Fieber und versucht mitzuhören, kriegt aber kaum etwas mit. Weil Mama nur zuhört und Oma Luise zu schnell und zu undeutlich spricht.

Beunruhigt wartet sie im Wohnzimmer, vergißt erst einmal den Sonntagsausflug. Opa war noch nie ernsthaft krank!

»Beruhige dich«, hört sie Mama jetzt sagen. »Ich komme gleich rüber.«

Charlotte erschrickt. Was ist passiert?

Sie guckt Mama ängstlich entgegen.

»Du mußt keine Angst haben, Charlotte. So schlimm ist es nicht. Dr. Timmer war vor einer Stunde bei Opa. Oma hat ihn kommen lassen, weil das Fieber immer mehr anstieg, und weil Opa nichts aß, nichts redete und nur vor sich hindöste. Er hat eine leichte Lungenentzündung, sagt der Arzt. Man muß die nächsten Tage abwarten. Vielleicht muß Opa ins Krankenhaus.«

»Er war noch nie im Krankenhaus«, sagt Charlotte besorgt. »Er war noch nie richtig krank.«

Mama nickt. »Das ist ja das Problem. Darum ist Oma so aufgelöst, und darum will ich gleich zu ihr fahren. Vielleicht kann ich sie beruhigen. Ich rufe noch bei Dr. Timmer an, damit ich Bescheid weiß. Oma sagt, daß sie vor lauter Aufregung nicht alles richtig verstanden hat.«

»Kann ich mitkommen?«

Mama möchte lieber allein fahren.

»Ich komme mit«, sagt Charlotte entschlossen. Auf keinen Fall will sie jetzt hier bleiben. Das muß Mama doch einsehen! »Ich muß auf dich aufpassen«, sagt sie listig. »Vielleicht schläfst du hinter dem Steuer ein. Und was dann?«

»Dann?« Mama lächelt ein ganz klein wenig. »Dann werde ich im Krankenhaus weiterschlafen.«

»Sag ich doch«, sagt Charlotte. Sie hat gewonnen!

Unterwegs im Auto erzählt Mama von ihrem Gespräch mit Dr. Timmer. Gut, daß sie ihn noch erreichen konnte. Er glaubt, daß es Opa schnell besser gehen wird. Er hat ihm eine Penizillin-Spritze gegeben und wird morgen wieder ins Hollental fahren. Vom Krankenhaus hat er nur gesprochen, weil Oma immer wieder gebohrt hat, was denn passieren kann, wenn die Spritzen nicht anschlagen.

Charlotte versteht Omas Sorge. GRIPPE klingt harmlos. LUNGENENTZÜNDUNG ist ein häßliches Wort. Eins, das einem angst macht!

»Kann man an Lungenentzündung sterben?« fragt sie beklommen. »Wenn das Penizillin nicht hilft?«

»Das Penizillin wird helfen«, sagt Mama nachdrücklich. »Opa hat eine sehr starke Natur!«

»Als ich damals meine Finger eingeklemmt hatte, ist er in Ohnmacht gefallen. Da hatte er keine starke Natur!«

Mama guckt sie überrascht an. »Das weißt du noch? Du warst erst fünf, als das passierte!«

Klar weiß Charlotte das noch. Wenn so ein Riesenkerl wie Opa plötzlich hinknallt, mit verdrehten Augen und weiß wie ein Bettlaken – so etwas vergißt sie doch nicht. Das war genauso schlimm wie die eingeklemmten Finger!

»Opa kann nichts aushalten, was einen anderen betrifft«, sagt Mama, »aber wenn es um ihn selbst geht, ist er sehr zäh.« Sie nickt Charlotte beruhigend zu. »Mit einer leichten Lungenentzündung wird er spielend fertig. Ganz bestimmt!«

»Er schläft«, flüstert Oma Luise, als sie ihnen die Tür öffnet. »Heute nachmittag gab er keinen Mucks von sich. Jetzt hört man sogar ab und zu einen Schnarcher.« Sie hat einen hochroten Kopf und eine ziemlich fiepsige Stimme.

»Na siehst du«, sagt Mama. »Das Penizillin wirkt schon.« Sie berichtet Oma Wort für Wort, was Dr. Timmer am Telefon sagte, schaut nach Opa und befiehlt Oma, sich hinzusetzen. Damit sie gleich besser

schlafen kann, kocht Mama ihr Kräutertee.
Von Mamas eigener Müdigkeit ist nichts mehr zu merken. Sie spricht ruhig und gelassen mit ihrer Mutter – so wie sie es wahrscheinlich auch mit den Problemmenschen in ihrer Beratungsstelle tut.
Seltsam, denkt Charlotte, Mama und Oma kriegen sich dauernd in die Haare. Erst, wenn es ernst wird, kann jeder sehen, wie gern sie sich haben . . .
Charlotte geht auf Zehenspitzen zu Opa.
Er bewegt sich unruhig, sein Gesicht ist rotfleckig, die Nase verquollen. Sie muß sehr verstopft sein, jeden Atemzug kann man hören. Eigentlich sieht Opa mehr nach Schnupfen mit Fieber aus als nach Lungenentzündung. Zwischendurch grunzt und schnarcht er ein bißchen. Ähnliche Schlafgeräusche gibt er auch von sich, wenn er gesund ist.
Charlotte hat keine Angst mehr. Kann sein, daß er morgen schon wieder schimpft und Dr. Timmer anknurrt . . .
Mama und Oma Luise sitzen im Wohnzimmer und unterhalten sich leise und friedlich.
Charlotte weiß nicht, was sie tun soll. Schließlich stöbert sie in Omas Zeitungsständer, kramt eine Frauenzeitschrift heraus, blättert sich durch Frühlingsmode, Küchenrezepte und Gesundheitsratschläge – bis sie auf einer Seite die Schlagzeile liest: WIE SIEHT DER MANN IHRER TRÄUME AUS? Darunter stehen Testfragen mit verschiedenen Antworten, von denen man jeweils eine als richtig ankreuzen soll.
Charlotte grinst verstohlen. Das ist ein interessanter Test für Mama! Ohne lange zu überlegen fragt sie: »Mama, wie sieht der Mann deiner Träume aus?«
Mama runzelt die Stirn. »Wieso fällst du Oma einfach ins Wort?«
»Tschuldigung«, murmelt Charlotte. »Ich habe nicht auf eure Unterhaltung geachtet.«

»Okay«, sagt Mama. »Was wolltest du fragen?«
»Ach, nicht so wichtig«, sagt Charlotte. Sie schlägt die blöde Illustrierte zu. Es ist sowieso der falsche Zeitpunkt.
Sie seufzt innerlich. Erst hat Mama nur ihre Arbeit und das Team im Kopf, dann ihre Eltern, und gleich wird sie hundemüde ins Bett fallen. Heute geschieht garantiert nichts mehr. Julia hat hundertprozentig recht. Für Liebesgeschichten braucht man Geduld und Spucke!
Morgen früh, denkt Charlotte, morgen früh ist Mama ausgeschlafen. Dann quetsche ich sie aus wie eine reife Pampelmuse!
Eine Stunde später liegt sie in ihrem Bett. Justus kuschelt sich in ihre Armbeuge. Sie lauscht durch die offene Zimmertür, ob Mama in ihrem Zimmer gegenüber schon schläft.
Wie Charlotte schon richtig voraussah, war Mama total erledigt, als sie aus dem Hollental zurückfuhren. Sie wollte nur noch sofort ins Bett. Und anscheinend schläft sie auch schon. »Sie arbeitet zuviel«, flüstert Charlotte mit Justus. »Wenn sie Berti heiratet, wird sich das ändern!«
Sie ist auch müde. Ihre Augen wollten schon während der Autofahrt dauernd zuklappen.
Plötzlich, sie weiß nicht wieso, sieht sie Julias Vater auf Finkeldeis Küchenbank sitzen. Mit den Krabatzen zwischen seinen Knien und Julia an seiner Seite.
Bevor ihr die Augen endgültig zufallen, verwischt sich das Bild. Julias Vater sieht aus wie Berti, und Charlotte sitzt ganz nah neben ihm. Ihren Kopf an seine Schulter gelehnt.
Mit diesem Bild schläft sie ein.
Sie schläft tief und fest.
Am frühen Morgen träumt sie einen wunderbaren Traum: Sie sitzt in der Schule im Deutschunterricht

und guckt aus dem Fenster. Frau Strohmeier sagt sehr genervt: »Charlotte, ich werde mit deiner Mutter sprechen. Ich habe endgültig genug von deiner Träumerei!«

Charlotte läßt sich nicht stören.

Sie sieht einen Reisebus auf den Schulhof fahren. Er ist funkelnagelneu – leuchtend rot. An der Seite ist ein bunter Clown aufgemalt, mit einer langstieligen Blume im Mund. Die Busfenster sind von zarten, weißen Gardinen eingerahmt.

Charlotte geht zum Fenster.

Die gesamte Klasse wird aufmerksam.

»Wauuu«, sagt Judith.

Und Miriam: »Ein toller Bus! Was macht der auf unserem Schulhof?«

Alle stürzen zum Fenster.

Berti steigt vorne aus der Fahrertür und winkt ihnen lachend zu. Charlotte sagt: »Wenn ich meinen Vater darum bitte, bringt er jeden nach Hause.«

Julia zwinkert Charlotte zu. Sie ist die einzige, die sich nicht wundert. Alle anderen, auch Frau Strohmeier, glotzen Charlotte an.

»Das ist dein Vater?« fragt Nalle andächtig. Und: »Poooh«, sagt Benjamin, »gehört der Bus etwa ihm?«

»Ich wußte gar nicht, daß du einen Vater hast«, sagt Clarissa. So blöd hat sie noch nie geguckt!

»Jeder hat seine kleinen Geheimnisse!« sagt Charlotte und kichert. Weil Clarissas Augen aussehen, als ob sie gleich in den Klassenraum kullern.

Alle wollen von Berti nach Hause gefahren werden.

Und dann – dann hoppelt der Bus langsam über Wiesen und Felder. Durch eine wunderschöne Sommerlandschaft.

Vom Himmel regnet es Sterne. Am hellichten Tage.

»Dein Vater ist super«, flüstert Sanne Charlotte ins Ohr.

»Dein Daddy ist eine Wolke«, sagt Clarissa.
»Du hast einen besonders netten Vater, Charlotte!« flüstert Frau Strohmeier und wirft Berti bewundernde Blicke zu.
»Sag ich doch«, sagt Charlotte – so laut, daß sie sich selber aufweckt.
Sie braucht eine Weile, bis sie begreift, was geschehen ist.
Ein wunderbarer Traum war das! Sie fühlt sich so froh, so leicht, so unbeschreiblich leicht und froh. Wie eine weiße Wattewolke!
»Alter Justus, ich bin eine Wolke«, flüstert sie und legt ihn auf die Stelle, unter der ihr Herz leise schlägt. »Eine Wolke mit Herzklopfen.«
Sie bleibt ganz still liegen, rührt sich nicht, schließt die Augen. Wenn sie Glück hat, schläft sie noch einmal ein und kann den wunderbaren Traum weiterträumen . . .
Sie drückt die Augen ganz fest zusammen, holt den leuchtendroten Omnibus in ihr Zimmer und läßt alle Kinder und Frau Strohmeier aussteigen. Dann zaubert sie Mama herbei, bittet sie, in den Bus zu steigen.
»Wir drei«, murmelt Charlotte, »Berti, du und ich – wir drei fahren jetzt in den Süden.«
Es funktioniert nicht. Es funktioniert überhaupt nicht!
FORTSETZUNG FOLGT – das klappt nur bei Geschichten. Träume lassen sich nicht beliebig fortsetzen. Sie kommen und gehen, wann und wohin sie es für richtig befinden.
Sie kommen heimlich und unangemeldet, und genauso verschwinden sie wieder. Lautlos und heimlich fliegen die Träume auf und davon.
Auch Charlotte kann daran nichts ändern. Da hilft weder Wollen noch Wünschen!
Es liegt nur an Mama, denkt sie, Mama steigt nicht in

den Bus! Darum geht es nicht weiter ...
Bei diesem Gedanken wird Charlotte hellwach. Sie ist keine Wolke mehr. Der Traum ist vorbei. Aber das angenehme Gefühl bleibt bei ihr und in ihr.
Sie ist Charlotte, und vielleicht wird Berti schon bald ihr Vater.
So ein Traum *kann* doch nur etwas Gutes bedeuten.

## 9

Beim Frühstücken versucht sie, Mamas Gesicht zu entziffern. Ist sie in besserer Verfassung als gestern? Viel gesagt hat Mama heute morgen noch nicht. Doch sie sieht besser aus. Nicht mehr so zerknautscht und zerknittert!
Opa Kurt geht es auch besser. Oma rief vorhin an und ist glücklich darüber, daß er die ganze Nacht durchgeschlafen hat und sein Fieber nur noch bei achtunddreißig liegt.
»Willst du nachher ins Hollental?« fragt Charlotte und pult ein Loch in ihr Toastbrot.
»Ja«, antwortet Mama. »Heute nachmittag.«
»Und morgen?« fragt Charlotte voll heimlicher Hoffnung. »Was machen wir morgen? Darf ich bestimmen?«
Mama hebt nur die Schultern hoch. Sie ist wirklich nicht sehr gesprächig!
Charlotte kann sich nicht länger bremsen. Sie hat lange genug gewartet. »Du willst doch sonntags immer frische Luft und Bewegung. Wir könnten mit Berti einen Ausflug zum Stausee machen. Einen richtig schönen Frühlingssonntagsausflug!«
Mama antwortet nicht, nimmt eine Zigarette, zündet sie an.

»Sag ja, Mama. Bitte!«
»Wir können zum Stausee fahren«, sagt Mama. »Ja, das ist eine gute Idee. Über die Frage, ob mit oder ohne Berti, brauchen wir nicht zu reden. Er ist übers Wochenende nach Bremen gefahren.«
Mit dieser Antwort hat Charlotte am allerwenigsten gerechnet. Erst ist sie nur verblüfft, dann platzt sie heraus: »Wieso fährt er einfach nach Bremen? Wieso hat er nichts davon gesagt?«
»Sei nicht albern, Charlotte«, sagt Mama streng. »Er ist dir keine Rechenschaft schuldig. Außerdem hat er das erst gestern mittag beschlossen. Er tut immer das, was ihm gerade in den Kopf kommt!« Sie raucht und schweigt.
Gestern hat sie gesagt: Im Moment hat fast jeder mit jedem Krach . . . Hachch – sie und das verflixte Team sind schuld, daß aus Charlottes Plänen nichts wird!
»Hast du auch Krach mit ihm?« fragt Charlotte böse. »Ist er deshalb abgehauen?«
»Er ist nicht abgehauen, sondern besucht schlicht und einfach seine Freunde!« Mama sieht sie zurechtweisend an. »Was soll überhaupt dieser gräßliche Ton, Charlotte?«
»Du hast dich mit ihm verkracht. Stimmt doch – oder?« Charlotte weiß, daß ihre Stimme viel zu patzig und viel zu laut ist. Auf diese Weise läßt Mama nie mit sich reden. Aber es ist zu spät für ein geschickteres Vorgehen. Und Einlenken will sie auch nicht. Dafür ist ihre Enttäuschung zu groß. Der wunderbare Traum paßt nicht zur Wirklichkeit . . . Charlotte hatte sich so viel von diesem Wochenende versprochen, und nun ist nichts, wie es sein sollte.
»Ich möchte, daß wir das Thema beenden«, sagt Mama. »Berti hat Differenzen mit Ute und Georg, und natürlich auch mit mir. Ich muß sehen, wie ich mit allen auskomme. Das ist schwierig genug. Ich will

kein Wort mehr darüber hören! Ist das klar?«
Mamas Tonfall duldet keinen Widerspruch. Wenn sie so ist, kann man nur noch brav JA sagen oder nicken oder sich trollen.
Charlotte tut heute nichts dergleichen. Sie bleibt sitzen und schweigt trotzig.
Mama ist rabiat! Sie ist nicht besser als die Peckelsen-Oma ... *Mund zu, aufstehen, weitergehen!* Den ganzen schönen Traum und das schöne freie Wochenende hat sie verdorben und merkt noch nicht einmal etwas!
Charlotte hat große Lust, richtig eklig zu sein! »Deine Zigaretten stinken!« sagt sie böse.
Mama sagt nichts, guckt sie nur kühl an. Sehr kühl!
So ist sie! Wenn Charlotte richtig wütend und frech wird, schaltet Mama einfach auf stur. Das hält sie wahrscheinlich für pädagogisch ... Für Charlotte ist Mamas Sturheit wie eine Betonmauer. Man versucht, wütend gegen diese Mauer zu treten, prallt sofort ab und fühlt sich schrecklich klein und mickrig und schwach.
Charlotte will nicht mickrig und klein sein. Sie ist genauso stark wie Mama! Keinen Ton wird sie jetzt mehr sagen!
Sie guckt aus dem Fenster.
Graue Wolken ziehen träge vorbei. Kein Frühlingswetter ... Es wird Regen geben. Richtig so, denkt Charlotte. Von ihr aus kann es das ganze Wochenende gießen. Das hat Mama verdient!
Und in Bremen soll es kleine Hunde regnen und einen Orkan geben. Das wünscht sie Berti. Seine Freunde sollen verreist sein, quatschnaß soll er allein durch Bremen laufen!
Sie schielt zu Mama.
Mama sieht nicht mehr kühl und streng aus, sondern ernst und sehr nachdenklich – vielleicht auch ein

bißchen traurig. Sie hypnotisiert den Fliegendreckklecks auf der Tischdecke. Auf dieselbe Stelle hat Oma Luise gestern gestarrt.
Fliegendreck . . . denkt Charlotte, verflixter, mieser Fliegendreck!
Ihre Streitlust versickert langsam. Aber reden will sie trotzdem nicht. Mama soll anfangen, nicht sie.
Die Stille ist ungemütlich.
Charlotte wäre so gerne vergnügt.
Die Stille ist furchtbar ungemütlich!
Auch von draußen ist kein Mensch, kein Auto zu hören. Nur leise Vogelstimmen. Kein übermütiges Frühlingskrakeelen wie gestern – nur zaghaftes Zwitschern mit langen Pausen.
Charlotte lauscht und schielt wieder zu Mama. Was sie bloß hat? Als sie endlich das Schweigen beendet, ist Charlotte sehr erleichtert.
»Genug gebrütet«, sagt Mama und drückt entschlossen ihre Zigarette aus. »Es muß etwas getan werden!«
Was sie denn ausgebrütet hat, würde Charlotte gerne fragen, aber das wagt sie jetzt nicht. Sie ist froh, daß Mama zur Tagesordnung übergeht und vom Einkaufen spricht. »Am besten gehen wir sofort in die Stadt«, sagt sie, »dann haben wir es hinter uns. Vielleicht sehen wir etwas Schönes für dich«, fügt sie betont munter hinzu. »Du brauchst dringend neue Sachen für Frühling und Sommer.«
»Stimmt«, sagt Charlotte zögernd. »Meine T-Shirts sitzen wie Mettwurstpelle. Riesige will ich – und neue Turnschuhe.« Aber – ob sie heute Lust auf Klamottensuche hat? Auch für solche Sachen ist der richtige Zeitpunkt wichtig . . .»Wenn wir auf die Schnelle etwas finden«, sagt Mama, »werden wir zuschlagen. Ansonsten verschieben wir die Aktion.« Langes Herumsuchen in den Geschäften kann sie ebensowenig ausstehen wie Charlotte. Einkäufe sind lästige Pflichten,

die sie beide immer möglichst schnell hinter sich bringen.
Sie finden tatsächlich etwas; ein gestreiftes T-Shirt in verschiedenen Pastelltönen, das Charlotte bis auf die Oberschenkel fällt. Dieses will sie oder gar keins!
Die Verkäuferin ist schwer von Begriff. »Neonfarben sind der letzte Schrei«, sagt sie. »Darauf stehen die jungen Damen.« Sie lächelt zuckersüß und zeigt Mama die neueste Teenie-Mode.
»Ich bin keine junge Dame«, redet Charlotte dazwischen, »und Quietschfarben finde ich häßlich!«
Für zwei Sekunden verrutscht das Verkäuferinnenlächeln, dann versucht sie weiter, Mama zu umgarnen.
Zum Glück macht Mama ihr schnell klar, daß sie kein T-Shirt will, sondern Charlotte, und daß Charlotte ja schon entschieden hat. In solchen Situationen ist Mama super!
»Julia und ihre Mutter können sich nie einigen«, sagt Charlotte draußen. »Die Sachen, die Julia gefallen, findet Frau Finkeldei unmöglich.« Charlotte kichert. »Sie zanken sich um jeden einzelnen Schlüpfer.«
Mama nimmt Charlottes Hand. »Jeder hat seine Makken. Julias Mutter hat solche, ich habe andere. Zum Beispiel eben beim Frühstücken – da warst du ziemlich böse auf mich. Stimmt's?«
»Hmmm«, sagt Charlotte. »Ich kann es nicht leiden, wenn du so stur bist.« Sie guckt Mama mit Glasaugen an, macht ihre Stimme nach. »Ich will kein Wort mehr darüber hören. Ist das klar? – Wie hört sich das an?«
»Grauenhaft«, sagt Mama und lächelt reumütig.
»Sag ich doch«, sagt Charlotte. »Guck mal, da drüben!«
Herr und Frau Finkeldei gehen eingehakt hinter Julia und den Krabatzen her. Sarah, die jüngste, rennt voraus, steuert auf die Bäckerei Sigges zu, bleibt in der

Eingangstür stehen und breitet die Arme aus. »Gesperrt«, kräht sie, »keiner kann raus und keiner kommt rein.«
Herr Finkeldei läßt seine Frau los, breitet auch seine Arme aus. »Wer kommt in meine Arme?«
Sarah rennt schnurstracks zu ihm, wird im nächsten Augenblick von ihrem Vater hoch durch die Luft geschlenkert.
Charlotte beobachtet die beiden. Ein schönes Bild . . . Sie spürt im Bauch einen leisen Stich, guckt schnell weg.
»Willst du mit Julia schnell eine Verabredung für heute nachmittag treffen?« fragt Mama. »Oder möchtest du mit zu Oma und Opa?«
Charlotte weiß nicht, was sie möchte. Auf jeden Fall will sie jetzt merkwürdigerweise nichts mit der Finkeldei-Horde zu tun haben. Sie findet die Krabatzen plötzlich nur noch albern und nervig . . . Und Julias Vater ist viel zu laut! Sein Lachen dröhnt von der anderen Straßenseite bis hier herüber!
Charlotte geht einen Schritt schneller. »Komm, sie brauchen uns nicht zu sehen. Ich telefoniere nachher mit Julia.«
Mama guckt sie erstaunt an, sagt aber nichts.
Es beginnt zu nieseln. Der Himmel hängt wie ein grauer, feuchter Schleier über den Häusern. Als ob er sich entschlossen hat, den Tag zu verdösen. Es ist nicht kalt und nicht unangenehm. Nur diesig und feucht. Trotzdem beeilen sich jetzt alle, drängeln sich durch die Ladenausgänge, wollen möglichst schnell nach Hause.
Charlotte wundert sich, wieviele Männer heute in den Geschäften zu sehen sind. An normalen Wochentagen sieht man kaum ganze Familien beim Einkaufen. Samstags tauchen sie vollzählig auf. Als Ehepaare oder als Gruppen . . .

Mama und Charlotte sind nur eine Minigruppe. Eine Ein-Eltern-ein-Kind-Familie. Die meisten anderen sind zu dritt oder zu viert. Manche Väter haben ein Kind an der Hand oder auf dem Arm und sehen wie nette Väter aus. Andere latschen sehr mürrisch neben ihrer Familie her – so, als ob sie gar nicht dazugehören . . .
Wie Berti wohl durch Bremen spaziert? Allein und quatschnaß, wie Charlotte es ihm gewünscht hat?
Julias Frage kommt ihr in den Sinn. Weiß sie wirklich genau, daß er keine Freundin hat?
Der Gedanke taugt nichts. Charlotte will ihn sofort wieder vergessen.
Berti hat keine Freundin in Bremen!
Er ist in Mama verliebt, in sonst niemanden! Basta!
»Hast du was?« fragt Mama. »Du bist so still.«
»Du doch auch«, sagt Charlotte. »Hast du was?«
Nein, sie hat nichts, sagt Mama. Sie überlegt nur, was sie noch aus dem Supermarkt braucht. Ihren Einkaufszettel hat sie leider nicht eingesteckt. »Was kochen wir morgen? Hast du eine Idee?«
»Milchreis«, antwortet Charlotte – zu ihrem eigenen Erstaunen – »Milchreis mit Zucker und Zimt.«
»Milchreis?« fragt Mama irritiert. »Wie kommst du denn darauf?«
»Oooch – nur so«, erwidert Charlotte und grinst innerlich. Von Bertis verkohlten Kochkünsten verrät sie keine Silbe. Vielleicht kreuzt er morgen noch auf. Dann kann sie ihm Milchreis mit Zucker und Zimt servieren. Sie wird dafür sorgen, daß etwas übrigbleibt.
Vorne in der Schlange an der Supermarktkasse steht Julia. Sie flucht Sack und Asche, weil sie wegen einer vergessenen Flasche Ketchup so lange anstehen mußte. Ihre Eltern sind schon auf dem Heimweg, erklärt sie, die Kurzen haben zuviel gequengelt.

»Ich komme sofort nach dem Mittagessen zu dir«, sagt sie noch – bevor Charlotte überhaupt antworten kann, hetzt sie schon aus dem Laden.
»Sie hat's nicht leicht«, sagt Mama, ihr nachblickend. »Mit drei jüngeren Geschwistern!«
Ich hab's auch nicht leicht, denkt Charlotte, so ganz allein . . . Sie will so etwas nicht denken.
Sie ist nicht allein. Sie hat doch Mama!
Aber sie hat keine Geschwister.
Sie hat keinen Vater.
*Wer kommt in meine Arme?*
Sie weiß nicht, wie das ist, wenn man in Vaterarme rennt, wenn man durch die Luft geschlenkert wird.
Sie will so etwas nicht denken!
Sie möchte vergnügt sein.
Sie sieht Bertis Gesicht vor sich. Er zwinkert ihr zu.
»Naaa – Mickymaus!«
»Wann kommt er zurück?« fragt sie Mama.
»Wer? Von wem redest du?«
»Von Berti. Wann kommt er zurück? Morgen abend?«
Mamas Miene verfinstert sich. Sie zuckt die Achseln.
»Wird er wohl«, sagt sie und packt die eingekauften Sachen auf das Laufband neben der Kasse. Ihre Antwort und ihr Gesichtsausdruck sagen: Laß mich in Ruhe mit Berti! Sprich seinen Namen nicht aus!
Charlotte wird wieder sauer auf Mama. Fast so wie heute morgen am Frühstückstisch.
Mama ist blöd.
Mama ist stur. Stur wie ein Lattenzaun.
Sie ist nur freundlich, wenn man tut, was sie will.
Charlotte marschiert schweigend neben ihr her, gibt auch zu Hause nur einsilbige Antworten.
Mama merkt nichts. Sie bringt die Wohnung auf Hochglanz. Dabei ist alles sauber. Von zwei Leuten wird doch nichts schmutzig.
Charlotte denkt nicht daran, zu helfen. Ist wohl auch

nicht nötig. Mama wirbelt herum, hetzt durch die Wohnung.
Sie kann mich mal gerne haben, denkt Charlotte und fängt an zu lesen. *Ein Schwein beim Friseur* – eins von den ausgeliehenen Kästner-Büchern.
Zwischen den Geschichten stehen einzelne Gedichte. Die liest sie zuerst; von den Kicherfritzen, von Arthur mit dem langen Arm und der Weltreise durchs Zimmer . . .
Alle Zeilen reimen sich wunderbar. So möchte sie auch dichten können. Wie Erich Kästner. Ob er früher auch Abzählreime erfunden hat? Wenn er noch nicht gestorben wäre, könnte Charlotte ihm einmal schreiben. Oder sogar ihre Fentergedichte schicken. Aber vielleicht – wahrscheinlich – hätte sie dazu gar nicht genug Courage.
*Courage* ist für Charlotte ein neues Wort. Sie hat es eben in einem Gedicht entdeckt. Ein komisches Wort . . .
Und in den Geschichten stehen Sätze, die noch komischer sind – die einen vergnügt machen.

## 10

Als Julia aufkreuzt, liest Charlotte ihr einen dieser komischen Sätze vor. »EIN AUTOBUS MACHTE MÄNNCHEN – ist das nicht ein toller Satz?«
»Ganz lustig«, sagt Julia, »aber so toll wie du finde ich ihn nicht. Kinderkram.«, sagt sie ein bißchen verächtlich. Davon hat sie genug. »Die Krabatzen waren heute nicht zum Aushalten«, stöhnt sie und verdreht die Augen.
»Hör auf zu jammern«, sagt Charlotte böse. »Sei froh, daß du Geschwister hast!«

»Wir können ja tauschen! Du lebst hier wie eine Prinzessin!« Julia guckt grimmig auf das neue T-Shirt über Charlottes Stuhllehne. »Neue Klamotten hast du auch schon wieder gekriegt. Bei uns reichen die Moneten für gar nix.« Richtig neidisch und vorwurfsvoll funkeln ihre Augen.
Charlotte weiß nicht, ob sie lachen oder weinen soll. Julia spinnt wohl! Ihre schlechte Laune kann sie für sich behalten.
Aber Julia ist noch nicht fertig. »Du hast ein Zimmer für dich ganz alleine. Ich muß . . .«
Charlotte läßt sie nicht ausreden. Jetzt hat sie genug von diesem Gejammer! »Halt die Klappe, meckmeckmeck. Eins, zwei, drei – sonst bin ich weg!«
Sie starren sich böse an, das heißt, halb böse. Wie es Julia dabei geht, weiß Charlotte ja nicht. Sie selbst spürt innen ein Kitzeln, das jeden Moment in Gekicher ausbrechen kann.
Man müßte viel öfter in Reimen reden oder gereimt streiten, denkt Charlotte, dann wäre ein Streit nur noch halb so schlimm. Sie grinst Julia an, und als die zurückgrinst, kichert sie: »Halt die Klappe, meckmeckmeck, Sternenhimmel Fliegendreck, Katzenpfoten Mäusespeck, Maikrabatzen Kinderschreck, undsoweiter meckmeckmeck!«
Julia kichert auch, kichert ihre ganze schlechte Laune weg. »Toll«, gluckst sie. »Ganz toll. Von wem sind diese Klöpse?«
»Kein Ahnung«, grinst Charlotte. »Hab ich irgendwo gelesen.«
»Ich möchte dein neues Shirt mal anprobieren«, sagt Julia eine Weile später. »Darf ich?«
Klar darf sie. Warum nicht?
Julia ist ein paar Zentimeter kleiner als Charlotte. Das T-Shirt ist für sie beinahe ein Minikleid. »Super«, sagt sie. »Ich brauche einen Spiegel.«

»Im Flur ist ein kleiner, in Mamas Zimmer ein großer.«
Julia stolziert zu dem großen. Sie will sich vollständig sehen. Anschließend meint sie, daß ihre Beine zu dünn sind und ihre Knie zu eckig. »Grashüpferbeine sind das. Die Minimode ist nichts für mich.«
»Du spinnst. Deine Beine sind richtig.«
»Ich finde deine schöner.«
»Deine sind schöner!«
»Nein, deine!«
»Meine Beine, deine Beine«, grinst Julia. »Wir haben vier wunderschöne Beine und das blöde T-Shirt ist quietschhäßlich.«
Sie zieht es seufzend aus. »Schade, daß es nicht meins ist.« Dann schließt sie leise Charlottes Zimmertür. »Ist was mit deiner Mutter? Hat sie was?«
»Wieso? Was macht sie?«
»Sie putzt wie wild das Wohnzimmerfenster. So!« Julia macht ein grimmiges Gesicht, kneift ihre Lippen zu einem schmalen Strich zusammen. »Sie hat mich überhaupt noch nicht gesehen. Hast du was rausgekriegt? Über sie und Berti?«
Charlotte schüttelt den Kopf. »Er ist gestern nach Bremen gefahren. Sie wird fuchtig, wenn ich nur seinen Namen ausspreche.«
»Dann haben sie Krach«, vermutet Julia. »Oder – oder er hat in Bremen eine Freundin.«
»Das ganze Team ist verkracht. Aber eine Freundin hat Berti nicht. Er besucht Freunde in Bremen!«
»Und wenn er doch eine Freundin hat? Eine Herzallerliebste, von der keiner was weiß?«
Dazu sagt Charlotte nichts mehr. Julia ist gemein. Immer muß sie auf den gleichen Sachen herumhakken. Gestern hat sie schon diese überflüssige Frage gestellt. Und jetzt übertreibt sie auch noch. Eine *Herzallerliebste!* Wie sich das anhört!

Julia ist vernagelt! »Hör auf damit! Weißt du nichts Besseres?«
Doch, Julia hat eine Idee! »Jedesmal wirst du stinkig, wenn ich frage, ob er eine Freundin hat. Versuch doch das gleiche bei deiner Mutter. Krück ihr vor, daß Berti dir von seiner Liebsten erzählt hat. Wenn sie auch stinkig wird oder neugierig, ist sie eifersüchtig. Wenn sie eifersüchtig ist, ist sie in ihn verknallt. Wenn nicht, ist er ihr wurscht.«
Charlotte guckt Julia nachdenklich an. Da könnte etwas dran sein. Julia ist gar nicht so blöd!
Wenn Mama nicht normal über Berti reden kann, muß man es eben mit einem Trick versuchen. Damit man endlich weiß, was los ist. Schließlich geht Berti Charlotte auch etwas an. Nicht nur Mama!
»Am besten, wir überlegen, wie Bertis Freundin heißt, was sie für einen Beruf hat und all so'n Kram. Es muß sich ganz echt anhören – als ob es sie wirklich gibt!«
»Aber es gibt sie nicht!« sagt Charlotte ärgerlich. »Das weiß ich!«
»*Als ob,* habe ich gesagt! Sei doch nicht schon wieder beleidigt.«
Mama steckt ihren Kopf durch die Tür. »Wer ist beleidigt? Hallo Julia! Bist du schon länger hier?«
Charlotte kennt diesen Ton.
Mama spielt gute Laune. Jetzt, wo Julia da ist, noch mehr als heute morgen. Mama gibt sich Mühe, freundlich und fröhlich zu sein.
Aber in Wirklichkeit ist sie sauer oder traurig. Seitdem sie gestern von der Arbeit zurückkam. Erst jetzt kapiert Charlotte das richtig.
»Als ich kam, waren Sie am Staubsaugen«, sagt Julia. »Charlotte hat mich hereingelassen.«
Mama will zu ihren Eltern fahren, jetzt gleich. »Willst du mit, Charlotte? Was habt ihr zwei vor? Julia könn-

te auch mit. Allzu lange wird es nicht dauern.«
Charlotte will lieber hierbleiben.
»Ich auch«, sagt Julia. »Um fünf muß ich schon wieder gehen. Wir bekommen Besuch.«
»Dann sehen wir uns noch«, sagt Mama. »Bis dahin bin ich wieder da.« Sie geht, kommt zwei Minuten später noch einmal zurück, um ihre Zigaretten zu holen.
»Erst gibt sie das Rauchen auf«, murmelt Charlotte hinter ihr her, »und auf einmal qualmt sie wieder wie ein Fabrikschornstein.«
»Sie hat Liebeskummer oder Geldsorgen. Irgendwas hat sie!«
»Sag ich doch«, sagt Charlotte.
»Guck nicht so bedeppert.« Julia schnipst mit den Fingern. »Das kann ein Zeichen *für* Berti sein. Wie soll seine Freundin heißen? Uschi? Daniela? Cordula?«
»So schöne Namen kommen nicht in Frage«, bestimmt Charlotte. »Auch, wenn wir sie nur erfinden. Sie ist auf jeden Fall eine blöde Qualle. Sie kriegt einen doofen Namen!«
»Clarissa«, schlägt Julia vor. Sie kichert. »Oder Karamba!«
»Xanthippe«, sagt Charlotte. »Dracuberta oder ... Boulette.«
»Tarantel«, kichert Julia, »oder Glupschilde.«
Glupschilde gefällt Charlotte sehr. »Aber Tusnelda ist auch nicht schlecht oder Brillantine!«
Oooh – es gibt viele passende Namen für blöde Quallen! Sie überbieten sich gegenseitig, lachen sich kringelig dabei.
»Kanuffeela, Schatulle, Etüüüde!«
»Heuschreckine! Vampirosa! Anginaaa! Pediküüüre!«
»Ich lach mir 'n Loch in den Strumpf«, stöhnt Julia. »Hör auf! Stop! Rote Ampel!«
Charlotte ist auch völlig erledigt. Lachen ist eine an-

strengende Sache! Die Rippen tun ihr schon weh.
»Clarissa«, japst sie. »Clarissa ist blöd genug!«
»Okay. Clarissa! Was ist sie von Beruf?«
Charlotte muß lange überlegen. »Köchin. Sie ißt zuviel. Davon wird sie dick und fett.«
Nein, Julia will jetzt nicht mehr herumalbern. »Bertis Freundin sieht gut aus, und sie hat einen interessanten Beruf. Sonst wäre sie ja nicht seine Freundin!«
»Er hat keine Freundin«, betont Charlotte. »Wir erfinden nur eine blöde Qualle. Sonst nichts.«
»Beherrsch dich«, sagt Julia. »Warum sollte deine Mutter auf eine blöde Qualle eifersüchtig werden?«
»Also gut. Von mir aus ist sie Stewardeß. Das ist ein interessanter Beruf, und die sehen immer besonders hübsch aus.«
Eine Stewardeß findet Julia brauchbar. »So eine ist immer viel unterwegs. Da weiß man sofort, warum Berti sie nur selten sieht.«
»Aber er ist gestern ganz plötzlich gefahren. Er hatte gar nichts geplant. Das paßt nicht.«
»Das paßt doch! Clarissa hat ihn gestern angerufen, daß sie gerade wieder gelandet ist. Sie hat zwei freie Tage, und Berti ist losgebraust.«
»Und das soll Mama mir glauben? Woher kann ich denn wissen, daß Clarissa mit Berti telefoniert hat?«
Julia seufzt. »Du bist heute wirklich beschusselt. Klar weißt du nichts von diesem Anruf. Du redest nur von Clarissa oder von einer Stewardeß. Deine Mutter wird neugierig, und dann fällt ihr schon selbst genug dazu ein.«
Charlotte ist nicht sehr geübt im Lügenerzählen. Sie kann gut Sachen verschweigen oder auf schwere Fragen halbwahre Antworten geben – richtig angelogen hat sie Mama noch nie.
Julia scheint da geschickter zu sein. Sie wird jetzt ganz praktisch.

»Ich bin du, und du bist deine Mutter. Los, wir üben!« Sie legt sich auf den Fußboden, stützt den Kopf in eine Hand und bohrt in der Nase.
»So bin ich nicht«, protestiert Charlotte. »Ich popele doch nicht immer in meiner Nase herum!«
»Nicht immer, aber manchmal«, grinst Julia. »Quatsch nicht herum, sondern mach irgendwas. Damit man sieht, daß du deine Mutter bist.«
Charlotte schlägt die Beine übereinander, spreizt zwei Finger und tut so, als ob sie raucht.
»Besucht Berti dieses Wochenende die Stewardeß?« fragt Julia betont gelangweilt und lutscht ihren Popelfinger ab.
»Welche *Stewardeß?*«
»Clarissa. Sie fliegt dauernd nach Hawaii und nach Afrika und nach Spanien. Überall kurvt sie rum. Berti sagt, daß sie das ganze Jahr knallbraun ist.«
»Wer ist *Clarissa?* Sprich nicht in Rätseln!«
»Clarissa ist Bertis Freundin. Wer sonst?« sagt Julia gleichmütig. »Sie sehen sich nur selten. Berti möchte sie heiraten. Sie oder keine, hat er gesagt.«
Charlotte wird fuchtig. »Du hast einen Knall, Julia Finkeldei! Hör auf mit dieser verflixten Clarissa!«
»Wenn deine Mutter auch so wütend wird wie du, weißt du Bescheid!«
»Aber das wird sie nicht. Weil sie ganz andere Antworten gibt. Vielleicht sagt sie schon nach dem ersten Satz: Laß mich in Ruhe mit Berti. Peng! Und was dann?«
»Dann muß du trotzdem weitermachen. Einfach weiterreden. Ob sie das hören will oder nicht.«
»Du kennst sie schlecht«, murrt Charlotte. »Außerdem hast du eben einen Popel gegessen!«
»Na und?« grinst Julia. »Stell dich nicht an. Hat gut geschmeckt! Übrigens war es dein Popel, nicht meiner. Ich war *Charlotte!*«

»Pöhhh«, sagt Charlotte. »Du bist eine blöde Qualle.« Ihr gefällt Julias Idee gar nicht mehr. Das funktioniert sowieso nicht!
»Die blöde Qualle bist du!« keift Julia. »Erst quakst du mir die Ohren voll und willst gute Ratschläge, und dann kriegst du Muffensausen. Nur weil du ein bißchen lügen sollst.«
»Ich trau mich einfach nicht, Mama fällt auf so etwas nicht rein!«
»Du traust dich nicht, weil du alles erfunden hast. Berti ist überhaupt nicht in deine Mutter verliebt. Er will Clarissa heiraten, sonst keine!«
Julia klimpert mit den Augen, grinst vom rechten zum linken Ohr und nickt in einer Tour mit dem Kopf. Wie eine aufgezogene Blechfigur.
Charlotte muß lachen – ob sie will oder nicht.
»Ich mach's«, sagt sie dann entschlossen. »Ich lüge die Wolken vom Himmel herunter. Irgendwas muß Mama ja dazu sagen.«
»So ist es brav«, sagt Julia. »So gefällst du mir.« Am liebsten würde sie Mäuschen spielen, sagt sie noch, so gespannt ist sie, ob die Sache funktioniert.
Charlotte ist auch gespannt. Natürlich! Doch Muffensausen hat sie auch. Sie weiß ja nicht, was dabei herauskommen wird.

## 11

Berti ist in Bremen. Bei irgendwem.
Mama spielt gute Laune und will seinen Namen nicht hören.
Wie reimt sich das?
Ist Berti wirklich in Mama verliebt?
Vielleicht hat Charlotte nur alles erfunden . . . so wie

sie eben mit Julia zusammen Clarissa erfunden hat ... vielleicht hat sie mit offenen Augen geträumt ... Haben die anderen recht? Träumt sie, wenn sie denkt?
Charlotte seufzt.
»Du denkst schon wieder«, sagt Julia vorwurfsvoll. »Wenn ich da bin, sollst du nicht denken.«
»Was denke ich denn?«
»Ja, *was* denkst du denn? Das möchte ich gerne wissen!«
»Nichts.« Charlotte zieht die Schultern hoch. Sie weiß es doch selbst nicht. Es gibt innen zuviele Abteilungen – in jeder sind andere Gedanken und Gefühle. ihr fehlen die Worte dafür ...
Julia hat zum Glück andere Sorgen und läßt Charlotte jetzt in Ruhe. Am Montag wird Frau Finkeldei vierzig, und Julia braucht ein Geschenk. »Was hast du deiner Mutter zuletzt geschenkt?« fragt sie.
Charlotte überlegt ... Mamas Geburtstag, der vierzehnte April, ist ewig lange her. Fast ein Jahr. Der vierzehnte April? Hilfe! Das bedeutet ja: Charlotte braucht in drei Wochen auch ein Geschenk! So weit hatte sie noch gar nicht gedacht.
»Letztes Jahr«, überlegt sie laut, »warte mal ... Ach ja! Ich hab im Hollental einen Strauß Schlüsselblumen gepflückt und den Frühstückstisch toll gedeckt. Sonst nichts.«
»Schlüsselblumen sind gut«, sagt Julia. »Die kosten nichts. Blühen sie schon?«
»Nur ganz winzig. Noch nicht zum Pflücken. Schreib doch einen Gutschein für fünfmal Spülen oder so. Das kostet auch nichts.«
»Nee, nee, nee!« Julia schüttelt sich. Sie muß sowieso viel zu oft helfen. Freiwillig noch zusätzlich etwas tun? Bloß nicht! Dann will sie lieber ihre Spardose knacken.

»Sarah hat eine Puddingschüssel zerdeppert. Ich kaufe eine neue!«
»Eine Puddingschüssel ist kein Geschenk«, findet Charlotte. »Mama wünscht sich immer Sachen, die man nicht kaufen kann.«
»Weil ihr genug Geld habt, und weil ja bei euch nie etwas kaputtgeht. Oder nur selten. Ihr seid schließlich nur zwei. Meine Mutter freut sich über eine neue Schüssel. Also kaufe ich eine. Peng!«
»Und ich? Schon wieder Schlüsselblumen? Nee!«
»Schenk ihr einen Mann. Wenn sie Berti nicht will, suchst du einen anderen.« Julia kichert. »Es gibt ja genug.«
Charlotte pfeffert ihr Justus an den Kopf. »Wir brauchen nicht unbedingt einen Mann! Ich will Berti oder gar keinen!«
Julia frotzelt unbeirrt weiter. »Dann heirate du ihn doch oder adoptier ihn erst mal als Vater! Später heiratet ihr dann und adoptiert deine Mutter.« Sie wirft Justus durch die Gegend und lacht sich halb schekkig.
Das ist typisch Julia! Über die ernstesten Angelegenheiten kann sie kichern und lachen. Manchmal ist sie eine richtige Knalltüte. Aber trotzdem ... sie ist Charlottes beste Freundin. Und irgendwie ist ihr Gekicher auch wohltuend ... *Dann heirate du ihn doch,* hat sie eben gesagt ...
Julia spinnt, denkt Charlotte. Aber die Vorstellung, Berti zu heiraten, ist überhaupt nicht unangenehm. Ganz im Gegenteil!
Charlotte lächelt heimlich.
Julia nimmt den Stadt-Land-Fluß-Block aus dem Regal und hält ihn ihr vor die Nase. »Wollen wir?«
Charlotte nickt. »Aaa«, sagt sie sofort und denkt das Alphabet weiter, bis Julia »Rote Ampel« und »Stop« schreit.

Bis zum R ist Charlotte gekommen. Also – alles mit R; Stadt, Land, Fluß, Tier, Name, Beruf und Pflanze. Rinteln, Rußland, Rhein – mehr fällt Charlotte erst mal nicht ein. Ein Tier mit R? Ri ... Ra ... Rutsch ... Quatsch ... Ro ... Rollmops!?
»Stop, stop, stop!« Julia ist fertig und kriegt eine Menge Punkte. Auch die nächsten Runden gewinnt sie. Mal mit großem, mal mit kleinem Vorsprung.
Sie kann sich besser konzentrieren als Charlotte. Das ist auch in der Schule so. Julia gehört zu denen, die ganz schnell ihren Finger oben haben.
Heute denkt sie besonders schnell. Oder Charlotte besonders langsam. Oder Charlotte denkt zuviel. Auf jeden Fall bleibt Julia unschlagbar. Als sie um fünf Uhr alle Punkte zusammenzählen, hat sie glatte hundert mehr ergattert.
»Total tote Socke«, murrt Charlotte unzufrieden.
»Was hast du gesagt?«
»Nichts. Nur, daß du eine Knalltüte bist.«
»Und du eine Trantüte. So hoch hast du noch nie verloren!«
»Ich kann nichts dazu«, seufzt Charlotte. »Ich hab heute Gips im Kopf.«
»Gips im Kopf. Haha! Und dein *Grips*? Wo ist der?«
Charlotte grinst. »Ins Knie gerutscht. Gips im Kopf und Grips im Knie. Warum, weshalb, das reimt sich nie.«
»Chlotte, du spinnst«, sagt Julia. »Manchmal spinnst du wirklich 'ne Strophe.«
»Und? Kannst du Leute, die spinnen, gut leiden?«
»Nee, überhaupt nicht.« Julia klimpert mit den Augen, steckt zwei Finger in ihre Ohren und wackelt wild mit dem Kopf.
»Du spinnst genauso oft wie ich«, sagt Charlotte, »nur anders.« »Sag ich doch«, murmelt Julia und starrt entsetzt zum Fenster hinaus.

»So ein Drecksmist! Es fängt an zu regnen. Sack und Asche! Ich hab keinen Schirm!«
»Nimm meinen«, sagt Charlotte, »oder Mamas Auto. Ich hör sie gerade vorfahren. Vielleicht bringt sie dich weg.«
Julia grapscht nach ihrer Jacke, stolpert in ihre Clogs, die sie immer und überall auszieht.
»Tschau und viel Glück mit Bertis Stewardeß!« Wie ein aufgescheuchtes Karnickel saust sie los. Sie will Charlottes Mutter unten abfangen und um eine Taxifahrt bitten.
Einige Augenblicke später sieht Charlotte vom Fenster aus, daß sie mit Mama zum Auto rennt. Beide gucken hoch, winken einmal und fahren kurz darauf die Detmolder Straße entlang.
Der Himmel, der den ganzen Tag so verdöst und vernieselt aussah, dreht alle Hähne auf. Der Regen pladdert gegen die Fensterscheiben. Eigentlich müßte Charlotte nun sehr zufrieden sein. Es regnet kleine Hunde, wie sie es Berti und Mama heute morgen gewünscht hat.
Aber das Wetter ist Charlotte inzwischen egal. Ihre Gedanken laufen Julia nach. Die fährt jetzt zu ihren Eltern und zu den Krabatzen. *Sie fährt zu ihrem Papa.* Sie weiß nicht, wie gut sie es hat!
Charlotte will diese Gedanken nicht.
Warum denkt sie so etwas? Und warum fühlt sich innen alles so traurig und wund an?
Eben, mit Julia zusammen, war sie doch ganz vergnügt. Wenigstens meistens.
Hat sie nur gute Laune gespielt? Wie Mama?
Sie bemüht sich, an die Clarissa-Geschichte zu denken, die sie Mama gleich erzählen will. Besser gesagt: erzählen soll. Sie weiß immer noch nicht, ob das eine gute Idee ist. Die knallbraune Stewardeß ist ja mehr

Julias Erfindung. Charlotte hat sich nur anstecken lassen. Sie seufzt. Soll sie's wagen oder nicht? Was kann passieren?

Als Mama zurückkommt, ist die Sache entschieden. Charlotte fängt einfach an, fällt mit der Tür ins Haus. »Trifft Berti in Bremen auch seine Stewardeß?«

»Welche Stewardeß?« Mamas Stimme klingt freundlich. Unerwartet freundlich und sanft.

Charlotte guckt sie nicht an, sondern starrt auf die Tischdecke. »Clarissa, Bertis Freundin. Weißt du nicht, daß sie bald heiraten wollen?«

Mama antwortet nicht.

Es ist still. Nur der Regen trommelt ungeduldig gegen die Scheiben.

Charlotte spürt, daß sie beobachtet wird. Sehr genau und unangenehm beobachtet. Sie wagt nicht, Mama anzugucken.

Wieso sagt sie nichts? Wieso fragt sie nicht weiter? Ist Berti ihr wurscht?

»Meine Güte, war ich vernagelt«, sagt Mama nun. »Charlotte, sieh mich mal an!«

Nur zögernd hebt Charlotte ihren Blick. Irgend etwas läuft total anders, als sie erwartet hat. Mama ist viel zu freundlich. Richtig lieb guckt sie, lieb und besorgt.

»Was ist mit Berti, Charlotte? Diese Clarissa – die gibt es doch gar nicht! Die hast du erfunden. Warum erzählst du mir so etwas? Warum ist Berti so wichtig für dich?«

Charlotte hat ganz plötzlich einen heißen Klumpen im Hals, bringt kein Wort heraus und starrt wieder auf den Tisch.

»Charlotte, was ist los?« hört sie Mamas forschende Stimme. »Lotte-Motte!«

Sie schluckt. Jetzt oder nie! »Berti und du – wollt ihr heiraten oder nicht?«

*»Heiraten?«* fragt Mama so bestürzt, daß Charlotte

mit einem Schlag Bescheid weiß. Aus der Traum, schießt es ihr durch den Kopf, aus, vorbei, peng! Kein glückliches Ende! »O Motte«, sagt Mama, »was hast du dir zusammengeträumt?« Sie guckt Charlotte mitleidig an. Wie eine Ärztin, die gerade entdeckt, daß da jemand sehr krank ist.
Charlotte ist nicht krank!
Sie wird wütend.
»Ich habe mir nichts zusammengeträumt! Berti ist in dich verliebt. Das merkt jeder. Nur du nicht! Du merkst gar nichts. Du denkst nur an deine Arbeit!«
Mama sagt nichts, überhaupt nichts, guckt sie nur mitleidig an. Oder unglücklich. Oder beides.
Charlotte weiß nicht das richtige Wort für diesen Blick. Sie spürt die aufsteigenden Tränen. Sie *muß* weiterreden!
Die Sätze purzeln einfach heraus. Sie kann nichts dagegen tun.
»Wieso habe ich keinen Vater? Alle in meiner Klasse haben einen. Nur ich nicht! Clarissa hat sogar zwei. Ihren richtigen besucht sie alle drei Wochen, und der neue Mann von ihrer Mutter wird ihr Adoptivvater, sagt sie. Nalles Eltern sind geschieden, aber sein Vater wohnt nur eine Straße weiter. Alle haben einen. Nur ich nicht!«
»Natürlich hast du einen Vater«, sagt Mama leise. »Jeder hat einen. Du weißt über Andre . . .«
Charlotte unterbricht sie hitzig. »Gar nichts weiß ich!« Ohne zu überlegen, ohne anzuhalten, redet sie sofort weiter. Es ist so, als ob etwas, von dem sie gar nicht wußte, daß es da ist, aus ihr heraus muß. »Ich kenne ihn nicht. Ich weiß nicht, ob er nett oder blöd ist! Ich weiß nicht, wie Väter sind. Ich weiß nicht, wie das ist, wenn man *Eltern* hat. Ich weiß nichts. Gar nix weiß ich!«
Anschließend kommen die Tränen. Einfach so. Ge-

nauso unerwartet wie die Wörter aus irgendeiner inneren Abteilung einfach herausstürzten.
Mama nimmt Charlotte auf ihren Schoß, hält sie ganz fest, wiegt sie, drückt sie behutsam an sich, streichelt sie. Sagt nichts, läßt sie weinen. Hört nicht auf, sie zu wiegen. Wie früher, als Charlotte ein kleines Mädchen war.
Es tut gut, so nahe bei Mama zu sein.
Charlotte hat keinen Vater. Das war von Anfang an so – aber sie wußte nicht, daß dieser Gedanke einmal so weh tun könnte. Niemals zuvor mußte sie so schrecklich weinen.
Es tut gut, alle Tränen herauszulassen – den ganzen Kummer loszuwerden, der tief in ihrem Innern verborgen war.
Mama streichelt sie, putzt ihr die Nase, läßt sie weinen und hält sie ganz fest.
»Wir sind ein gutes Team«, sagt sie nach einer langen, langen Weile, »aber wir sind nur zwei. Das war eine verborgene Wunde, bis Berti auftauchte. Es tut mir leid, daß ich es nicht eher gemerkt habe. Du hast Berti so gern, daß du ahnst, wie es sein könnte, wenn du einen Vater hättest . . . Ist das so, Charlotte?«
Charlotte nickt stumm und schmiegt sich an Mama. Ja, so ist es. Wenn Mama Berti heiraten würde, käme ein Pflaster auf diese wunde Stelle. Alles wäre gut . . . Berti wäre ein netter Vater! Nichts würde mehr weh tun. Sie könnte für immer und ewig vergnügt sein.
Das möchte sie auch, sagt Mama, das möchte jeder. Und keinem gelingt es.
Sie spricht mit Charlotte wie mit einer Erwachsenen. »Das Leben tut von Zeit zu Zeit weh«, sagt sie, »ob man zu zweit lebt oder zu dritt oder ganz allein. Ohne Kummer und Schmerzen bleibt keiner. Und niemand kann einen anderen für immer und ewig vergnügt machen. – Ich habe dich lieb«, sagt sie dann leise.

»Mehr kann ich nicht für dich tun, Charlotte. Ich habe dich sehr lieb.«
Das weiß Charlotte. Das hat sie immer gewußt. Sie ahnt auch, daß diese Gewißheit etwas sehr Schönes ist. Jedes Kind braucht ein warmes Nest, sagt Oma Luise . . . Mama ist ein warmes Nest . . . Charlotte friert nicht . . . Und trotzdem! »Mit Berti zusammen wären wir eine richtige Familie geworden«, sagt sie traurig und gedankenverloren. »Geht es wirklich nicht?«
»Es geht wirklich nicht . . . Ich glaube nicht, daß ich überhaupt noch heiraten möchte.« Mama macht eine Pause, bevor sie fortfährt. »Die Liebe kann wunderschön sein – so schön wie der Sternenhimmel – aber sie kann auch sehr weh tun. Ich hab's ein paarmal erlebt . . . Vielleicht war ich zu ungeduldig – vielleicht habe ich mich immer in den Falschen verliebt . . .« Sie guckt Charlotte ernst an. »Inzwischen kann ich gut mit mir allein leben. Außerdem habe ich dich, meine Arbeit und einige Freunde.« Mit einem winzigen Lächeln fügt sie hinzu: »Ich habe so viel zu tun. Was soll ich mit einem Ehemann?«
»Aber Berti wäre vielleicht der *richtige* Ehemann für dich«, sagt Charlotte. »Manchmal habt ihr wie ein Liebespaar ausgesehen . . .«
Mama sagt, daß sie Berti nett findet, mal mehr und mal weniger, daß sie sich aber in der Beratungsstelle schon oft über ihn ärgern mußte, und daß es gestern sogar zum offenen Streit kam. Hauptsächlich, weil Berti lieber im Alleingang arbeitet als im Team, und weil er die ganze Beratungsstelle umkrempeln möchte.
»Ute und Georg nehmen ihm das sehr übel«, sagt Mama, »und ich zerbrech mir den Kopf, wie ich allen dreien gerecht werden kann. Vielleicht könnten Berti und ich gute Freunde sein, wenn wir nicht zusammen arbeiten würden. Aber heiraten? Heiraten will

ich ihn ganz bestimmt nicht, und Berti will das ganz sicher auch nicht!« Mama schüttet den Kopf. »Wir sind kein Liebespaar, Charlotte. Das hast du alles geträumt, weil du es dir so sehr gewünscht hast.«
Charlotte nickt traurig ... Es wird wohl so sein ... Ob sie wirklich *alles* geträumt hat, ist nicht mehr wichtig. Sie hat längst begriffen, daß Mama Berti nicht will, daß sie gar keinen Mann will ...
Es wird so bleiben, wie es immer war: Mama und Charlotte. Eine halbe Familie, eine Ein-Kind-ein-Eltern-Familie. Mehr nicht ...
Eine Familie ohne Vater ... Der Gedanke tut immer noch weh. Aber den größten Kummer haben Charlottes Tränen fortgespült. Von innen nach außen gespült.
Seltsam leer fühlt sie sich jetzt, leer und müde – vor allen Dingen müde. Sie knäuelt sich in Mamas Schoß zusammen und schließt die Augen, spürt, daß Mama sie streichelt ...

## 12

Mamas Hände sind wohltuend. Mamas Hände sind warm.
Es ist gut, so nahe bei Mama zu sein!
Charlotte friert nicht ... Und sie ist nicht allein ...
Mama ist ein warmes Nest. Ein kleines Nest, aber ein sicheres. Mama hat Charlotte lieb. Darauf kann sie sich verlassen!
Und außerdem gibt es noch Julia. Eine beste Freundin hat nicht jeder! Und Berti gibt es auch. Vielleicht wird er ja auch noch Mamas Freund. Charlottes Freund bleibt er auf jeden Fall. Davon ist sie fest überzeugt! Und Oma Luise und Opa Kurt sind auch

noch da. Nein, allein ist Charlotte wirklich nicht.
»Geht's Opa gut?« fragt sie schläfrig. »Ist die Lungenentzündung vorbei?«
»Dr. Timmer hat ihn heute noch einmal gründlich untersucht und meint, daß es keine Lungenentzündung ist, sondern eine Virusgrippe. Er blickt wohl selbst nicht mehr durch.« Mama lächelt. »Opa hat nämlich inzwischen Dünnpfiff und schiebt den Durchfall auf die Penizillin-Spritze. Er hat so geschimpft und gewettert, daß Dr. Timmer geflüchtet ist.«
»Das macht nix«, murmelt Charlotte. »Hauptsache, Kurt Knöterich geht es wieder besser.«
»Und wie geht es dir jetzt?« fragt Mama. »Geht es dir auch wieder besser?«
Charlotte nickt. Ja, es geht ihr besser. Nur müde ist sie, zum Umfallen müde. Doch Umfallen kann sie ja glücklicherweise nicht . . . Am liebsten möchte sie hier, auf Mamas Schoß, einschlafen.
»Unmöglich«, stöhnt Mama. »Bei aller Liebe nicht. Ich bin schon total zerquetscht. Wie wär's mit einer Runde Vorschlafen auf dem Sofa? Es ist ja noch nicht einmal sieben Uhr. Vielleicht bist du in einer Stunde wieder putzmunter.«
Keine zehn Minuten später schlummert Charlotte schon – eingewickelt in Mamas flauschige Schafwolldecke. Justus an ihrer Seite.
»Er ist immer und ewig vergnügt«, hat Charlotte gemurmelt, als Mama ihn brachte und zu ihr unter die Decke steckte. »Ein Clown hat es gut.«
»Ein richtiger Clown lacht *und* weint – genau wie wir«, hat Mama geantwortet. »Er kennt sich nur besser aus mit dem Weinen und Lachen. Er stolpert über die Bühne und spielt für uns den Dummen August, auch wenn sein Herz weint. Das ist seine Kunst!«
Richtig begreifen konnte Charlotte das nicht mehr.

Sie war viel zu müde. Ein Clown ist arm dran, hat sie nur noch verschwommen gedacht ... Er muß die Menschen zum Lachen bringen – egal, ob er vergnügt oder traurig ist ... Armer Clown ...
Während sie nun auf dem Sofa schläft, träumt sie eine verrückte Geschichte: Sie kraxelt, mit riesigen, zerbeulten Clowns-Schuhen an den Füßen, einen Berg hoch. Langsam und mühsam.
»Sack und Asche«, flucht sie, »das dauert ja ewig.«
Plötzlich sitzt Julia oben auf dem Berg und schreit: »Ewig dauert gar nicht lange!« Sie lacht und kichert sehr laut und löst sich in Luft auf.
Charlotte wachsen Flügel aus ihren Ellbogen, und dann sitzt sie auf einer Wolke. Schwebt über Berge und Täler. Hoch, immer höher, bis eine Bergspitze die Wolke durchbohrt und auseinanderreißt.
Charlotte gleitet allein weiter, an anderen Wolken vorbei, schaut nach unten und entdeckt im selben Augenblick Mama. Sie steht da mit ausgebreiteten Armen.
»Wer kommt in meine Arme? Iiich!« schreit Charlotte und fliegt langsam auf die Erde zu. Als sie landet, ist Mama verschwunden.
Charlotte ist erst erschrocken, dann lacht sie und läuft vergnügt zum Rathausplatz zur Arbeiterwohlfahrt. Sie hört Stimmengemurmel aus Mamas Büro, bleibt lauschend an der Tür stehen und – und muß niesen ...
Sie niest tatsächlich und öffnet die Augen.
Es ist dunkel. Sie liegt auf dem Sofa, zu Hause im Wohnzimmer. Vom Flur fällt gedämpftes Licht durch die halboffene Tür.
Die Schafwolldecke kitzelt, bringt Charlotte erneut zum Niesen, macht sie allmählich wach.
Meine Güte, wie lange hat sie denn hier geschlafen? Und was träumt sie bloß immer für Sachen?

Nebenan hört sie Stimmen. Wie eben im Traum. Murmelt es wirklich nebenan? Oder sind diese Geräusche in ihrem Kopf? Übriggeblieben vom Träumen ... Wie soll man wissen, wo ein Traum anfängt und wo er aufhört?
Sie wird richtig wach. Hellwach.
Mit wem, verflixt noch mal, redet Mama nebenan in der Küche?
Charlotte spitzt ihre Ohren. Es ist Berti, denkt sie, so klingt nur seine Stimme! Sooo ... jazzig, so tief aus der Kehle, spricht kein anderer. Aber er ist in Bremen! Er kann nicht mit Mama in der Küche sitzen!
Träumt Charlotte doch, wenn sie denkt?
Sie hält den Atem an, lauscht noch intensiver.
Sie träumt nicht! Berti ist wirklich da!
Leise huscht sie über den Flur.
Mama und Berti sitzen am Küchentisch und unterhalten sich – über ... über ihre Arbeit!
»Alle Bereiche kann man nie abdecken«, sagt Mama gerade. »Wir sind keine Familienbildungsstätte, sondern eine Beratungsstelle. Das vorgegebene Konzept ist eindeutig.«
Sie reden chinesisch! Charlotte lauscht noch einen Moment.
»Eben drum«, sagt Berti. »Ich passe nicht ins Konzept. Ich muß praktische Sozialarbeit machen. Das weiß ich inzwischen. Auch darum will ich kündigen ...«
Dann hört Charlotte nichts mehr. Berti und Mama schweigen.
*Kündigen?* Berti will nicht mehr mit Mama zusammen arbeiten? Das ist gar nicht so dumm. Dann – dann kann vielleicht alles neu anfangen ...
Charlotte steckt ihren Kopf durch die angeschobene Tür. »Ich bin die Neue. Singen kann ich nicht.«
»Ich auch nicht, Mickymaus«, sagt Berti, ohne eine

Sekunde zu zögern.
»Ich dachte, du bist in Bremen«, sagt Charlotte. »Bist du wegen der Kündigung zurückgekommen?«
»Auch«, sagt Berti ernst, »und deshalb!« Er zeigt auf eine bunte Plastiktüte, die auf der Arbeitsplatte neben der Spüle liegt. »Für dich«, sagt er und zwinkert ihr zu.
»Für mich?« Charlotte beäugt das flache, quadratische Tütenformat. »Eine Schallplatte?« Sie zieht zwei Platten heraus. MILES DAVIS steht auf der oberen. Schwarze, große Druckbuchstaben auf weißem Grund, darunter die Fotografie einer Trompete. Das kann nur eine Jazzplatte sein! Charlotte verzieht das Gesicht.
»Die andere ist für dich«, schmunzelt Berti.
»Miles Davis ist für deine Ma.«
*Kerlchens Lieder* heißt die zweite Schallplatte. Kerlchens Lieder . . . Das ist genau die gleiche Platte, von der Frau Hasse vor zwei Jahren im Musikunterricht gesprochen hatte! »Im Musikcenter in Hannover gesucht und gefunden«, erklärt Berti.
Charlotte hört nur mit halbem Ohr hin. Sie liest strahlend die Liedertitel vor. »Eierkuchen eß ich gerne – Ein bißchen Schiß hat jeder mal – Jetzt zeigen wir es euch – Quietschvergnügt und glücklich . . . Die zwölf frechsten, besten Lieder von Kerlchen für Kinder und andere Menschen mit Phantasie«, liest sie weiter. »Knuffig«, sagt sie zögernd, »das hört sich superknuffig an. Danke, Berti! Ich freu mich schrecklich.«
Sie möchte sich eigentlich anders bedanken, guckt verlegen zu Mama.
Die kann ihr nicht helfen. Die lächelt nur.
Charlotte kriegt Herzklopfen. Sie hat noch nie einen Mann geküßt . . . außer Opa Kurt . . .
Sie geht zu Berti und drückt ihm schnell zwei Küsse

ins Gesicht. Einen auf die rechte Wange, einen verrutschten in die linke Nasengegend.
Berti hält mit beiden Händen ihren Kopf fest und guckt sie ernst an. »Ich mag dich, Charlotte«, sagt er, »und ich mag deine Mama. Die beiden Schallplatten sind sozusagen Abschiedsgeschenke. Damit ihr mich nicht vergeßt.«
»Abschiedsgeschenke?« Charlotte schluckt. Von der Kündigung hat sie ja gehört. Aber *weggehen* will er auch?
Sie flüchtet zu Mama, lehnt sich an sie, schluckt ein paarmal – bis ihr Hals wieder frei ist. »Du gehst nach Bremen zurück, ins Haus der Offenen Tür. Stimmt's?«
»Nicht nach Bremen. Ich geh nach Hannover. In einem Freizeitzentrum für Jugendliche suchen sie einen Sozialpädagogen. Ich war gestern und heute dort.«
»Hannover? Mama hat doch gesagt, daß du nach Bremen gefahren bist!«
»Das wollte ich auch«, sagt Berti, »aber eigentlich war's mir egal, wo ich landen würde. Ich wollte nur möglichst schnell raus. Raus aus der Beratungsstelle und raus aus dieser kleinen Stadt. Unterwegs ging mir die verstopfte Autobahn auf den Zahn. Ich beschloß, Station in Hannover zu machen. Bei einem früheren Studienkollegen ... Tjaa – also bin ich nicht in Bremen gelandet, sondern in Hannover. Eine schöne Stadt! Ich hoffe, daß ich es dort länger aushalten kann ...«
Typisch Berti, denkt Charlotte. Mama hat recht. Er tut wirklich, was ihm gerade in den Kopf kommt.
»Aber du sollst nicht umziehen«, sagt sie traurig. »Mama! Sag du auch, daß er nicht weggehen soll.«
Mama streichelt Charlottes Arm. »Bis Hannover ist es nicht so weit wie nach Bremen. Eine Stunde braucht

man nur mit dem Auto. Berti wird uns besuchen, und wir werden ihn besuchen.«
Berti lächelt überrascht. »Daß du das sagst, Renate, tut mir gut. Verdammt gut!« Er räuspert sich. »Mickymaus, ich wünsche mir sehr, daß wir Freunde bleiben – ich meine, richtig gute Freunde. Das sind wir beide doch. Oder?«
Charlotte nickt still und spielt nachdenklich mit Mamas Blusenkragen. Nach einer Weile sagt sie hoffnungsvoll: »Und Mama und du – werdet ihr jetzt auch gute Freunde? Weil sie doch bald nicht mehr deine Chefin ist«, fügt sie hinzu.
Sie liest in Mamas Gesicht, sie studiert Bertis Gesicht.
Beide nicken. Beide lachen. Es ist ein befreiendes Lachen – eins, das Charlotte augenblicklich vergnügter macht.
»Dich schickt die Lerche, Mickymaus«, grinst Berti. »Du sagst immer das Richtige im richtigen Moment.« Und ganz ernst sagt er dann: »Ich hatte noch nie eine Chefin – und dann gleich so eine wie deine Mama . . . Das war wirklich ein harter Brocken für Bertram Bödeker!«
Mama zieht die Augenbrauen hoch, fragt entrüstet, ob sie so schlimm ist.
»Nicht schlimm«, sagt Berti. »Aber stark bist du und eine überzeugte Malocherin. Du verstehst viel vom Fach. Und eine anziehende Frau bist du auch! Ich wollte von Anfang an mit dir befreundet sein und konnte diese Gefühle nicht mit unserem Arbeitsverhältnis unter einen Hut bringen. Du gehst immer geradeaus – du weißt, was du willst. Das kann ich von mir nicht gerade behaupten.«
Und zu Charlotte sagt er augenzwinkernd: »Du hast eine fabelhafte Mutter, Charlotte! Aber sei froh, daß sie nicht deine Chefin ist!«

»Sag ich doch«, sagt Charlotte und bemerkt erstaunt, daß Mama gar nicht zufrieden aussieht.
Bertis Meinung wolle sie so nicht stehen lassen, sagt sie, das müsse er ihr jetzt schon differenzierter erklären.
Charlotte seufzt. Warum sind die Erwachsenen so schwer von Begriff? Sie hat verstanden, was Berti gesagt hat . . . Eine Zeile aus ihrem letzten Abzählreim kommt ihr in den Sinn. Sternenhimmel – Fliegendreck . . . Ja! Genau! Nichts anderes hat Berti gemeint. Er hat es nur komplizierter ausgedrückt. Und Mama macht es noch komplizierter, weil sie alles haarklein wissen will.
Diskutieren sollen die beiden ohne Charlotte. Auf Chinesisch hat sie nun wirklich keine Lust mehr! Außerdem hatte sie eben eine Idee. Darüber muß sie allein nachdenken.

## 13

In ihrem Zimmer setzt sich Charlotte auf die Fensterbank. Mit Zettel und Bleistift. Sie wird Mama zum Geburtstag ein Gedicht schenken!
Die Zeilen dafür spuken schon durch ihren Kopf. Sie wollen nur noch richtig zusammengefügt und notiert werden.
Charlotte schaut nach draußen.
Nach dem stundenlangen Regen glänzen die Blätter der Birken im Licht der Straßenlampe wie frischgewaschen. Das Laub wird von Tag zu Tag dichter. Man kann es fast wachsen sehen. Es frühlingt!
Der Himmel ist sehr bewölkt, doch der Mond ist zu sehen. Und direkt neben ihm blinzelt ein sehr heller,

winziger Stern. »Stern . . . gern . . .« murmelt Charlotte, »ich bin kein Engel . . . Engel? Nein, Clown ist besser . . .«
Sie kaut an ihrem Bleistift und fügt Wörter und Zeilen aneinander, bis sie sich reimen.
Es wird ein schönes Geburtstagsgedicht!

Ich bin kein Clown
keine Wolke – kein Stern.
Ich bin deine Motte
und habe dich gern!

Für MAMA schreibt sie oben darüber, ZUM 37. GEBURTSTAG!
Nächste Woche wird sie alles in Schönschrift auf eine Karte übertragen und einen Clown dazu malen. Mama wird sich garantiert freuen, denkt sie. Ein Gedicht ist ja nun wirklich ein Geschenk, das man nicht kaufen kann . . . Dabei fällt ihr Julia ein. Was soll sie ihr bloß von Mama und Berti erzählen?
Am besten die Wahrheit! Mama und Berti werden sicher nicht heiraten – aber gute Freunde wollen sie sein! Berti wird fortgehen – aber er wird zu Besuch kommen, und Mama und Charlotte werden ihn in Hannover besuchen!
Ein glückliches Ende ist das nicht, grübelt Charlotte, aber auch kein trauriges. Etwas geht zu Ende, und etwas fängt an. Das ist traurig und schön zugleich. Es ist zum Weinen und Lachen . . .
Sie betrachtet die langsam vorbeiziehenden Wolken und lauscht in sich hinein. Ein glücklicher Anfang klingt genauso gut wie ein glückliches Ende . . . Eines Tages will sie Geschichten erfinden, die mit einem glücklichen Anfang enden. Geschichten, über die man weinen und lachen kann. Später wird sie die schreiben, wenn ihr keine Abzählreime oder Gedichte mehr einfallen. Vielleicht kann sie wirklich Schriftstellerin werden . . . Wer weiß . . .

Berti würde alle ihre Bücher kaufen. Großes Ehrenwort, hat er gesagt!
Sie stellt sich vor, wie das sein könnte: Berti in einer Buchhandlung! Eine Verkäuferin fragt nach seinen Wünschen. »Ich hätte gern das neue Buch von Mickymaus«, sagt er. »Pardon! Das neue Buch von Charlotte Meinberg natürlich!«
»Was machst du, Charlotte?« fragt Mama. Sie steht ganz plötzlich im Türrahmen.
»Nichts.«
»Dichtest du wieder?«
Charlotte schüttelt den Kopf.
»Denkst du neue Wörter?«
Charlotte lächelt.
»Träumst du?«
»Hmmm«, murmelt Charlotte. »Ich träume mit offenen Augen . . . Du weißt gar nicht, wie schön das ist!«

# Diese Gedichtbände sind Bücher zum Atemholen – zum Selberlesen und Verschenken.

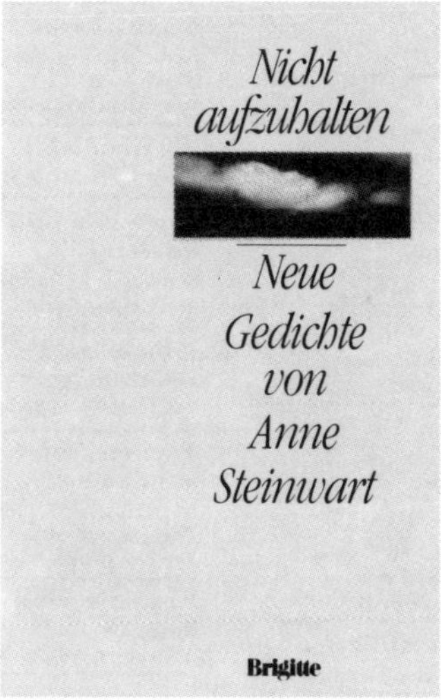

Eine Kritikerin schrieb:
„Anne Steinwarts Gedichte zu lesen, ist wie ein Gespräch mit einer sehr guten Freundin.“